20세기
아리랑

이 도서의 국립중앙도서관 출판예정도서목록(CIP)은 서지정보유통지원시스템 홈페이지(http://seoji.nl.go.kr)와 국가자료공동목록시스템(http://www.nl.go.kr/kolisnet)에서 이용하실 수 있습니다. (CIP제어번호 : CIP2014038263)

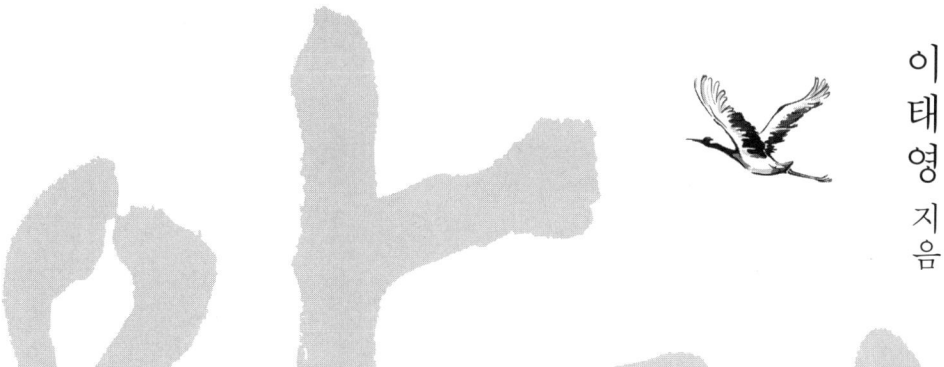

이태영 지음

20세기
아리랑

주제가 있는 한국 근현대사

한울
아카데미

책을 쓰며

　나는 역사를 읽고 가르치는 일을 업(業)으로 삼고 있다. 이렇게 과분한 일을 하며 느낀 것을 언제부턴가 일기 쓰듯이 적기 시작했다. 글이 꽤 쌓였고, 그 가운데 한국 근현대사와 관련된 내용을 골라 엮은 것이 이 책이다. 따라서 독자들은 글의 순서에 관계없이 제목이 눈에 끌리는 글부터 골라 읽으면 된다.

　수십여 개의 글을 책으로 엮어 놓고 보니 군데군데 내 생각이 묻어 있다. 첫째, '한국에 일본은 무엇인가?'라는 해묵은 물음이다. 이웃나라끼리 사이가 좋은 경우는 별로 없을 것이다. 일본도 역사 속에서 한국에 반갑지 않은 이웃이었다. 특히 20세기 전반기 일본은 한국에 결코 용서받을 수 없는 죄악을 저질렀다. 그런데도 일본은 과거의 죄악에 대해 진심 어린 반성을 하지 않는다. 최근에는 급격한 우경화로 이웃나라들의 신경을 건드리고 있다. 일본이 부끄러움을 아는 나라인지 묻고 싶다.

　그러나 한국이 비분강개한 반일감정만으로 일본의 우경화에 대응하는 것은 현실적이지 않다. 일본 안에도 우경화에 반대하는 목소리가 있다. 한국이 일본 내 양심세력과 연대하는 편이 더욱 현실적인 전략이 될 것이다. 과거에 일본인도 일본 제국주의의 피해자였음을 말해줘야 한다 (일본 제국주의 광풍으로 일본인도 300만 명이나 희생당했다). 민족주의에 대해 민족주의로 맞불을 놓기보다는 '자유', '평화', '인권' 등 인류 보편적 가치로 국제적 공감을 얻어야 한다.

한국과 일본은 정치·군사적으로 불편한 관계지만, 경제와 문화에서는 떼려야 뗄 수 없는 게 현실이다. 특히 한국의 근현대 문화는 일본문화의 자기장 안에서 변화해왔다. 좋든 싫든 일본은 오늘날 한국의 일부가 되어 있다. 한국인의 심금을 울리는 트로트가요가 그렇고, 한국인의 일상용어 가운데 일본말이 얼마나 많은가? 있는 사실은 있는 그대로 인정하고, 문제가 있다면 그것에 대한 대안을 찾아야 한다.

둘째, 한국 근현대사를 놓고 벌어지는 진보(좌파민족주의) - 보수(뉴라이트) 간의 논쟁에 대한 문제의식이다. 그 가운데 이승만, 박정희에 대한 평가는 논쟁의 절정에 있다. 이승만이 건국의 아버지인지 민족분단의 원흉인지, 박정희가 조국근대화의 아버지인지 민주주의를 말살한 독재자인지 시각이 엇갈린다(나는 진보진영의 시각을 '결벽사관', 보수진영의 시각을 '웰빙사관'이라 부른다). 이런 역사인식의 차이는 현실 정치구도와 맞물려 사회분열과 갈등으로 이어진다. 2013년 한국사 교과서 파동은 그 결정판이었다.

나는 여기서 상식적 수준의 제안을 한다. 이승만, 박정희도 인간이었다. 그들이 잘한 일은 있는 그대로 써주고, 잘못한 일은 냉혹하게 비판하자. '사실과 '가치'를 구분하자. 그들은 역사의 격동기를 살며 지도자로서 한국사회에 빛과 그림자를 함께 남겼다. 보는 시각에 따라 빛과 그림자의 정도가 다를 뿐이다. 선과 악의 이분법은 역사를 제대로 담아내지 못한다.

진보진영은 '민족'을 강조하며 일제강점기를 비판적으로 본다. 보수진영은 '국가'를 강조하며 북한을 비판적으로 본다(8월 15일이 '광복절'인지

'건국절'인지를 놓고 싸우는 이유이다). 진보진영은 항일민족운동과 반독재 민주화운동을 강조한다. 보수진영은 근대화와 산업화를 강조한다. 그리고 그들은 상대 진영을 각각 '친일세력', '친북세력'으로 몰아세우며 공격한다. 자극적이고 선동적인 공격만 난무할 뿐 이성적이고 합리적인 토론은 없다.

여기서 이런 생각은 어떨까? 일제강점기에도 사람이 살았다는 사실을 진보진영이 인정하고, 북한에도 사람이 살고 있다는 사실을 보수진영이 인정해보자. 이것은 현실적 목적을 위한 기계적 절충이 아니다. 일제의 식민지배와 북한의 세습체제를 정당화하자는 것은 더욱 아니다. 다만 '식민지시대', '분단시대'라는 거대담론으로 담아낼 수 없는 '일상'이 일제강점기에도 존재했고, 북한에도 존재한다는 것이다. '일상'이라는 보편성을 통해 시각의 접점을 찾아보자.

셋째, 전통의 의미를 다시 생각해보았다. 나는 이 책에서 오늘날 한국인들이 오랜 전통이라고 믿고 있는 것 가운데 상당수가 근대에 만들어졌다고 말하고 있다. 그리고 전통은 과거형이 아니라 현재진행형이라고 말하고 있다. 전통은 고정불변의 완성체가 아니라 살아서 진화하는 생물체라고 말하고 있다. 전통은 골동품과 다르다고 말하고 있다. 또한 지나친 민족주의가 전통에 대한 인식을 왜곡시킨다고 말하고 있다.

왜 전통을 아주 먼 옛날 속에서만 찾아야 하는가? 왜 우리가 살고 있는 이 시대에 새로운 전통을 만들어내고, 찾으려는 생각은 하지 않는가? 나는 여의도 국회의사당이 경복궁보다 문화사적 가치가 떨어진다고 생각하지 않는다. 현재 우리 삶의 조건을 생산해내고 있다는 점에서 오히려 그 이상일 것이다. 반드시 묵어야 장맛은 아니다.

나이 20~30대에는 책 속의 역사를 통해 현실을 바라보려 했다. 그것이의식 있는 행태라고 믿었다. 그러나 마흔을 넘으면서 현재의 삶을 통해 역사를 바라보게 됐다. 세월에 떠밀려 의식의 날이 무뎌진 탓이기도 하겠지만, 삶의 보편성을 보았기 때문일 것이다. 세상 돌아가는 이치를 대충은 알게 됐기 때문일 것이다. 즉 인간의 삶과 역사가 그리 화려하거나 낭만적이지 않다는 것을 알았다. 역사는 고단한 삶의 집합체임을 알았다. 역사는 아픔과 슬픔의 기록임을 알았다. 이것을 '삶이 묻어 있는 역사인식'이라고 표현하면 과장일까? 본질은 사라지고, 가공된 이미지가 난무하는 세태에 대한 의문이기도 하다.

이 책이 세상에 나오는 데에 있어 감사드려야 할 분들이 많다. 우선 각 분야의 연구자들이다. 그분들의 노고가 없었다면 나는 이 책을 쓰지 못했다. 태백산맥 일대를 7년 동안 발로 뛰며 아리랑의 기원을 추적한 김연갑 선생의 집념 앞에서는 고개가 저절로 숙여진다.

내 글을 책으로 출간해준 도서출판 한울에도 감사드린다. 내가 투고했던 출판사 가운데 내 글에 담긴 의미를 가장 정확하게 읽어낸 곳이 한울이었다. 세상을 살면서 마음이 통하는 사람들을 만나는 것은 행복한 일이다. 윤순현 과장과 염정원 대리에게 특히 감사드린다.

내 25년 친구 이정완 박사에게도 고마움을 전한다. 그는 평소 나에게 지적(知的) 자극을 주며, 나 자신을 채찍질하게 만든다. 인생에서 이런 친구를 만나는 일도 쉽지 않다. 끝으로 아내 박선영, 아들 설, 딸 율에게 미안함과 고마움을 함께 전한다.

2015년 1월
이태영

차례

|제2부| 전통의 발명과 변이

제1부

한국 근현대사의 아리랑 고개

한국 근대사 개관
─ 개항에서 한일병합까지(1876~1910)

학생들은 한국 근현대사를 어려워한다. 온갖 사건들이 꼬리에 꼬리를 물고 있어 머리를 복잡하게 만들기 때문이다. 한국 근현대사를 읽노라면 '역사 없는 민족이 행복하다'는 말이 실감난다. 한국에서 대하소설이 많이 나오는 것도 격동의 한국 근현대사와 관련이 있을 것이다. 그래서 여기서는 개항에서 한일병합까지 30여 년의 역사를 개관해보고자 한다.

조선은 건국할 때부터 쇄국정책을 폈다. 삼국시대, 고려시대와 달리 조선왕조는 대외교역을 엄격히 통제했다. 이에 1876년 강화도조약을 통한 개항을 한국 근대사의 출발로 본다. '조용한 아침의 나라'였던 조선이 굳게 닫았던 대문을 활짝 열고 세계 자본주의체제에 편입됐기 때문이다. 최근의 자유무역협정(FTA)에서 보듯이 한국의 개항은 현재진행형이다.

개항 이후 조선은 통리기무아문을 설치하고 개화정책을 추진하여 외국문물을 본격적으로 받아들였다. 신사유람단, 수신사, 영선사, 보빙사 등을 외국에 파견하기도 했다. 이 가운데 미국에 파견된 보빙사는 백악관에 가서 대통령을 만났을 때 큰절을 하여 현지 신문에 크게 보도됐다.

예나 지금이나 외국의 신문물이 들어오면 반발이 있기 마련이다. 김홍집이 수신사로 일본에 갔다가 들어온 『조선책략』에 반발하여 영남 지방의 유생들이 들고일어났다(영남만인소, 1881). 『조선책략』은 조선에 미국을 끌어들여 남하하는 러시아를 견제하려는 청의 외교전략이 담긴 책이었다.

이듬해에는 군대에서 반발이 일어났다. 일본인 장교가 교관으로 있던 신식군대 별기군에 불만을 품고 구식군인들이 폭동을 일으켰다(임오군란, 1882). 폭동이 일어나자 왕십리, 을지로 일대의 빈민들이 동조하여 규모가 커졌다. 일본 공사관이 불탔고 직원들은 일본으로 달아났다. 또한 개화정책의 정점에 있던 명성황후가 충주까지 도망갔고, 흥선대원군이 다시 권력을 잡았다.

그러나 위안스카이가 이끄는 3000여 명의 청(중국) 군대가 들어와 폭동을 진압했고, 흥선대원군은 톈진으로 잡혀갔다. 도망쳤던 명성황후는 권력에 복귀했다. 세상에 공짜는 없는 법! 청의 내정간섭이 시작됐다. 이에 대한 입장 차이로 개화세력이 급진파와 온건파로 분열했다.

청의 내정간섭에 불만을 품은 것은 김옥균을 비롯한 급진개화파였다. 이들은 청(중국)에 대한 지긋지긋한 사대를 청산하고, 조선을 일본과 같은 근대국가로 만들고 싶어 했다. 이에 우정국 개국 파티 때 거사를 일으켜 민씨 친청 정권을 무너뜨렸다(갑신정변, 1884).

그러나 어설픈 준비로 정변은 3일 만에 청에 의해 진압됐고, 청의 내정간섭을 더욱 심화시켰다. 임오군란과 갑신정변은 정반대의 성격을 가진 사건이었지만, 같은 결과를 낳았다.

개항 이후 농민의 삶은 더욱 어려워졌다. 부패한 관리의 수탈은 여전했고, 외국자본의 횡포까지 더해졌다. 특히 영국산 면직물이 일본을 통해 무관세로 국내시장에 들어와 도시 소비자들은 혜택을 받았지만, 농촌의 가내수공업은 몰락했다. 제2차 조일통상장정(1883)으로 뒤늦게 관세를 부과하기 시작했지만, 소 잃고 외양간 고치기였다.

농민의 삶이 벼랑 끝으로 내몰리는 상황에서 동학농민운동이 일어났다(1894). 희대의 탐관오리 조병갑의 수탈과 갖은 횡포로 전봉준을 비롯한 고부의 농민들이 봉기했다. 농민군은 황토현, 황룡촌 등에서 정부군을 물리치고 전라도의 중심 도시 전주까지 점령했다. 항상 그랬듯이 민씨 정권은 청에 도움을 요청했다. 청 군대가 조선에 들어왔고, 일본도 갑신정변 뒤 청과 맺은 톈진조약을 근거로 군대를 보냈다. 이에 농민군은 외국군에 침략의 빌미를 주지 않으려고 진격을 멈추고, 정부와 강화를 맺었다(전주화약).

그러나 일본군은 조선에서 물러가지 않았다. 일본군은 경복궁을 무력으로 점령했고(7.23), 아산만에 주둔하고 있던 청군을 기습공격했다(청일전쟁, 7.25). 곧이어 김홍집 내각이 근대적 개혁을 추진하게 했다(갑오개혁, 7.27). 이때 흥선대원군은 위기에 빠진 종묘사직을 지키라는 밀지를 전봉준에게 보냈다. 이에 전주에서 다시 봉기한 농민군은 서울을 향해 진격하다가 공주 우금치에서 일본군과 정부군에 의해 진압됐다(우금치전투, 12.5).

1895년 4월, 청일전쟁은 일본의 승리로 끝났다. 이어 두 나라 사이에 시모노세키조약이 체결됐다. 10년 전 톈진조약을 맺을 때와는 상황이 정반대였다. 당시에는 일본의 이토 히로부미가 청의 톈진에 갔지만, 이번에는 청의 이홍장이 일본의 시모노세키에 갔다. 여기서 일본은 청의 랴오둥 반도와 타이완을 차지했다. 또한 청의 패배로 책봉체제가 무너져 조선은 '독립자주국'이라는 특별한 경험을 하게 됐다. 이때 일본은 조선을 보호국으로 만들려고 했다.

일본이 청일전쟁에서 승리하여 랴오둥 반도를 차지하자 러시아가 프랑스·독일과 함께 견제를 해왔다(삼국간섭, 1895.4). 이에 일본은 울며 겨자 먹기로 랴오둥 반도를 청에 돌려주었다. 삼국간섭으로 러시아의 영향력이 강해지자 민씨 정권은 러시아의 힘을 빌려 일본을 견제하려고 했다. 이에 위협을 느낀 일본은 명성황후를 살해했다(을미사변, 1895.10).

왕비가 살해되자 고종은 공포에 떨었다. 미국인 선교사를 불러 자신의 잠자리를 지키게 했고, 음식에 독이 들어 있을까봐 날달걀과 통조림만 먹었다고 한다. 그리고 여러 차례의 경복궁 탈출 시도 끝에 드디어 성공하여 러시아 공사관으로 피신했다(아관파천, 1896). 이에 김홍집 친일 내각이 무너졌고, 실각한 김홍집은 단발령으로 분노한 백성들에 맞아 죽었다.

아관파천으로 러시아는 조선의 국왕을 '인질'로 갖게 되어 온갖 이권을 챙겼다. 삼림채벌권, 광산채굴권을 얻었고, 인천 월미도를 차지했다. 그리고 친러파가 득세했다.

이 무렵 개화파 서재필이 미국에서 귀국했다. 갑신정변 실패 후 망명한 지 12년 만이었다. 그는 고종으로부터 자금을 받아 독립협회를 조직했다(1896.7). 독립협회에는 윤치호, 이상재, 이승만, 이완용, 안경수 등이 참여했다. 독립협회는 외세에 의존하는 정부의 태도에 반대하고 조선의 자주독립과 내정개혁을 주장했다.

한 나라의 국왕이 남의 나라 공사관에 숨어 있는 것은 부끄러운 일이었다. 궁궐로 돌아오라는 요구가 빗발쳤다. 특히 독립협회가 환궁 요구에 적극적이었다. 이에 고종은 1년 만에 경복궁이 아닌 러시아 공사관과 가까운 덕수궁으로 돌아왔다. 여차하면 다시 피신할 생각이었다. 덕수궁과 러시아 공사관 사이에 비밀지하통로도 만들어놓았다.

고종은 실추된 왕권의 위엄을 살리기 위해 서울 소공동 원구단에서 대한제국을 선포하고, 황제에 즉위했다(1897). 청일전쟁 이후 조선은 청의 간섭에서 벗어나 있었고, 아관파천으로 일본과 러시아가 세력균형을 이루어 정국이 일시적으로 안정됐기 때문에 가능했다.

대한제국은 황제권을 강화했다. 군 통수권을 비롯한 주요 권한을 황제가 장악했다. 입헌군주제를 지향하던 독립협회도 강제로 해산시켰다(1898). 또한 양전사업을 시행하여 근대적 토지소유권을 발급했고, 근대적 공장들을 세웠으며, 각종 학교를 세우고 외국에 유학생을 파견했다. 광무개혁이라 불리는 이런 정책에 대한 평가는 엇갈리고 있다.

당시 대한제국에 가장 시급한 것은 징병제 실시였다. 이에 1901년 원수부(군 통수기구)는 18세 이상의 모든 남자가 3년 동안 군대에 복무하도록 하는 징병제를 건의했으나, 고종은 이를 거부했다. 농병일치제와 달리 징병제는 국민의 정치적 권리를 전제로 하기 때문이다. 또한 징병제에 들어가는 막대한 돈도 문제였다. 결국 대한제국은 징병제를 실시하지 못했다. 바로 이 시기가 대한제국이 근대국가로 갈 수 있는 마지막 기회였다.

일본과 러시아의 세력균형은 오래 가지 못했다. 결국 한반도에 대한 지배권을 놓고 두 나라는 결전을 벌였다(러일전쟁, 1904). 동아시아에서 러시아의 세력 확대를 경계한 영국과 미국이 일본을 도왔고, 대한제국의 지식인들도 일본을 지지했다. 헤이그특사 사건으로 유명한 이준은 일본군 부상병을 위한 병원 설립을 추진하기도 했다. 결국 전쟁은 일본의 승리로 기울었고, 미국의 중재로 일본과 러시아는 강화했다(포츠머스조약, 1905.9). 이에 대한제국은 일본에 넘어가는 일만 남게 됐다.

1905년 11월 15일, 덕수궁 함녕전에 고종과 이토 히로부미가 마주 앉아 있었다. 이토는 대한제국의 외교권을 내놓으라고 협박했고, 고종은 이를 거절했다. 국왕의 마지막 자존심인지, 망국의 책임을 뒤집어쓰지 않겠다는 계산이었는지는 알 수 없다. 이틀 뒤 일본군이 경복궁을 포위한 상태에서 마지막 내각회의가 열렸다. 총리대신 한규설이 외교권 이양에 반대했지만 이완용을 비롯한 대신들은 동의했다(을사조약).

1910년 8월 29일, 대한제국은 명목상의 국권마저 일본에 내주었다(한일병합). 500년 왕조가 망하는 날, 서울 시내 풍경은 의외로 평온했다. 사람들은 평소처럼 일터로 향했고, 거리에는 가게들이 문을 열었다.

참고자료

강만길. 1994. 『고쳐 쓴 한국근대사』. 창작과비평사.
강재언. 1988. 『한국근대사 연구』. 청아출판사.
김윤희 외. 2004. 『조선의 최후』. 다른세상.
한국근현대사학회. 1997. 『한국근대사 강의』. 한울아카데미.

강화도조약에서
무슨 일이 있었나?

근대 이전의 한·중·일 동아시아 3국은 서양 세력과 공식적인 접촉이 거의 없었다. 국가가 통제하는 제한된 공무역이 있을 뿐이었다. 그러나 19세기 제국주의시대에 들어와 이들 3국도 개항을 피할 수 없었다.

1842년 청은 아편전쟁에서 영국에 패배하여 난징조약을 맺었다. 상하이를 비롯한 다섯 개 항구를 열고, 홍콩을 영국에 넘겨준다는 굴욕적인 내용이었다. 1860년에는 영국-프랑스 연합군이 청의 수도 베이징을 함락시켰다. 살육, 방화, 강간, 약탈이 자행됐고, '동방의 베르사유'로 불리던 원명원은 폐허가 됐다. 이 소식은 조선의 지배층에게 전해져 충격을 주었다.

1854년 일본은 미국 페리함대에 의해 강제 개항됐다. 당시 미국은 일본을 중국(청)으로 가는 중간 기지로 구상하고 있었다. 재미있게도 당시 일본인들은 미국 함선에 먼저 다가가 물건을 팔았다. 어떤 이는 함선에 올라가 신기한 물건을 만져보거나 그것을 그리기도 했다.

1868년 일본은 메이지유신을 통해 권력을 국왕에게 집중시켰다. 이어 일본은 조선에 국교정상화를 요구해왔다(조선에서는 1863년 흥선대원군이 권력에서 물러나고 민씨 정권이 들어섰다). 그러나 일본이 보내온 외교문서에 '대일본(大日本)', '황상(皇上)' 등 불경한 표현이 들어 있다며 조선은 국교를 거부했다. 이에 일본의 강경파는 조선을 정벌하자는 정한론을 주장했다. 정한론은 온건파의 반대로 무산됐지만, 그 흐름은 운요호 사건으로 이어졌다.

1875년 9월 20일, 일본군함 운요호가 강화도 남쪽 영종도에 나타났다. 조선정부의 허가를 받지 않은 도발행위였다. 운요호는 조선군으로부터 선제사격이 있기만을 기다렸다. 그것을 명분으로 조선을 공격하려는 술수였다. 이윽고 강화도 초지진에서 포탄이 날아왔다. 이에 운요호도 함포사격을 시작했다. 포의 사정거리에서 조선군은 일본군의 상대가 되지 못했다. 일본군은 여세를 몰아 영종도에 상륙했다. 조선군 35명이 전사했고, 민가에 대한 약탈과 방화가 자행됐다. 이것이 운요호 사건이다.

1876년 2월 4일, 일본 육군중장 구로다 기요타카(36세)를 비롯한 800여 명의 일본군이 6척의 군함을 타고 다시 강화도에 나타났다. 이미 부산에 들러 무력시위를 하여 조선인 12명을 다치게 한 뒤였다. 운요호 사건의 의미를 파악한 조선정부도 판중추부사 신헌(66세)을 비롯한 대표단을 파견했다.

조선정부 대표단과 회담을 시작하자 정박하고 있던 일본 군함들은 포성을 울렸다. 이와 함께 구로다는 운요호 사건에 대한 책임을 추궁했다. 어떻게 국기를 게양한 배에 사격을 할 수 있느냐는 것이었다. 협상에서 기선을 제압하기 위한 위협이었다. 이에 신헌은 운요호에 일본 국기가 없었다고 반박했다. 다시 구로다가 운요호에 발포한 군인들을 처벌하라고 요구하자 "낯선 배가 쳐들어오는데 변방을 지키는 군인이 임무를 수행한 것에 어떻게 벌을 주느냐?"라고 맞섰다.

신헌과 구로다. 훗날 신헌은 조미수호통상조약에서도 조선대표가 됐고, 구로다는 일본제국의 2대 총리가 됐다.

구로다는 미리 준비해온 조선의 개항에 관한 조약문을 제시하며 회답을 요구했다. 기한은 열흘이었다. 그러나 당시 조선에는 근대적 국제조약문을 제대로 이해할 수 있는 사람이 없었다. 조선정부는 모든 권한을 신헌에게 부여했고, 19일 양국 대표단 사이에 조약문 수정작업이 이루어져 26일에 조약이 체결됐다. 이런 일련의 과정은 20여 년 전 미국 페리함대가 일본을 강제로 개항시킬 때의 광경과 비슷했다.

강화도조약은 모두 12개 조항으로 이루어져 있다. 제1조에서 조선은 자주국으로서 일본과 평등한 권리를 가진다고 규정되어 있으나, 이는 조선에 대한 청의 종주권을 배제하고 조선을 침략하려는 의도가 담긴 것이었다. 제4조에서는 개항장 내에 조계를 설정하여 일본상인의 자유로운 무역과 거주가 가능하도록 규정했다. 제5조에서는 부산을 비롯한 두 개 항구를 개항할 것을 규정했다. 제7조에서는 일본이 조선의 연안을 측량하고 지도를 작성할 수 있도록 규정했다. 제8조와 제10조에는 개항장에서의 영사재판권(치외법권)을 명시했다. 조선에는 불평등조약이었고, 일본에는 대륙침략의 토대가 됐다.

이런 상황에서 조선 측 대표 신헌은 엉뚱한 곳에 관심을 보였다. 그것은 조약문서의 서명란에 있는 '대일본국특령전권변리대신 구로다 기요타카'라는 문구였다. 신헌은 '대일본국'이라는 표현에 분노했고, 기어코 자신을 '대조선국대관판중추부사 신헌'으로 표기하는 데에 성공했다. 구로다는 조약체결을 위해 '사소한' 내용 한두 개를 양보했다고 본국에 보고했다.

한국인은 명분과 체면, 일본인은 실리를 중요시한다는 말이 있다. 한국인은 허풍과 허세, 일본인은 엄살을 잘 떤다는 말도 있다. 실제로 2002년 한일 월드컵에서도 한국은 대회 명칭을, 일본은 입장료 수입이 많은 결승전을 선택했다. 사람의 성향은 개인에 따라 다르기 때문에 민족성을 말하는 것은 지나친 일반화일 수 있다. 강화도조약에서 나타난 풍경도 하나의 개별적인 사례일 뿐일까?

참고자료

가다노 쯔기오. 2003. 『일본인이 쓴 역사의 양금』. 우석.
운노 후쿠쥬. 1995. 『일본의 양심이 본 한국병합』. 새길.
이태진. 2005. 「1876년 강화도조약의 명암」. ≪한국사 시민강좌≫, 제36집. 일조각.
한국근현대사학회. 1997. 『한국근대사강의』. 한울아카데미.
한국정신문화연구원. 1991. 『한국민족문화대백과사전』.

✓ 강화도조약의 세부 사항이 추가로 논의되다

강화도조약의 정식명칭은 '조일수호조규'이다. 강화도조약이 체결되고 나서 6개월 뒤에 '조일수호조규 부록'이 체결됐다. 11개 조항으로 이루어진 '조일수호조규 부록'에서는 제7조가 주목된다. 제7조는 일본화폐가 조선에서 통용되도록 하여 일본의 경제적 침탈을 가능하게 했다.

'조일수호조규 부록'과 함께 '조일무역규칙'도 체결됐다. '조일무역규칙'에서는 제6조와 제7조가 주목된다. 제6조는 각 개항장에 거주하는 일본인의 쌀 매입을 허용하는 내용이었는데, 일본은 이를 조선의 쌀을 일본으로 수출하는 근거로 삼았다. 이는 훗날 방곡령의 불씨가 됐다. 제7조는 일본선박에 대해 항세(관세)를 부과하지 않는다는 내용이다. 이는 조선이 일본과의 교역규모를 과소평가한 것이었는데, 원산과 인천이 추가로 개항되면서 상황이 달라졌다. 일본과의 교역량이 청과의 교역량을 넘어선 것이다. 결국 이 조항으로 일본상품이 싼 값에 수입되어 조선의 수공업은 경쟁력을 잃고 몰락했다.

사태의 심각성을 깨달은 조선정부는 추가 재협상을 추진하여 1883년에 제2차 '조일통상장정'을 체결했다. 전년도에 체결된 '조미수호통상조약'의 영향으로 일본에 대한 관세자주권을 회복했고, 무분별한 쌀 수출을 막기 위해 방곡령을 선포할 수 있는 근거를 마련했다.

홍선대원군과 명성황후는
왜 사이가 나빴을까?

1863년 겨울, 철종이 후계자 없이 세상을 떠났다. 이에 당시 권력의 실세 조대비와 가까웠던 홍선대원군 이하응이 자신의 둘째 아들 이명복을 왕위에 올렸다. 그가 고종이다. 풍양 조씨 가문의 조대비는 홍선대원군을 이용하여 안동 김씨 세력을 제거하고자 했던 것이다.

즉위 당시 고종은 12세였기 때문에 아버지인 홍선대원군이 실권을 장악했다. 그가 집권하기 전에 안동 김씨 세도정권의 탄압을 피하려고 홍청망청 놀고먹었다거나, 집권 뒤에 안동 김씨를 숙청했다는 이야기는 과장된 것이다. 아마도 김동인의 소설 『운현궁의 봄』이 영화, 드라마에 인용되면서 만들어진 것 같다.

1866년 홍선대원군은 고종의 왕비를 들였다. 그 주인공은 영주군수를 지낸 민치록의 외동딸 민자영(15세)이었다. 그녀가 명성황후이다. 홍선대원군이 민치록의 딸을 왕비로 선택한 이유는 확실하지 않다. 다만 민치록의 여흥 민씨 집안에서 왕비를 줄곧 배출해왔다는 점은 주목된다. 태종의 비이며 세종의 어머니인 원경왕후, 숙종의 비 인현왕후가 모두 여흥 민씨이다. 그뿐만 아니라 흥선대원군의 어머니와 부인도 모두 여흥 민씨였다(흥선대원군의 처남이며, 민자영의 양오빠인 민승호가 중간에서 다리 역할을 했다). 왕비를 배출해온 집안 내력에, 민치록이 세상을 떠나 없었고, 민자영의 형제가 없다는 게 작용했던 것 같다. 특정 가문에 의한 세도정치의 폐해를 지켜본 흥선대원군으로서는 나름대로 고심한 결과였다.

그러나 흥선대원군의 선택은 불행의 시작이었다. 1868년 고종과 한 궁녀 사이에 아들이 태어나자 흥선대원군과 명성황후의 사이는 벌어지기 시작했다(명성황후는 남편인 고종의 사랑도 받지 못했다). 더욱이 흥선대원군은 그 아기를 무척 아꼈다. 3년 뒤 명성황후도 아들을 낳았지만 그 아기는 5일 만에 세상을 떠났다. 명성황후는 임신 중에 흥선대원군이 달여준 산삼을 먹은 것이 원인이라고 믿었다. 한국 근대정치사를 뒤흔들 시아버지와 며느리의 갈등은 이렇게 시작됐다.

1873년 고종이 성인이 되자 흥선대원군이 하야하고 명성황후를 비롯한 민씨 세력이 실권을 장악했다. 이듬해 명성황후의 양오빠인 민승호의 집에 궤짝 하나가 배달됐다. 궤짝을 여는 순간 폭탄이 터져 민승호와 그의 아버지, 10살짜리 아들이 그 자리에서 죽었다. 온몸이 시꺼멓게 탄 민승호는 손으로 흥선대원군이 사는 운현궁을 가리키며 숨이 끊어졌다. 당연히 명성황후는 이 사건의 배후로 흥선대원군을 의심했다. 그리고 민승호의 대를 잇기 위해 친정 조카인 민영익을 양자로 들이게 했다. 민영익은 훗날 민씨 정권의 실세가 되어 보빙사를 이끌고 미국에 다녀왔으며, 갑신정변 때 김옥균 세력의 칼을 맞고 사경을 헤매다가 기적적으로 살아난다.

1882년 민씨 정권의 개화정책에 반대하는 군인들이 폭동을 일으켰다(임오군란). 명성황후는 충청도 충주까지 도망갔고, 홍선대원군이 다시 집권했다. 홍선대원군은 명성황후가 죽었다고 공식 선언하고, 민씨 정권의 개화정책을 폐기했다. 명성황후가 살아서 돌아오더라도 다시는 권력에 복귀하지 못하게 하려는 계산으로 국장까지 치렀다.

이때 충주에 도망가 있던 명성황후는 청에 도움을 요청했다. 위안스카이가 이끄는 3000여 명의 청군이 들어와 임오군란을 진압했고, 홍선대원군은 톈진으로 잡혀갔다. 홍선대원군은 청에 있을 때 리훙장을 비롯한 유력 정치인들을 만나 명성황후의 축출을 요청했다.

4년 만에 조선으로 귀국한 홍선대원군은 청군과 동학농민군을 이용하여 일본세력을 몰아내려 했다. 당시 농민군을 이끌며 전라도 일대를 점령하고 전주에 머물던 전봉준에게 밀지도 보냈다(동학농민운동을 반봉건운동으로 볼 수 있는지 의문이 가는 대목이다). 그러나 홍선대원군의 이 계획은 실패하고 말았다. 주동자 5명이 사형선고를 받았고, 홍선대원군은 감시를 받으며 운현궁에서 갇혀 지내야 했다. 이때 민씨 세력은 홍선대원군을 살해하려고 했다.

홍선대원군과 명성황후의 갈등은 결국 파국으로 치닫고 말았다. 1895년 10월 8일 새벽, 일본군 장교가 지휘하는 300여 명의 군대가 경복궁을 습격했다. 삼국간섭 이후 러시아와 손을 잡고 일본을 견제하려 했던 명성황후를 살해하기 위한 작전이었다. 작전명은 '여우사냥'이었다. 그리고 그 일본군 무리 안에 홍선대원군이 있었다. 경복궁 수비대는 싱겁게 무너졌고, 일본의 엘리트 자객인 낭인들은 경복궁 안 건청궁에 난입하여 명성황후를 살해했다(을미사변).

일본이 흥선대원군을 을미사변에 강제로 끌어들였다는 주장이 있다. 을미사변을 흥선대원군과 명성황후의 싸움으로 포장하려고 했다는 것이다. 설사 그렇다고 해도 두 사람이 대립하고 갈등을 빚었다는 사실이 바뀌지는 않는다. 1898년 흥선대원군의 장례식에 그의 아들 고종이 얼굴도 비치지 않았다는 사실은 무엇을 의미할까?

어떤 이는 흥선대원군의 정치력과 명성황후의 외교 감각이 결합했다면 한국 근대사가 달라졌을 것이라고 말한다. 지나놓고 보면 아쉬운 일이 많아서 그런지 나름대로 의미 있는 분석이다. 하지만 이 주장에는 기본 전제가 잘못 들어가 있다. 시아버지와 며느리가 권력을 놓고 싸우는데 그 아들이자, 그 남편이며, 조선의 국왕인 고종은 도대체 어디에 있었단 말인가? 몇몇 학자들의 '고종 구하기' 작전은 보기에 민망하다.

참고자료

박노자 · 허동현. 2003. 『우리역사 최전선』. 푸른역사.
유영익. 1993. 「흥선대원군」. ≪한국사 시민강좌≫, 제13집. 일조각.
이배용 외. 1999. 『우리나라 여성들은 어떻게 살았을까?』 2. 청년사.
황현. 2005. 『매천야록』. 정동호 옮김. 꿈이있는집.

✓ 명성황후에 대한 말, 말, 말

명성황후는 칭호부터 논란이 많다. 흔히 일본인들이 명성황후를 비하하기 위해 '민비(閔妃)'라고 불렀다고 알려져 있으나 사실은 그렇지 않다. 명성황후가 살았던 당대의 유학자들도 민비라는 표현을 썼다. 또한, 그녀는 고종이 황제에 즉위하기 전에 세상을 떠났기 때문에 황후(皇后)라고 부르지 않아도 문제가 될 것은 없다. 명성황후는 그녀가 사망한 뒤 붙여진 칭호이다.

명성황후의 사진은 진위 논란에 휩싸여 있다. 현재 남아 있는 세 장의 사진 가운데 하나는 예전 교과서에 명성황후의 사진으로 실리기도 했다. 하지만 최근에는 세 장 모두 진짜가 아닌 쪽에 무게가 실리고 있다. 영국인 이사벨라 비숍의 기록에 따르면 명성황후는 마른 체구에 눈매가 날카롭고 얼굴에 곰보자국이 있었다고 한다. 머리가 명석하고 '까칠한' 인상이었던 것 같다.

명성황후의 정치력에 대해서는 평가가 엇갈린다. 어떤 이는 그녀가 능숙한 외교를 통해 일본의 조선 침략을 견제했다고 본다. 일본이 무리하게 명성황후를 살해한 것에서도 알 수 있다. 다만 명성황후의 정치외교가 국가를 위한 것이었는지, 민씨 정권을 위한 것이었는지는 따져봐야 한다.

민씨 정권은 관직을 사고팔았고 백성을 수탈했다. 민씨 정권의 척족인 민영준은 온갖 부정부패와 축재로 백성들로부터 욕을 얻어먹자 이름을 민영휘로 바꿀 정도였다. 동학농민운동 역시 민씨 정권의 수탈을 견디다 못해 일어난 것이다. 전봉준은 가장 부패한 관리로 민영환을 지목했다. 민영환 역시 민씨 척족이었다.

명성황후는 외국 군대를 끌어들여 제 나라 백성 수만 명을 도륙했다. 그리고 이것은 일본이 본격적으로 조선을 침략하는 기회가 됐다. 과연 명성황후가 외교를 잘했는지는 냉정하게 따져봐야 한다.

명성황후 살해 사건(을미사변)에 대해서도 온갖 억측이 난무한다. 을미사변 때 일본 낭인들이 돌아가며 명성황후에게 '몹쓸 짓'을 했다거나, 명성황후가 살아 있는 채로 불에 타 죽었다던가, 심지어 을미사변 때 명성황후가 죽지 않고 몸을 피해 살아 있었다는 주장까지 나오고 있다.

여러 논란 속에서도 명성황후가 역사적 인물로 자리매김을 하고 있는 것은 드라마, 영화, 뮤지컬의 영향이 큰 것 같다. 일국의 국모가 테러리스트들에 의해 비참하게 살해당한 것에 대한 분노와 동정심이 문화예술작품에 의해 확대재생산되고 있다. 백범 김구의 경우에서도 볼 수 있듯이, 삶을 어떻게 마감하느냐에 따라 그 인물에 대한 평가도 달라진다.

갑신정변,
한국 근대의료를 낳았나?

1884년 12월 4일 저녁 7시경, 서울 종로 견지동에 있는 옛 전의감(조선시대 왕실의료 담당관청) 건물에서 우정총국 개국 기념 파티가 벌어지고 있었다. 우정총국은 한국 최초의 우체국이다. 1년 전 보빙사의 일원으로 미국에 다녀온 홍영식이 고종에게 건의하여 야심차게 세운 것이었다.

우정총국 개국 3년 전, 홍영식은 신사유람단으로 일본에 갔을 때에도 근대 우편제도에 많은 관심을 보이며 당시 일본의 우편전문가들을 찾아가 자문을 구했다. 보빙사로 미국에 갔을 때는 뉴욕의 우체국을 시찰했고, 귀국 후 고종에게 우편업무 도입을 건의했다. 이에 1884년 4월 22일 우정총국이 창설됐고, 11월 18일부터 우편업무가 시작됐다(현재 4월 22일은 '정보통신의 날'로 지정되어 있다). 그리고 한 달 뒤, 우정총국 개국 기념 파티가 열린 것이다.

이 자리에는 김옥균, 박영효, 서광범, 민영익, 한규직 등과 청 외교관 묄렌도르프를 비롯한 외교사절까지 모두 20여 명이 참석했다. 민영익은 명성황후의 조카이며, 보빙사를 이끌고 미국에 다녀온 민씨 정권의 실세였다.

파티가 거의 끝나갈 무렵, 창밖으로 불기둥이 솟아올랐다. 민영익은 심상치 않은 분위기를 눈치채고 밖에 나갔다가 혁명군의 칼에 맞아 피를 흘리며 바닥에 쓰러졌다. 갑신정변의 시작이었다.

제중원과 알렌.

거사가 시작되자 김옥균을 비롯한 정변 세력은 고종과 명성황후를 포섭하기 위해 창덕궁으로 갔다. 이때 묄렌도르프는 피투성이가 된 민영익을 미국인 의사 알렌에게 데려갔다. 당시 민영익은 온몸이 칼에 찔려 동맥이 끊겨 있었다.

그러나 알렌은 재빠르게 상처를 봉합하고 3개월 동안 치료하여 다 죽어가던 민영익을 기적적으로 살려냈다. 한국 최초의 외과수술은 대성공이었다(한국의 전통의학에서는 인체에 칼을 대는 것이 금기시됐다. 『동의보감』의 저자 허균이 인체해부를 했다는 이야기는 사실이 아니다).

서양 의학에 관심이 많던 고종은 이 사건으로 그 위력을 실감했다. 고종은 알렌을 만난 자리에서 서양식 병원에 대한 관심을 내비쳤고, 알렌은 병원만 세워주면 돈을 안 받고 일하겠다고 말했다. 이에 고종은 광혜원이라는 이름으로 병원을 세웠고(며칠 뒤 이름을 '제중원'으로 바꾸었다)

갑신정변으로 멸문지화를 당한 홍영식의 집을 병원 건물로 사용했다. 종로에 있던 홍영식의 집은 매우 커서 진찰실, 수술실, 입원실 등을 마련할 수 있었다. 병원을 연 지 1년 만에 1만 명 이상이 진료를 받았다. 신분의 구별도 없었다. 환자가 늘어나자 제중원은 다음 해에 구리개(현재 을지로 외환은행 본점 자리)로 옮겼다.

1885년 3월에는 의사를 길러내기 위해 한국 최초의 의과대학인 제중원의학당을 세웠다. 16명의 학생을 선발하여 의학, 영어, 물리, 화학 등을 가르쳤다.

몇 년 뒤, 알렌은 미국으로 돌아갔다. 그는 조선정부로부터 막대한 돈을 받았을 뿐 아니라 미국이 조선의 경제적 이권을 침탈하는 과정에서 브로커 역할을 하여 엄청난 돈을 챙겨갔다. 조선 최대 규모의 금광이었던 평안도 운산금광의 채굴권을 미국인 사업자에게 넘긴 것도 그였다.

이후 제중원의 운영권은 미국인 의사 에비슨에게 넘어갔고, 미국인 세브란스로부터 기금을 받아 남대문 밖 복숭아골(현재 서울역 맞은 편)에 병원을 신축했다. 이때부터 제중원의학당은 세브란스병원으로 이름이 바뀌었다. 한편, 제중원의학당 출신 의료인력 가운데 일부는 국립 대한의원으로 진출했고, 대한의원은 현재 서울대학교 병원이 됐다.

제중원의학당은 재정난으로 교육이 중단되는 우여곡절을 겪다가 1908년에야 첫 졸업생을 배출했다. 그 가운데 박서양이라는 인물이 있었다. 바로 SBS 드라마 〈제중원〉(2010) 주인공의 실존 인물이다. 또한 그는 독립협회의 만민공동회 연설자로 교과서에 나오는 백정 박성춘의 아들이기도 하다.

서양식 의사가 거의 없던 당시에 제중원의학당을 나온 인물들은 부와 명예가 보장되어 있었다. 그러나 박서양은 순탄한 길을 가지 않았다. 한일병합 이후 그는 간도 용정으로 가서 병원을 열어 부상당한 독립군들의 치료를 도맡았다. 그뿐만 아니라 학교를 세워 민족의식을 고취시켰고, 독립운동에도 적극 참여했다. 박서양뿐만 아니라 다른 졸업생들의 행로도 부와 명예와는 거리가 멀었다. 한국 근대의학의 시작은 그렇게 숭고했다.

조선시대 왕실의료 담당관청이었던 전의감에서 갑신정변이 일어나고, 그 정변의 결과 한국에서 근대의료의 역사가 시작됐다. 역사는 우연인가, 필연인가?

참고자료

김상태. 2011. 「제중원」. 네이버캐스트.
박영수. 1998. 『운명의 순간들』. 바다출판사.
이규태. 1986. 『역사산책』. 신태양사.
전우용. 2008. 『서울은 깊다』. 돌베개.
정민성. 1990. 『우리 의약의 역사』. 학민사.

✓ 갑신정변 주동자들의 비참한 최후

김옥균을 비롯한 급진개화파가 일으킨 갑신정변은 3일 만에 막을 내렸다. 젊은 인사들이 거사를 추진하다 보니 사전준비가 치밀하지 못했고, 순진하게 일본을 믿었던 게 결정적 실수였다.

거사가 일어나자 임오군란 때 서울에 와 있던 청군이 진압에 나섰다. 고종은 창덕궁에서 나와 명륜동에 있는 청군 진영으로 가려고 했다. 총알이 날아다니는 전투지역으로 국왕이 가는 것은 위험한 일이었다. 누군가가 목숨을 걸고 고종을 호위해야 했다. 이때 나선 이가 홍영식이었다. 그는 온화한 인품을 갖고 있어 평판이 좋았고, 민씨 정권 인사들과도 사이가 좋았다. 도승지 박영교(박영효의 형)도 함께 나섰다.

그러나 전쟁터에 인정사정이 있을 리 없었다. 홍영식과 박영교가 도성을 벗어나 지금의 서울과학고 부근에 이르렀을 때 청군에 포위됐다. 박영교는 곧바로 골목으로 끌려가 살해당했고, 홍영식은 산속으로 도망치다가 붙잡혀 죽었다. 홍영식은 명문 귀족집안 출신이었다. 그의 아버지 홍순목은 영의정을 지냈다. 홍순목은 아들이 살해당했다는 소식을 듣자 독약을 마시고 자살했다. 홍영식의 어머니, 아내와 어린 아들도 그 뒤를 따랐다.

김옥균의 아버지 김병기는 감옥에 갇혔다가 살해됐고, 어머니는 자살했다. 아내와 딸은 노비가 됐다. 서광범의 가족은 모두 음독자살했다. 서재필의 동생은 참형을 당했고, 아내는 음독자살했으며 두 살배기 아들은 굶어죽었다. 연좌제가 엄존하던 왕조시대에 '역적'의 가족들도 비참한 최후를 맞았다. 갑신정변 때 고종의 침전 옆에서 폭약을 터뜨려 거사의 시작을 알렸던 궁녀 고대수는 도성 거리를 끌려 다니며 군중의 돌팔매를 맞다가 죽었다.

갑신정변의 주동자 45명 가운데 김옥균, 박영효, 서광범, 서재필 등 9명은 일본으로 탈출하여 목숨을 건졌다. 일본으로 망명한 김옥균은 10년 동안 고난의 세월을 보냈다. 민씨 정권은 그를 살해하려고 여러 차례 자객을 보냈다. 결국

1894년 3월, 김옥균은 프랑스 유학생 출신의 자객 홍종우에게 암살되고 말았다. 김옥균 암살은 조선, 청, 일본의 합작품이었다. 일본의 입장에서도 김옥균은 두고두고 외교적 골칫거리였다. 김옥균의 시신은 서울 마포 나루터로 실려와 팔, 다리가 잘려나갔고, 머리는 장대 위에 내걸렸다.

동학농민운동 이후
조병갑은 어떻게 됐을까?

조병갑은 한국역사 속 탐관오리의 대명사이다. 동학농민운동의 불씨를 제공한 인물이기 때문이다. 노무현 정부 시절, 정부와 사이가 좋지 않았던 조선일보가 당시 청와대의 한 비서관이 조병갑의 증손녀라는 사실을 폭로했다. 이에 그 비서관은 동학농민유족회에 찾아가 엎드려 사과했다. 사람이 조상을 골라서 태어날 수도 없는 노릇인데, 그것은 너무 가혹한 일이었다. 그만큼 한국사회에서 조병갑의 악명은 높다.

1889년 방곡령을 선포한 것으로 유명한 함경도관찰사 조병식은 조병갑의 사촌이다. 방곡령을 내렸다니 애국지사 비슷한 냄새를 풍기기도 하지만, 사실 그는 조병갑 못지않은 탐관오리였다. 그뿐만 아니라 충청도관찰사로 있을 때 동학교도들이 억울하게 죽은 교조 최제우의 명예를 회복해달라는 탄원서를 올리자 오히려 이들을 탄압하여 동학농민운동의 한 원인을 제공했다.

한국사 교과서와 시중의 역사책들은 전라도 고부의 농민들이 관아를 습격한 원인으로 조병갑의 수탈과 학정만 서술하고 있다. 조병갑은 농민들을 강제로 동원하여 멀쩡한 만석보(저수지)를 증축하고 거기에서 나오는 물세를 착복했으며, 무고한 사람에게 죄를 뒤집어 씌워 재산을 빼앗았다. 또한 아버지 조규순의 공덕비를 세운다고 돈을 강제로 징수하고, 모친상 때 부조금을 거두어주지 않았다는 이유로 주민들을 괴롭혔다. 이는 모두 사실이다.

그러나 조선의 농민들에게 탐관오리의 횡포는 어제오늘의 일이 아니었다. 그들은 웬만하면 참고 견디는 순진무구한 사람들이었다. 조병갑이 오기 전에도 고부에서는 탐관오리들의 횡포가 끊이지 않았었다. 고부 농민들이 진짜로 화가 난 이유는 또 있었다.

1892년 4월, 조병갑이 고부군수로 부임해왔다. 그는 이미 여러 지방을 돌며 탐관오리로서 악명이 높았다. 이듬해부터 조병갑은 본색을 드러냈다. 여기에 흉년이 들고 전염병까지 돌아 고부 농민들의 삶은 벼랑 끝에 몰렸다. 이에 전창혁(전봉준의 아버지)을 비롯한 고부 농민들은 관아로 몰려가 만석보의 물세를 깎아달라고 요구했으나 조병갑은 무력으로 대응했다. 이때 전창혁은 곤장을 맞고 죽었다.

사태가 심상치 않게 돌아가자 전라도관찰사는 중앙정부에 보고하여 고부군수 조병갑을 익산군수로 발령 냈으나, 조병갑은 꿈쩍도 안 했다. 중앙에서 인사권을 쥐고 있던 이조판서 심상훈이 조병갑의 사돈이었기 때문이다(영의정을 지낸 조두순은 조병갑의 큰아버지였다).

당시 고부는 오늘날의 고창, 정읍까지 포함하는 넓은 지역으로, 전라도의 대표적 곡창지대였다. 쌀이 많이 나니 탐관오리에게는 황금알을 낳는 거위였던 셈이다. 조병갑의 행태에 고부 농민은 분노했다.

1894년 2월 16일 새벽, 말목장터에 수백 명의 농민이 모여 전봉준을 지도자로 추대하고, 조병갑을 몰아내기로 했다. 주변 지역의 농민들까지 합세하여 1000여 명으로 늘어난 농민들이 죽창을 들고 고부관아로 몰려갔다. 낌새를 챈 조병갑은 혼자 담을 넘어 달아나 민가에 며칠 동안 숨어 있다가 정읍을 거쳐 전주에 있는 전라감영으로 갔다. 조병갑은 고부 민란을 진압하기 위한 병력을 요청했다. 그러나 전라도관찰사 김문현은 중앙정부에 사태를 보고했고, 조병갑은 파면되어 서울 의금부로 압송됐다. 조병갑은 시종일관 수사에 비협조적이었고, 전라도 강진에 있는 고금도로 귀양을 갔다.

1894년 11월, 전주에서 다시 봉기한 전봉준의 농민군은 공주를 향해 갔다. 수원을 거쳐 서울로 진격할 계획이었다. 논산에서 손병희 부대가 합세하여 병력은 2만 명으로 불어났다. 논산에서 공주로 가려면 우금치를 지나야 했다.

그러나 공주 우금치는 동학농민군이 넘을 수 없는 고개였다. 격발식 소총과 기관포로 무장한 조선-일본 연합군이 기다리고 있었던 것이다. 부적을 품고 주문을 외워도 총알을 피할 수 없었다. 빗발처럼 쏟아지는 총알에 농민군은 쓰러져갔고, 산에는 시체가 쌓였다.

동학농민운동이 진압되고 세상이 조용해지자 조병갑은 중앙정계에 화려하게 복귀하여 고등법원 판사가 됐다(갑오개혁 때 일본은 조선에 근대식 법원을 설치했다). 그의 탄탄한 인맥 덕분이었다.

동학농민운동이 진압된 뒤 강원도 원주로 피신해 있던 동학의 2대 교주 최시형은 1898년에 체포되어 서울로 압송됐다. ≪독립신문≫은 '동학 괴수가 잡혔다'고 보도했다. 전라도 순창으로 피신하여 재기를 노리던 전봉준은 현상금 1000냥에 눈이 먼 부하의 밀고로 체포되어 서울로 끌려와 이미 사형을 당한 뒤였다.

수사담당자가 "전봉준을 아느냐?"라고 묻자 최시형은 "알다 뿐이요, 갑오사(동학농민운동)는 다 내가 시켜 한 일이요"라고 대답했다. 전봉준과 사이가 좋지 않았던 최시형이었지만, 마지막 순간에는 모든 것을 끌어안았다. 판사 조병갑은 최시형에게 사형을 내렸고, 72세의 종교지도자는 모진 고문을 받은 뒤 지금의 서울 종로3가 단성사 자리에서 교수형을 당해 파란만장한 삶을 마쳤다. 정의는 항상 승리하는가?

참고자료

강재언. 1988. 『한국근대사연구』. 청아출판사.
배항섭. 2002. 『조선 후기 민중운동과 동학농민전쟁의 발발』. 경인문화사.
한우근. 1992. 『동학과 농민봉기』. 일조각.

한국 근대정치사를
움직인 여성, 손탁

　서울 정동은 덕수궁, 정동제일교회, 정동극장 등이 있어 역사와 문화
의 향기가 풍기는 지역이다. 조선 태조 이성계의 둘째부인 신덕왕후 강
씨의 무덤인 정릉이 이곳에 있어 정릉동이었다가 광복 뒤에 정동이 됐
다. 신덕왕후와 사이가 나빴던 태종 이방원은 정릉을 지금의 성북구로
옮겼다. 그래서 현재 성북구에 정릉동이 있게 됐다.

　구한말, 서울 정동은 정치외교의 중심지였다. 미국, 러시아를 비롯한
여러 나라의 공사관이 있었고, 외국인들이 모여 살았다. 조선의 정치인
들은 정동에 드나들며 정동구락부라는 모임을 만들었다(구락부는 영어
'club'의 일본식 음역이다). 이들은 친미국, 친러시아 성향이 강했고, '정동
파'라고 불린다. 정동구락부에는 선교사 언더우드, 아펜젤러와 민영환,
서재필, 윤치호, 이상재, 이완용 등이 속해 있었다.

1894년 갑오개혁과 청일전쟁 이후 일본은 조선 침략을 노골화했다. 이에 고종과 명성황후는 미국, 러시아를 비롯한 서구세력을 이용하여 일본을 견제하려 했다. 이때 외교 감각이 있었던 명성황후는 정동구락부의 효용성을 알았다. 그는 조선의 정치인들이 정동구락부에 드나들며 활동할 수 있게 지원했다.

1895년 삼국간섭 이후 명성황후가 러시아와 가까워지자 이에 위협을 느낀 일본은 그녀를 살해했다(을미사변). 이에 정동구락부의 외교관들은 고종의 신변보호에 나섰다. 밤에는 고종의 잠자리를 옆에서 지키기도 했다. 같은 해 11월, 정동파는 고종을 경복궁 밖으로 탈출시키려다 실패했고(춘생문 사건), 다음 해 2월 드디어 고종을 러시아 공사관으로 탈출시키는 데에 성공했다(아관파천). 고종은 김홍집 친일내각을 해산시키고 친미·친러적인 정동파 내각을 출범시켰다.

일본이 ≪한성신보≫를 통해 아관파천을 비난하자 정동파 내각은 신문을 만들어 맞불작전을 폈다. 미국에서 귀국한 서재필이 적임자였다. 이에 정동파 내각은 서재필에게 신문창간비로 4400원과 신문사 건물을 제공했다. 마침내 서재필은 4월에 ≪독립신문≫을 창간했고, 7월에 독립협회를 창립했다

이렇게 한국 근대정치사에서 정동구락부는 큰 비중을 차지하고 있었다. 이때 정동구락부가 정치세력으로 결집한 데에는 손탁이라는 여인의 역할이 있었다. 그녀는 독일인이었고, 조선주재 러시아 공사 베베르의 처형(妻兄)이었다.

손탁은 4개국의 언어를 구사할 수 있었다. 게다가 사교적이고 수완이 좋았다. 명성황후를 만나서는 피부가 상했다며 서양 화장품을 쓰게 했고, 아관파천 때에는 고종의 식사를 비롯한 모든 수발을 들었다. 이에 고

종은 손탁을 신뢰했고, 외국 인사들의 동향이나 국제정세에 대한 정보도 손탁을 통해 얻었다. 한편, 손탁의 여동생(베베르 부인)도 주한 외국인들의 생일과 장례 등을 챙기며 활동의 폭을 넓혀갔다.

고종은 손탁에게 정동에 있는 집과 토지를 내렸고, 1898년에는 서양식 벽돌건물을 지어주었다. 손탁은 이 건물을 호텔로 개조하여 외교관들의 사교장으로 활용했고, 정동구락부의 근거지가 됐다. 손탁호텔의 손님 가운데는 소설 『허클베리핀의 모험』을 지은 미국인 작가 마크 트웨인도 있었다. 그는 러일전쟁 종군기자로 한국에 와 있었다.

그러나 손탁이 조선을 위해 좋은 일만 한 것은 아니었다. 러시아가 한국에서 각종 이권을 빼앗아가도록 배후에서 영향력을 행사한 것도 손탁이었다. 교과서에 나오는 용암포 사건, 절영도 조차 요구 등에도 손탁의 입김이 들어갔다. 그녀도 결국 제국주의 첨병이었다.

러일전쟁에서 러시아가 뜻밖의 패배를 당하자 손탁은 조선에서의 생활기반을 잃고 한국을 떠났다. 31살에 한국에 온 지 24년 만이었다. 손탁호텔을 거금에 팔았고, 고종으로부터 거액의 전별금도 받았다. 손탁은 동생의 권유로 그 돈을 러시아 은행에 예금했다. 안락한 노후생활이 가능할 것 같았다. 그러나 러시아의 한국 수탈을 도운 대가였을까? 러시아에 사회주의혁명이 터져 손탁의 모든 예금은 몰수당했고, 71살의 노처녀는 쓸쓸히 삶을 마감했다.

참고자료

이규태. 1986. 『한국인의 맥 9―개화백경』. 한국출판공사.
이순우. 2012. 『손탁호텔』. 하늘재.

일본 제국주의는
어떻게 태어났나?

1854년 일본 에도막부는 미국의 페리함대에 의해 강제로 개항됐다. 에도막부는 미군과 싸워서 이기기 어렵다는 것을 알고 있었다. 막부는 무사집단이었기 때문에 군사력에 대한 현실적 판단을 했다. 중국 중심의 국제질서에 집착했던 조선의 관념적 선비들과는 달랐다.

그러나 대책 없는 개항은 에도막부의 권위를 떨어뜨렸다. 물가폭등으로 민중의 삶도 어려워졌다. 이에 700여 년 동안 막부에 억눌려왔던 천황과 지방영주(다이묘), 무사(사무라이)들이 에도막부를 비판하고 나섰다. '천황을 높이 받들고, 서양 오랑캐를 물리치자'고 주장했다(존왕양이). 결국 이들은 에도막부를 무너뜨리고, 천황에게 권력을 집중시켰다(메이지유신, 1868).

메이지유신이 일어난 데에는 아편전쟁의 영향도 컸다. 아편전쟁에서 패배한 청은 홍콩을 영국에 넘기고, 상하이를 비롯한 다섯 개 항구를 개항했다(난징조약, 1842). 1860년에는 영국·프랑스 연합군이 청의 수도 베이징까지 들이닥쳤다. 이 사건은 일본에 충격을 주었다. '이대로 가면 큰일이 나겠다'는 자극을 받았다.

일본에 운도 따라주었다. 영국·프랑스와 러시아는 크림전쟁(1853~1856), 미국은 남북전쟁(1861~1865), 프랑스는 프로이센과 보불전쟁(1870)을 벌이고 있었다. 당시 제국주의 국가들이 전쟁에 휘말려 있었기 때문에 일본은 그들의 침략을 피할 수 있었다. 일본을 개항시킨 미국은 중국으로 가는 중간 거점이 필요했을 뿐 일본을 침략할 생각이 없었다. 일본은 이 기회를 놓치지 않았다.

메이지유신은 일본 남서부 변방 지역인 조슈, 사쓰마의 하급 사무라이들이 주도했다. 에도막부시대의 사무라이들은 생계를 걱정해야 할 만큼 살기가 어려웠다. 상인(조닌)들의 빚 독촉에 시달리기 일쑤였다. 그 옛날 전국시대의 폼 나는 사무라이가 아니었다. 그런데 조슈, 사쓰마 지역에는 사무라이들이 많이 살았다.

조슈, 사쓰마는 대외교역을 통해 경제력을 키워왔고, 에도(지금의 도쿄)로부터 멀리 떨어져 있어 막부의 통제를 덜 받았다. 게다가 이 지역의 영주들은 16세기에 도요토미 히데요시를 따랐기 때문에 도쿠가와 이에야스가 에도막부를 세운 뒤에는 차별을 받았다. 따라서 이 지역은 에도막부에 대한 불만이 컸다. 특히 조슈(지금의 야마구치 현)는 메이지유신과 일본 제국주의가 태동한 지역으로 지목되고 있다. 그 정점에는 요시다 쇼인이라는 20대 젊은이가 있었다(메이지유신의 주동자로 불리는 사이고 다카모리, 오쿠보 도시미치는 사쓰마 출신이다).

요시다 쇼인은 하급 사무라이의 아들로 태어났으며, 11살에 병법을 강

의할 정도로 수재였다. 소년기에 아편전쟁 소식을 듣고 자
랐고, 청년기에는 미국 페리함대가 일본을 강제로 개항시키
는 광경을 직접 목격했다. 그는 막부의 시대가 끝나가고 있
음을 느끼고, '쇼카손주쿠'라는 작은 공부방을 운영하며 3년
동안 80여 명의 인재를 길러냈다. 그 80여 명 중에는 이토
히로부미, 야마가타 아리토모를 비롯해 훗날 일본 제국주의
의 주역들이 포함되어 있었다(이토는 내각을, 야마가타는 군
부를 이끌며 군국주의의 두 축을 이루었다).

일본 제국주의의 사상적 원
류, 요시다 쇼인.

　요시다 쇼인은 에도막부를 비판하고 16세기 도요토미 히
데요시의 조선 침략(임진왜란)을 옹호했다. 그는 '일본이 국
력을 길러 조선, 만주, 중국을 정복하여 서구 열강으로부터 입은 손해를
보상받아야 한다'고 주장했다. 그의 이런 구상은 일본 제국주의의 전략
이 되어 훗날 청일전쟁과 러일전쟁으로 나타났다. 결국 대한제국은 임
진왜란 때 조선을 침략했던 사무라이 후예들에 의해, 일본의 한 시골에
있는 서당 훈장과 그 제자들에 의해 무너지게 된 셈이다.

　그런데 여기서 한 가지 의문이 생긴다. 약관 20대의 젊은이가 어떻게
일본역사에 큰 발자취를 남길 수 있었을까? 요시다 쇼인은 학생을 선발
할 때 재능이 있으면 신분을 구분하지 않았다. 당시에 이것은 파격이었
다. 천민의 아들이었던 이토 히로부미(17세)는 쇼카손주쿠의 이웃집에
살다가 그의 제자가 됐다.

　그뿐만 아니라 요시다 쇼인은 틀에 박힌 이론보다 살아 있는 시사문제
를 가르쳤고, 일본의 운명에 대해 열변을 토하며 눈물을 흘리기도 했다.
요시다 쇼인은 신념과 자아가 지나치게 강한 나머지 '과대망상증'이 있
었던 것 같다(임진왜란을 일으킨 도요토미 히데요시도 비슷한 증상을 보였

다). 아마도 그는 농담도 안 하고, 잘 웃지도 않았을 것이다. 이런 인물들은 참모나 실무자로는 쓸모가 있지만, 지도자나 교육자로는 위험하다. 이들에게 강한 신념은 곧 무서운 독선이기 때문이다.

요시다 쇼인의 과대망상증은 행동으로 나타났다. 에도막부가 존왕양이운동을 하던 어떤 인물을 조사하는 과정에서 요시다 쇼인의 이름이 나왔다. 이에 요시다 쇼인은 참고인 조사를 받게 되는데, 자신이 막부 고위 인사를 암살하려 했다고 말했다. 그리고 당당하게 죽음을 맞았다. 한마디로 어이없는 죽음이었다. 게다가 그는 죽기 전에 '일본혼'(야마토정신)을 외쳤다고 한다. 그의 '순교자적 최후'는 극적인 효과를 내어 개항 이후 궁지에 몰리고 있던 하급 사무라이들에게 큰 영감을 주었다(요시다 쇼인의 목이 잘렸을 때, 18세의 이토 히로부미는 스승의 시체를 끌어안고 '스승님의 뜻을 이루겠다'고 다짐했다. 훗날 64세의 이토 히로부미는 조선의 국왕과 대신들을 협박하여 을사조약을 체결하고, 대한제국을 강탈했다).

메이지유신을 일으킨 사무라이들의 이념은 '존왕양이'였다. '서양 오랑캐를 물리치자'는 '양이(攘夷)'는 '서양을 배우자'로 바뀌어갔지만, 천황을 받들자는 '존왕(尊王)'은 더욱 강해져 '천황 지상주의'로 변질되어갔다.

흔히 메이지유신을 기점으로 일본 천황은 '얼굴마담'에서 '신(神)'으로 격상됐다고 말한다. 그러나 이것은 절반의 진실이다. 결론부터 말하면 메이지유신 뒤에도 천황은 여전히 '얼굴마담'이었다.

메이지유신의 주동자들은 천황을 신격화한 뒤, 그 천황의 이미지를 정치적으로 이용했다. 정작 자신들은 천황을 숭배하지 않으면서 백성들에게는 천황을 '살아 있는 신'으로 포장하여 선전했다(1867년에 즉위한 메이지천황은 14세였다). 이때 만들어낸 것이 '야스쿠니 신사'와 '교육칙어'다. 야스쿠니 신사는 천황을 위해 죽은 사람을 신으로 모시는 사당이고,

교육칙어는 천황을 위해 죽을 수 있어야 한다고 백성을 가르치는 포고문이다('교육칙어'는 야마가타 아리토모가 만들었다).

일제 침략기의 천황, 히로히토.

이후 천황이라는 존재는 일본 제국주의에 '나르시시즘'을 제공했다. 그것은 인간의 이성이 철저히 배제된 집단 광기였고, 일본인들은 '천황병'이라는 최면에 빠져들어 갔다. 제2차 세계대전 때 '천황폐하 만세'를 외치며 미군 항공모함에 돌격하며 자폭했던 가미카제 특공대는 그 나르시시즘의 결정판이었다. 천황은 그 존재만으로 일본 제국주의의 에너지 공급원이었다.

'살아 있는 신'을 등에 업고 권력을 장악한 것은 군부였다. 군부는 일본의 대외 침략을 추진했고, 천황은 형식적인 결재를 했을 뿐이다. 즉 일본군부는 내각이나 천황의 견제를 받지 않았다. 그들은 삶과 죽음이 교차하는 상황에서 수단과 방법을 가리지 않고 이겨야 한다고 믿는 사무라이들이었다. 그리고 그 군부와 손을 잡은 것이 재벌이었다. 메이지정부가 근대산업을 육성할 때 미쓰이, 미쓰비시를 비롯한 민간 기업은 정부의 특혜를 받아 금융, 무역, 해운 등에서 독점이익을 올리며 재벌로 성장해갔다.

1894년 청일전쟁은 일본의 제국주의 데뷔 무대였다. 조선에서 동학농민운동이 일어나자 청이 조선에 군대를 보냈고, 일본은 10년 전에 맺었던 톈진조약을 근거로 군대를 보냈다. 일본은 조선에 파병하자마자 경복궁을 점령하고, 친일내각을 세워 내정을 간섭했다. 전쟁에서도 일본은 청 군대를 일방적으로 물리치고, 타이완과 랴오둥 반도를 차지했다.

이 무렵 러시아는 일본에 위협세력으로 떠올랐다. 러시아는 독일, 프랑스와 함께 일본을 압박하여 랴오둥 반도를 청에 되돌려주게 했다(삼국 간섭). 이때 러시아와 조선이 가까워지자 일본은 조선의 왕비를 살해하는 만행을 저질렀다(을미사변). 이에 신변의 위협을 느낀 조선의 고종은 러시아 공사관으로 몸을 피했고(아관파천), 조선에 친러 정권이 들어섰다.

러시아의 견제로 대외팽창에 제동이 걸렸지만, 일본은 청일전쟁 승리로 식민지(타이완)를 갖게 됐다. 미국에 의해 강제 개항당한 지 40여 년 만에 제국주의 국가가 된 것이다. 그리고 일본은 청으로부터 받은 거액의 전쟁배상금을 군비 확장에 투자하여 러시아와의 대결을 준비했다.

그로부터 10년 뒤, 드디어 일본은 러시아와 일전을 벌였다(러일전쟁). 일본군은 전쟁의 기선 제압에는 성공했지만, 청일전쟁과는 비교되지 않을 만큼 큰 피해를 입었다. 러시아를 견제하기 위해 영국과 미국이 일본을 지원했지만 인적·물적 피해가 눈덩이처럼 불어나 일본군의 전투력은 바닥을 보이기 시작했다. 일본은 초조해졌다.

그러나 이번에도 일본에 운이 따라주었다. 러시아에서 혁명이 일어났고, 러시아의 핵심 전력인 발틱함대가 대한해협에서 일본해군의 기습공격으로 궤멸됐다. 결국 미국의 중재로 러시아는 대한제국을 일본에 양보했고(포츠머스조약), 일본은 러일전쟁에서 승리함으로써 국제사회에서 제국주의 국가로 자리를 굳혔다. 일본국민들은 승리에 열광했고, 스스로 제국주의의 포로가 되어갔다. 전쟁의 승리는 천황의 공덕이었다.

대한제국을 장악한 일본은 1930년대에 만주와 중국을 침략했다(만주사변, 중일전쟁). 일본 내에서 힘이 더욱 강해진 군부가 세계적인 경제대공황을 대외 침략으로 해결하려는 의도였다. 경제공황으로 어려움에 빠진 재벌은 특단의 조치를 요구했다. 일본국민들도 부패 사건에 휘말려 있던 정당보다 군부를 지지했다. 1932년에는 해군 장교들이 내각 수상을 살해하는 사건까지 벌어졌다(5·15 사건). 일본 제국주의는 폭주 열차가 됐고, 1940년대에는 태평양까지 전선을 넓혔다가 비참하게 패망했다(태평양전쟁).

일본이 항복하고 제2차 세계대전이 끝나자, 국제사회는 일본 천황을 전범으로 처형하자고 주장했다. 일본 제국주의의 정점에 천황이 있었기 때문이다.

그러나 미국 맥아더 사령부는 천황을 살려두었다. 천황을 그대로 두고 그를 활용하는 것이 전후 일본을 관리하기에 유리하고 판단했다. 미국도 과거 일본 제국주의자들과 같은 구상을 했던 것이다. 또한, 당시 미국은 새로운 강자로 떠오르고 있던 공산주의 소련을 견제하기 위해서 일본의 '안정'이 필요했다.

패전 이후, 천황제가 유지된 데에는 일본인 특유의 '순발력'도 한몫을 했다. 일본은 점령군(미군)의 비위를 맞추기 위해 '맥아더 신사(神社)'까지 만들려고 했다. 맥아더는 "일본인은 승자에게 비굴하고, 패자에게는 오만하다"라고 말했다. 당시 A급 전범 용의자였던 기시 노부스케도 살아남아 훗날 일본 총리까지 지냈다. 그는 현 일본 총리 아베 신조의 외할아버지이다.

결국 일제가 패망한 뒤에도 천황제는 유지됐다. 어떤 이는 실권이 없는 천황을 가볍게 보기도 한다. 그러나 그것은 착각이다. 다시 말하지만, 일본 제국주의의 광기가 맹위를 떨칠 때에도 천황은 실권이 없었고, 상징적인 존재였다. 천황은 그 존재만으로 일본의 제국주의 근성(사무라이 근성)에 불을 지펴주었다. 현행 일본헌법 제1조에 '천황은 일본국의 상징이자 일본 국민통합의 상징'이라고 명시되어 있다.

그뿐만 아니라 일본 제국주의 침략의 최종 책임자인 천황이 아무 책임을 지지 않은 것은 오늘날 일본사회에 해악이 되고 있다. 일본인들이 전쟁범죄를 반성하고 거듭날 수 있는 계기가 사라졌다. 한국이 친일 민족 반역자들을 처벌하지 못한 대가를 치르고 있는 것과 마찬가지이다.

2014년 현재, 일본 아베 정부가 제국주의 근성을 드러내는 것도 왜곡된 역사를 청산하지 못했기 때문이다. 일본 총리 아베 신조가 조슈 출신이며, 요시다 쇼인을 가장 존경한다는 사실은 무엇을 의미할까? 역사는 과거가 아니라 현재진행형이다.

참고자료

가리야 데쓰. 2007. 『일본인과 천황』. 김원식 옮김. 길찾기.
권태명. 2009. 「명치유신의 고향 하기와 요시다 쇼인의 쇼카손쥬쿠」. ≪시대정신≫. 2009년 겨울호.
마루야마 마사오·가토 슈이치. 2013. 『번역과 일본의 근대』. 임성모 옮김. 이산.
양영민. 2013. 『사무라이의 침략근성과 제국주의 일본의 부활』. 좋은땅.
이광훈. 2011. 『상투를 자른 사무라이』. 따뜻한손.
정혜선. 2011. 『일본사 다이제스트 100』. 가람기획.
함동주. 2009. 『천황제 근대국가의 탄생』. 창작과비평사.

정로환과 콩나물,
러일전쟁의 승패를 갈랐나?

    소화제의 종류가 많지 않던 1970~1980년대, 텔레비전에 "배탈, 설사엔 정로환"이라는 광고가 나왔다. 지금도 각 학교의 보건실에는 구급약으로 정로환이 구비되어 있다. 학생들은 냄새가 지독하다고 다른 약을 찾는데, 연세 드신 선생님들은 옛 향수 때문인지 정로환을 권한다. 그런데 정로환에는 냄새만큼 고약한 역사가 들어 있다.

    정로환은 일제가 러일전쟁 때 개발한 설사약이다. 대륙에 파견된 일본 병사들이 물갈이 때문에 설사, 복통으로 고생하자 일왕의 지시로 개발했다고 한다. 정로환이라는 이름도 '러시아(露)를 정복한다(征)'는 뜻으로, 제국주의 침략의 흔적이 묻어 있다. 러시아 입장에서는 기분 나쁠 이름이다. 그래서인지 제2차 세계대전 후, 약 이름의 '정복할 정(征)'을 '바를 정(正)'으로 바꾸어 지금에 이르고 있다'러시아를 바르게(正) 한다'는 말도 러시아 입장에서 기분 나쁘기는 마찬가지이다].

광복 이후, 한국에서는 모 제약회사가 정로환을 생산했다. 그 제약회사의 아무개 사장은 정로환의 제조법을 알아내기 위해 일본에 건너갔는데, 그 비법을 알고 있는 공장장은 70대 노인이었다. 평생 일만 하며 살았던 그 노인은 도쿄에 있는 유곽에 가보는 것이 소원이었다고 한다. 이에 그 노인을 유곽에 모시고 가 성대하게 접대를 했고, 결국 정로환의 제조법을 배워올 수 있었다. 1970년대에 출시된 한국 정로환은 대박을 터뜨렸고, 소화제의 대명사가 됐다.

요즘에도 일본 자위대는 정로환을 구급약으로 쓰고 있다고 한다. 더 좋은 약도 많을 텐데 군이 정로환을 고집하는 데에는 다른 의도가 숨어 있는 것 같다. 참고로 정로환은 장 속의 유해균을 죽여 설사를 멈추게 하지만, 이 과정에서 정상적인 대장균까지 죽인다. 따라서 정로환을 자주 복용하면 장의 기능이 떨어진다고 한다.

일본이 새로운 약품까지 개발하며 전쟁을 수행한 데 반해 러시아는 있는 약(?)도 활용하지 못했다. 1904년 2월, 일본군은 뤼순 항에 있던 러시아 극동함대를 기습공격했다. 러일전쟁의 시작이었다. 이에 러시아군은 뤼순 항에 방어진지를 구축하고 전쟁에 돌입했다. 세계 최강의 러시아 발틱함대가 구원하러 온다는 심리적 안정감이 컸는지 뤼순 항은 쉽게 함락되지 않았다.

그런데 승패는 엉뚱한 곳에서 갈렸다. 때는 겨울이라 채소를 먹지 못한 러시아 병사들이 비타민 부족으로 쓰러져갔고, 이는 전의 상실로 이어져 결국 일본군에 항복하고 말았다.

전투가 끝나고 나서 일본군이 뤼순에 들어가 보니 요새 창고에 콩이 쌓여 있었다. 러시아군은 콩으로 스프만 끓여 먹었지 콩나물 재배법을 몰랐던 것이다. 반면에 일본해군은 갑판 위에서 콩나물을 길러 먹었다. 결국 동서양의 식생활 차이가 전쟁의 승패로 이어졌다. 당시 뤼순에 한국군이 있었다면 전투의 양상, 더 나아가 역사가 달라지지 않았을까?

참고자료

박영수. 1998. 『운명의 순간들』. 바다출판사.
이윤옥. 2010. 『사쿠라 훈민정음』. 인물과사상사.

영원한 한국인,
헐버트

요즘에는 뜻있는 한국인들이 세계 곳곳에서 의료, 선교를 비롯한 봉사 활동을 하고 있다. 그 가운데에는 슈바이처와 같이 헌신적인 활동을 하는 분들도 있다. 국제사회에서 한국의 달라진 위상을 느끼게 한다.

19세기 말 한국에도 서양인들이 들어와 봉사 활동을 했다. 망국의 기운이 엄습해오던 동방의 작은 나라에 각별한 애정을 가졌던 인물들이다. ≪대한매일신보≫를 만들어 일본의 한국 침략에 맞섰던 베델, 배재학당(배재고등학교)을 세운 아펜젤러, 연희전문학교(연세대학교)를 세운 언더우드 등이 대표적이다. 그리고 여기서 결코 빼놓을 수 없는 인물이 호머 헐버트이다.

1884년 헐버트는 미국 아이비리그의 명문 다트머스대학을 졸업했다. 한국의 육영공원 교사로 오려고 했지만 갑신정변으로 출발이 늦어져 2

년 뒤에 입국했다(아펜젤러와 언더우드도 1884년에 들어오려 했지만 갑신정변 때문에 1년 뒤에 입국했다).

헐버트.

육영공원은 서울 서소문동에 세워진 국립 외국어학교였다. 미국과 수교하게 되면서 영어를 구사할 수 있는 인재가 필요했기 때문이다. 고종은 학생들을 경복궁으로 불러 직접 시험을 치를 만큼 육영공원에 관심이 많았다. 육영공원에는 현직 관리와 양반 명문가의 자제들이 주로 다녔다. 그들은 이미 영어를 출세의 수단으로 여기고 있었다. 한국사회의 영어 열풍은 그렇게 시작되고 있었다.

육영공원 학생 가운데에는 당시 홍문관 관리였던 이완용(29세)도 있었다. 어릴 시절 경기도 광주의 신동으로 불렸던 이완용은 영어에도 발군의 실력을 보였고, 헐버트(24세)가 아끼는 학생이었다(이완용은 의외로 내성적이고, 학구적이며, 술과 여자를 멀리하는 인물이었다고 한다). 이완용은 이를 바탕으로 미국 주재 외교관으로 발탁되어 활약했다. 결과적으로 육영공원은 이완용에게 날개를 달아주었다.

헐버트는 육영공원에서 5년 동안 학생들을 가르쳤고, 한글을 배워 한글로 교과서를 집필했다. 갑오개혁 때는 교사양성기관으로 세워진 한성사범학교의 초대 교장을 지냈다. 또한 최초의 한글신문인 ≪독립신문≫ 창간에 참여했고, ≪독립신문≫의 영문판도 펴냈다. 주시경이 ≪독립신문≫ 발행에 참여한 것도 헐버트의 영향이 컸다. 언어학자였던 헐버트는 한글을 세계에서 가장 과학적인 문자로 평가하며, 한글이 외면당하는 한국의 현실을 비판했다.

1905년 러일전쟁에서 승리한 일본은 한국에 대한 지배 야욕을 노골적으로 드러냈다. 이에 고종은 미국의 도움을 받고자 헐버트를 밀사로 파견했다. 10년 전, 을미사변으로 고종이 신변의 위협을 느낄 때 헐버트가 고종의 침소를 지켰기 때문에 그에 대한 신임이 각별했다.

헐버트는 고종의 친서를 갖고 미국으로 건너갔다. 미국 대통령을 만나 을사조약의 부당함을 알리려고 했다. 헐버트가 대통령 면담을 요구하자 미국 당국은 시간을 끌다가 거절했다. 이미 가쓰라-태프트 밀약으로 미국은 일본의 한국 지배를 승인한 상태였다. 결국 일본은 을사조약을 강제로 맺어 한국을 지배하게 됐다. 운명의 장난인지, 을사조약을 날치기로 통과시킨 주범은 헐버트가 육영공원에서 가르쳤던 이완용이었다. 헐버트는 이완용이 뛰어난 재능을 매국행위에 사용하는 것을 안타까워했다.

한국을 구하기 위한 헐버트의 활동은 여기서 그치지 않았다. 흔히 이준, 이상설, 이위종의 활동으로 알려진 헤이그 밀사 사건에도 헐버트가 있었다. 이준은 고종으로부터 특사로 임명받고 러시아에서 이상설, 이위종과 합류하여 시베리아 횡단철도를 타고 만국평화회의가 열리는 네덜란드 헤이그에 도착했다. 이때 헐버트는 유럽의 주요 도시를 돌며 일제의 시선을 분산시켰다. 일종의 연막작전을 쓴 것이다.

이에 일제는 헐버트를 한국에서 추방했다. 미국으로 돌아간 헐버트는 각 지역을 돌며 일제의 한국 침략을 비난하고, 한국의 독립을 강조했다. 1919년에는 한국에서 일어난 3·1운동을 지지했고, 미국 의회에 일제의 잔학상을 고발했다.

헐버트가 한국에 돌아온 것은 대한민국 건국 이듬해인 1949년이었다. 86세의 헐버트는 한국에 온 지 며칠 만에 세상을 떠났고, 그의 유언에 따라 한국 땅에 묻혔다. 흔히 헐버트를 '한국인보다 더 한국을 사랑한 사람'이라고 한다. 사실은 그게 아니다. 헐버트는 영원한 한국인이었다. 안중근은 이토 히로부미를 처단하고 뤼순 감옥에서 일본경찰의 조사를 받으면서 '헐버트는 한국민족이라면 하루도 잊어서는 안 될 인물'이라고 말했다.

한국에 대한 애정이 각별했던 헐버트는 한국에 대한 '쓴소리'도 아끼지 않았다. 헐버트는 한국이 식민지가 된 원인을 지배층의 부패로 보고, 이를 강하게 비판했다. 또한 한국인은 자기 집안에서는 공자, 맹자처럼 점잖다가도 집 밖에 나서면 '공공 유아(public child)'가 된다고 지적했다. 공공의식이 부족하다는 것이다. 그로부터 100여 년이 지난 지금, 한국의 지배층은 깨끗해지고 백성들은 '공공 어른(public adult)'이 됐을까?

참고자료

김기석. 2004. 「헐버트」. ≪한국사 시민강좌≫, 제34집. 일조각.
김동진. 2012.11.19. "한국인보다 한국을 더 사랑한 헐버트". ≪재외동포신문≫.
신복룡. 2002. 『이방인이 본 조선 다시 읽기』. 풀빛.

일제강점기
토지조사사업의 실상은?

일제강점기를 학생들에게 가르칠 때 가장 애매한 부분이 일제의 토지
조사사업(1910~1918)이다. 내용 자체가 어려운 데다가 학자들의 이념적
성향에 따라 토지조사사업에 대한 해석이 다르고, 교과서마다 서술에 미
묘한 차이를 보이고 있기 때문이다.

조선시대에는 20년에 한 번씩 양전(토지조사)을 실시하게 되어 있었
다. '누가 어디에 토지를 얼마나 소유하고 있는지'를 알아야 정확한 세금
을 거둘 수 있기 때문이다. 농경사회에서 토지세는 국가재정의 근간이
었기 때문에 국가에서 양전에 신경을 쓰는 것은 당연했다.

그러나 양전은 막대한 인력과 비용이 들어가는 일이어서 정기적으로
시행되지 못했다. 1720년(숙종 46) 이후에는 전국적인 양전이 실시되지
않았다. 이후 조선왕조는 지역 단위로 세금총액을 할당하여 징수하는

횡포를 부렸다. 19세기 후반 전국적인 농민봉기와 동학농민운동이 일어나게 된 원인이다.

양전을 다시 시작한 것은 대한제국 정부였다. 이것이 '광무양전'이다. 미국인을 측량기사로 초빙하여 1899년부터 전국적인 양전을 실시했다. 광무양전은 1904년 러일전쟁으로 중단될 때까지 전국 331개 군 가운데 218개 군에서 실시됐다. 광무양전으로 종래 향촌 단위의 토지문서(깃기) 대신 국가가 소유권을 인정한 땅문서(지계)가 발급됐다.

광무양전은 미완의 사업이었지만, 국가가 모든 토지소유권에 대해 행정력을 행사하게 된 것이었고, 변화된 사회상을 반영한 것이었다. 개항 이후 쌀 무역이 활발해지고 전국 단위의 토지거래가 이루어지자 국가가 공인하는 근대적 토지소유권이 필요했던 것이다.

1910년 일제는 한국을 공식적으로 병합했다. 제국주의 세력이 식민지를 통치하는 데 들어가는 비용은 식민지에서 자체적으로 조달해야 한다. 만약 식민지 통치비용을 본국에서 들여온다면 본국 국민들이 좋아할 리가 없다. 일제가 토지조사사업을 실시한 것은 그들에게 현실적인 문제였다. '누가 어디에 토지를 얼마나 소유하고 있는지'를 파악하여 효율적인 조세징수로 원만한 식민통치를 꾀한 것이다.

일제는 대한제국 황실의 토지, 역둔토, 30~90일 안에 신고하지 않은 토지는 몰수한다는 원칙을 세웠다(정해진 기한 안에 신고하지 않아 몰수된 토지가 어느 정도인지는 논란이 있다). 토지조사사업에서 신고제를 실시한 것은 행정적 효율성을 추구했던 것뿐 아니라 종래의 토지소유권을 부정하기 어려웠기 때문이다. 한일병합 이전에 한국사회에는 이미 상당한 수준의 토지거래관행이 자리 잡고 있었다. 계약서를 주고받으며 토지거래가 이루어지고 있었던 것이다.

토지조사사업 때 일제가 토지를 측량하는 모습.

토지조사사업의 결과, 세금을 부과할 수 있는 경지 면적은 80% 이상 증가했다(논 84%, 밭 79%). 여기서 거두어들인 조세는 식민지 통치에 필요한 재원이 됐다. 또한 조선총독부는 몰수한 토지를 일본인 농민에게 헐값에 팔았다. 이로써 조선총독부와 일본인 농민은 전체 경지의 10%를 차지하게 됐다. 이미 청일전쟁 뒤부터 한국에서 토지를 사들였던 일본인 농민은 토지조사사업으로 지주로서 자리를 잡았다.

조선의 전통사회에서는 어떤 농민에게 한 번 소작을 맡기면 특별한 이유가 없는 한 계속 계약을 유지하는 것이 관습이었다. 하지만 일본인 지주가 이런 관행을 이해할 리 없었다. 토지조사사업은 농민(소작농)의 관습적 경작권을 약화시켰다. 올해 경작하는 토지를 내년에도 다시 경작한다는 보장이 없으니 농민의 권리는 약해졌다.

반면, 일본인 지주와 몇몇 한국인 대지주들은 법적 권리가 강화되어 더 높은 소작료를 요구할 수 있었다. 일제의 입장에서는 수많은 소작농민들을 상대하기보다 몇몇 대지주를 포섭하는 것이 식민통치에 효율적이었다. 결과적으로 토지조사사업은 봉건적 지주소작제를 강화시켰다.

토지조사사업은 근대적 토지소유권 확립이라는 명분을 내세웠다. 실제로 이 사업으로 등기부등본제를 비롯한 제도가 도입되어 오늘날에 이르고 있다. 매국노 이완용은 한반도의 발전이 토지조사사업에서 시작했다고 말하기도 했다.

그러나 앞에서 지적한대로 토지조사사업은 전근대적 지주소작제를 심화시켰다. 이는 일제의 주장과 달리 근대화에 역행하는 것이었다. 토지조사사업이 끝난 이듬해에 터진 3·1운동에서 농민들이 투쟁의 선봉으로 나섰다는 사실에 주목해야 한다. 일제의 토지조사사업 때문에 농민들은 먹고살기가 더욱 힘들어졌던 것이다.

일제의 토지조사사업을 '약탈'과 '근대화'의 이분법으로 설명하기는 쉽지 않다. 두 가지가 함께 섞여 있기 때문이다. 이것은 당시 한국민족이 겪어야 했던 '식민지적 근대'의 한 모습이었다.

참고자료

김동노. 1998. 「식민지시대의 근대적 수탈과 수탈을 통한 근대화」. ≪창작과비평≫, 제99호. 창작과비평사.
박현모. 2004. 「식민지근대화 과정과 아전」. 『식민지근대화론의 이해와 비판』. 백산서당.
신용하. 1998. 『일제식민지근대화론 비판』. 문학과지성사.
이송순·정병욱. 2000. 「식민지 자본주의의 형성과 발전」. 『한국 자본주의의 역사』. 역사비평사.
정태헌. 2002. 「일제는 왜 토지조사사업을 시행했는가」. 『우리역사를 의심한다』. 서해문집.
한국정신문화연구원. 1991. 『한국민족문화대백과사전』.

3 · 1운동은
누가 일으켰나?

제1차 세계대전(1914~1918) 동안 일본의 자본주의는 급속하게 발전했다. 그것은 '산업혁명'에 가까웠다. 하지만 고속성장으로 물가가 올라 국민들의 실질임금은 전쟁 이전의 70% 수준으로 떨어졌다. 게다가 농민이 줄고 도시노동자가 늘어나면서 쌀이 부족해졌다. 이에 쌀값이 폭등했고, '쌀 소동'이 일어났다. 성난 군중이 쌀 투기꾼과 지주를 공격했다. 전국 500여 곳에서 70여만 명이 시위에 참여했다.

이에 일본정부는 식민지 한국의 쌀을 가져다 사태를 해결하려고 했다. 한국의 쌀을 매점하는 업체까지 지정했다. 이 때문에 한국의 국내 쌀값이 폭등했다. 1917년에 1석당 15원이던 쌀값이 1919년 2월에는 43원까지 치솟았다. 조선총독부의 기관지인 ≪매일신보≫도 "사람을 잡을 시세"라고 표현했다. 가뜩이나 어려운 식민지 한국인의 삶은 벼랑 끝으로 몰렸다. 여기저기서 굶어 죽는 사람이 속출했고, 생활고를 비관한 사람들이 자살했다는 신문기사가 등장했다. 3·1운동 직전의 한국은 폭풍 전야였다.

3·1운동은 종교계 인사들이 추진했다. 정치색이 덜한 종교단체들이 일제의 감시를 덜 받았기 때문이다. 그 가운데 동학을 계승한 천도교가 앞장서고 나섰다. 동학농민운동을 잇는 민족운동을 준비하고 있었던 것이다. 여기에 기독교, 불교계 인사가 호응하여 이른바 '민족대표 33인'이 구성됐다.

33인은 고종의 장례식이 있을 3월 3일 서울 탑골공원에 모여 독립선언을 하기로 했다. 이완용이 일제의 사주를 받아 고종을 독살했다는 소문으로 격앙된 민심을 활용하자는 계획이었다. 러시아혁명, 파리강화회의에서 채택된 민족자결주의, 일본 유학생들의 2·8독립선언 등 국외의 분위기도 고조되어 있었다.

2월 26일 밤, 천도교가 운영하는 보성사에서 독립선언서를 인쇄하고 있었다. 불빛이 밖으로 새어 나가지 않게 안에서 창문을 가렸지만, 종로경찰서 형사 신철의 눈을 피할 수 없었다. 신철은 민족을 탄압한 대가로 잘 나가던 40세의 베테랑 형사였다. 그는 보성사에 들어와 독립선언서를 읽어 보고는 사라졌다.

이에 천도교 간부이며 33인 중 한 명인 최린은 신철을 만나 거금을 내놓으며 설득했다. 입을 다물어달라는 것이었다. 이후 신철은 만주로 떠났고, 결국 일본경찰에 체포됐다가 자살했다. 최린이 건넨 돈을 신철이 받았는지는 알 수 없다. 다만 민족 반역자에게도 마지막 양심은 남아 있었으리라 믿고 싶다.

신철 사건으로 지도부는 거사를 하루 앞당기기로 했다. 그런데 3월 2

일은 일요일이었다. 33인 가운데 16명을 차지하던 기독교계 인사들이 반대했다. 그래서 하루를 더 당겨 3월 1일에 만세시위가 일어나게 됐다.

1919년 3월 1일 오후 2시, 서울 종로의 고급 요리집인 태화관에 33인 중 29명이 모여 있었다. 나머지 4명은 지방에 있어 참석하지 못했다. 이들은 최남선이 쓴 독립선언서를 읽고, 한용운의 선창으로 만세 삼창을 했다. 곧 일본경찰 수십 명이 태화관에 들이닥쳤고, 29명은 연행됐다.

이 시각 탑골공원에는 5000여 명의 학생들이 모여 33인을 기다리고 있었다. 약속시간이 지나도록 33인이 나타나지 않자 학생들은 당황했고, 술렁였다. 자칫 거사가 무산될 수 있는 상황이었다. 바로 이때 정재용(32세)이라는 청년이 팔각정으로 뛰어올랐다. 준비된 단상이나 의자도 없었다. 흰 두루마기 차림의 정재용은 독립선언서를 10여 분 동안 낭독한 뒤 "조선독립만세"를 선창했다. 군중도 따라 만세를 제창했고, 학생들은 모자를 벗어 하늘에 날리며 환호했다. 이렇게 3·1운동은 청년 정재용에 의해 시작됐다.

정재용은 황해도 해주 출신으로 감리교회 전도사였다. 그는 33인 가운데 한 명인 박희도로부터 3·1운동 계획을 비밀리에 전달받고 2월 28일에 서울에 올라왔다. 그러나 거사 장소가 탑골공원에서 태화관으로 바뀌었다는 소식에 실망했다(태화관은 고급 요리집으로 원래 이완용의 별장이었다). 대중의 호응 없이 요리집에 모여 독립선언을 하는 게 무슨 의미가 있겠냐는 것이었다. 따라서 정재용은 처음부터 33인이 탑골공원에 나타나지 않을 것이라는 사실을 알고 있었고, 자신이 어떤 역할을 해야겠다는 생각을 하고 있었던 것 같다.

정재용에 의해 3·1운동의 불이 붙자 학생들은 품속의 태극기를 꺼내 들고 거리로 나갔다. 여기에 거리의 인파까지 가세하면서 시위는 삽시

간에 서울 시내 전역으로 퍼져나갔다. 당
시 서울에는 고종의 장례식을 보기 위해
전국에서 수십만 명이 몰려들어 있었다.
서울이라는 도시가 생긴 이래 처음 있는
일이었다.

미국에서의 3·1운동

　3·1운동은 서울에서 지방으로 번져나
갔다. 고종의 장례식을 보러 왔던 사람들
이 서울 시위에 참여한 뒤 고향으로 돌아
가면서 들고 간 태극기와 유인물의 영향이 컸다. 이런 양상은 유관순의
행적에서도 알 수 있다. 이화학당 학생으로 서울에서 만세시위에 참여
했던 유관순은 고향인 천안 병천으로 내려가 아우내장터 시위를 주도했
다. 지방에서는 사람들이 많이 모이는 장날을 이용해 시위가 일어났다.
만세시위 분위기를 띄우는 전문 만세꾼들도 있었다.

　3·1운동은 해외까지 퍼져나갔다. 3월 13일, 북간도 용정에서는 3만 명
이 모여 "일본 침략을 반대하자"라고 외치며 일본 영사관으로 밀고 들어
갔다. 이 과정에서 일본경찰의 발포로 13명이 희생되고 수십 명이 부상
당했다. 미국 필라델피아에서는 서재필의 주도로 200여 명의 교민들이
시가행진을 벌이며 한국의 독립을 외쳤다.

　3·1운동은 1919년 3월 1일 서울에서 일어난 시위만을 의미하지 않는
다. 그 뒤 약 1년 동안 전국에서, 해외에서 일어난 만세운동 전체를 가리
킨다. 비록 3·1운동으로 독립을 쟁취하지는 못했지만, 한국민족은 하나
라는 사실은 확인됐다. 근대 이후 성장해오던 한국 민족주의가 완성된
것이다.

　역사의 주체를 누구로 보느냐는 것은 해묵은 논쟁거리이다. 대체로

역사의 주체를 각각 영웅, 창조적 소수(엘리트), 민중으로 보는 시각이 있다. 그러나 사람 사는 세상이 그리 단순하지 않듯이 이 문제에도 정답은 없다. 3·1운동이 그렇다. 이른바 '민족대표 33인'은 장작더미를 쌓았고, 청년 정재용은 그곳에 불을 붙였으며, 그 횃불을 들고 전면에 나선 것은 농민·노동자·학생 등 민중이었다. 특히 농민은 3·1운동의 주역이었다. 일제의 토지조사사업으로 먹고 살기가 더욱 어려워진 농민은 거창한 이념보다 생존을 위한 투쟁에 나섰다.

따라서 역사는 영웅사관, 엘리트사관, 민중사관 가운데 어느 한 가지만으로 제대로 설명될 수 없다. 너무 교과서적인 얘기이지만 역사에 대한 균형 잡힌 시각이 필요하다.

참고자료

국사편찬위원회. 2013. 『한국사 47』. 탐구당.
윤병석. 2004. 『증보 3·1운동사』. 국학자료원.
이정은. 2009. 『3·1독립운동의 지방시위에 관한 연구』. 국학자료원.

서재필과 이승만,
안중근과 안창호

    한국 근현대사는 격동의 세월이었다. 일본에 의한 강제 개항, 임오군란, 갑신정변, 동학농민운동, 갑오개혁, 청일전쟁, 을미사변, 아관파천, 러일전쟁, 을사조약, 한일병합, 3·1운동, 만주사변, 중일전쟁, 태평양전쟁, 8·15광복, 제주 4·3사건, 남북분단, 6·25전쟁, 4·19혁명, 5·16군사정변, 10·26사태, 광주민주화운동, 6월 항쟁, 서울올림픽, IMF 국가부도사태 등등 각본 없는 다큐멘터리가 펼쳐졌다. 이 시대를 산 사람들은 왕조, 식민지, 공화국을 모두 거쳤다.

    한국의 근현대 시기에 활동했던 인물들의 삶 속에는 한국 근현대사가 고스란히 녹아 있다. 1884년 갑신정변에 참여했던 서재필은 1947년에도 역사에 등장한다. 그를 대한민국 초대 대통령으로 추대하려는 움직임이 있었다. 이승만이 조선왕조 때 과거시험을 치렀다가 낙방했다는 이야기를 학생들에게 들려주면 의아해한다. 이승만을 4·19혁명 때나 등장하는 20세기 인물로만 알고 있기 때문이다. 김구가 조선왕조 말기에 동학운동을 했다는 사실을 아는 이도 많지 않다. 짧은 기간에 워낙 많은 사건과 급격한 변화가 일어났기 때문이다.

격동의 시대를 산 위인들은 냉혹했다. 서재필은 스무 살 때 갑신정변에 참여했다가 정변이 3일 만에 실패하자 김옥균, 박영효, 서광범 등과 일본으로 달아났다. 조선에 남겨진 서재필의 부모와 형제들은 역적으로 몰려 사약을 받았고, 부인은 자살했으며, 두 돌배기 아들은 굶어죽었다. 혁명가 서재필이라고 해서 왜 인간적 고뇌가 없었겠나? 역사 속의 위인은 보통 사람이 견디기 어려운 인간적 고통을 견뎌내는 사람인가 보다.

서재필은 멸문지화를 뒤로 하고 미국으로 건너가 콜롬비아 의대를 졸업하고 의사가 됐다. 게다가 유색인종에 대한 편견을 극복하고 미국 철도우편국 설립자의 딸과 결혼했다. 미국인으로 귀화하여 제이슨 필립이라는 이름도 갖게 됐다.

서재필은 병원을 열었지만 운영이 신통치 않았다. 당시에 동양인 의사의 진료를 받을 미국인은 별로 없었다. 이때 김홍집 내각에 참여하고 있던 혁명동지 박영효가 서재필을 한국으로 불러들였다. 12년 만에 조선으로 돌아온 서재필은 《독립신문》 창간과 독립협회 활동에 들어갔다. 서재필은 《독립신문》 창간 과정에서 돈을 한 푼도 내지 않았다. 그런데도 신문사를 본인 명의로 등록했다. 2년 뒤, 정부의 탄압으로 독립협회가 해산될 때에도 앞으로 받을 8년 치 봉급을 모조리 받아 챙겨서 미국으로 돌아갔다. 뛰어난 수완이었다.

망국의 기운이 엄습해오던 1905년, 이승만은 국내 미국인 선교사들의 도움으로 조지워싱턴대학에 입학했다. 이어 하버드대학에서 석사, 프린스턴대학에서 박사학위를 받았다. 미국인도 보통 10년 이상 걸리는 과정이라고 한다. 동양의 다 망해가는 나라에서 온 청년 이승만은 그것을 5년 만에 끝냈다. 경이적인 기록이었다.

이승만이 짧은 기간에 미국에서 박사학위를 받은 데에는 선교사들의 도움이 컸다. 당시 한국에서 활동하던 선교사들은 '이승만이 정치범으로 7년 동안 감옥생활을 하며 40여 명의 죄수들을 기독교로 개종시켰고, 그가 장차 한국 기독교계에서 주도적 역할을 할 것'이라는 내용을 담은 추천서를 대학에 써주었다. 선교사들은 이승만이 목회자가 되기를 기대했고, 미국의 대학도 이승만을 장차 한국에 파견할 선교사로 생각하고 '속성과정'으로 박사학위를 수여했던 것이다. 그뿐만 아니라 이승만은 기숙사에서 무료로 생활했고, 교회를 통해 학비를 조달받았다. 물론 이 과정에서 이승만은 뛰어난 친화력과 수완을 발휘했다.

그러나 이승만은 처음부터 선교사가 될 생각이 없었다. 이승만은 선교사들의 역량을 최대한 활용했다. 이승만은 장차 자신의 정치인생에서 미국 명문 대학의 학위가 큰 자산이 될 거라는 점을 잘 알고 있었다. 이승만에게 박사학위를 수여한 프린스턴대학 총장이 훗날 미국의 28대 대통령이 된 윌슨이라는 것은 잘 알려져 있다.

이승만의 현실주의적 행적은 계속 이어졌다. 1908년 장인환, 전명운이 미국 샌프란시스코에서 친일파 미국인 스티븐슨을 사살하고 미국 법정에 서게 됐다. 미국의 한인교포들은 장인환, 전명운을 변호하기 위해 이승만에게 법정 통역을 요청했다. 그러나 이승만은 '기독교인으로서 살인자를 위해 통역을 할 수 없다'며 거절했다. 이듬해 안중근이 이토 히로부미를 사살했을 때에도 이승만은 신중한 입장을 보였다. 유색인종이 백인과 '문명국'의 지도자를 죽인 것에 대한 미국 내 여론을 살핀 것이다.

서재필과 이승만에 비해 안중근과 안창호의 행적은 지나칠 만큼 인간적이었다. 격동의 세월을 산 지도자치고는 순수하다 못해 순진했다. 안중근, 안창호는 모두 순흥 안씨이며, 고려 유학자 안향의 후손이다. 안중근은 1879년생이고, 안창호는 1878년생이다.

1907년 일제는 헤이그 밀사 사건을 빌미로 고종을 강제로 퇴위시켰다. 이에 안중근은 항일의병운동을 시작했다. 애국계몽운동만으로 나라를 구하기 어렵다고 판단한 것이다. 안중근은 두만강 너머 간도와 연해주를 돌아다니며 의병을 모집하여 부대를 조직했다. 부대의 규모는 200~300명 정도였다.

하루는 안중근 부대가 일본군과 전투를 벌이다가 포로 2명을 사로잡았다. 동료 의병들은 포로들을 즉결 처형하자고 주장했다. 그러나 안중근은 '현재 만국공법에 사로잡은 적병을 죽이는 법은 없다'며 포로들을 풀어주었다. 게다가 포로들이 '총을 가지고 있지 않으면 부대에 돌아가 총살당한다'고 하자 빼앗았던 총까지 돌려주었다. 이에 반발하여 부대를 떠나는 의병들도 있었다.

풀려난 일본군 포로가 자신들의 부대에 복귀하면서 안중근 부대의 위치와 정보가 그대로 드러났다. 곧이어 일본군이 들이닥쳤고, 안중근의 의병부대는 궤멸됐다. 안중근은 가까스로 목숨을 건져 두만강을 건넜다. 전쟁터에서의 동정심이 부른 참극이었다. 이 사건으로 안중근은 독립운동 진영에서 거센 비난을 받았고, 재기하지 못했다. 안중근은 지나치게 이상주의적인 휴머니스트였다.

1907년 안중근이 의병 활동을 준비하고 있을 무렵, 안창호는 미국에서 한국으로 돌아왔다. 을사조약 이후 통감부를 설치한 일제가 한국을 본격적으로 지배하려 하자 안창호가 국내에서 구국운동을 이끌어야 한다는 의견이 많았기 때문이다. 안창호는 귀국하자마자 비밀결사인 신민회를 조직하는 작업에 들어갔다.

1909년 10월 26일, 중국 하얼빈에서 안중근은 이토 히로부미를 처단했다. 이토는 을사조약을 강제 체결하고 초대 통감으로 한국을 통치했던 인물이다. 이에 안창호는 안중근 의거의 배후로 몰려 일제에 체포됐다가 몇 달 뒤에 풀려났다. 이때부터 안창호는 일제 당국의 감시를 받게 됐다. 1910년 4월, 안창호는 중국으로 망명했다.

1932년 4월 29일 중국 상하이 홍커우공원, 일본군의 상하이 점령과 일왕의 생일(천장절)을 기념하는 행사가 열렸다. 김구의 한인애국단 단원이었던 윤봉길은 여기에 폭탄을 던졌다. 윤봉길은 3개월 전 일왕 처단에 실패했던 이봉창과 달랐다. 치밀한 계획과 수차례의 사전연습으로 결과는 대성공이었다. 육군대장 시라카와가 그 자리에서 죽었고, 일본군 주요 지휘관들이 부상을 당했다.

윤봉길 의거 직후, 일본경찰은 한국 독립운동가들에 대한 일제 검거에 나섰다. 이렇게 살벌한 때 안창호는 주위의 만류를 물리치고 동지 이유필의 집을 찾아갔다. 안창호는 이유필의 어린 딸에게 그날 생일선물을 사주기로 약속했었기 때문이다. '죽더라도 거짓말을 하지 말자. 농담으로도 거짓말을 하지 말자. 꿈에서도 진실을 잃었거든 참회하라'는 그의 평소 생각을 실천했다.

일본경찰이 이런 기회를 놓칠 리 없었다. 안창호는 잠복하고 있던 일본경찰에게 체포됐고, 국내로 송환되어 서대문형무소에 수감됐다. 대전형무소로 옮겨져 2년 6개월간의 옥고를 치르고 가석방됐지만, 몸이 급속히 쇠약해져 3년 뒤 세상을 떠났다(그는 지나친 흡연으로 건강을 더욱 해쳤다). 어찌 보면 고지식하다고 할 만큼 안창호는 우직했다. 그는 천생 교육자였다.

격동의 한국 근현대사에서 서재필, 이승만은 냉철하고 수완이 좋았다. 이에 비해 안중근, 안창호는 지도자로서 현실감각이 부족했는지도 모른다. 작은 일에 집착하여 큰일을 그르치기도 했다(안창호가 미국에서 활동할 때 서재필, 이승만과 갈등을 빚은 것도 개인 성향의 차이와 무관치 않을 것이다). 그런데도 오늘날 안중근, 안창호와 같은 지도자에 마음이 더 끌리는 이유는 무엇일까?

참고자료

김유혁. 1993. 『안중근의사 자서전』. 안중근의사기념관.
송건호. 1980. 『서재필과 이승만』. 정우사.
이광수. 2000. 『도산 안창호』. 범우사.
정병준. 2005. 『우남 이승만 연구』. 역사비평사.

일본의 신사가
뭐기에

신사(神社)가 무엇이냐는 기자의 질문에 한 고등학생이 '젠틀맨'이라고 대답했다는 신문기사를 읽었다. 일본의 신사가 뭐기에 국제사회를 시끄럽게 하느냐는 질문도 가끔 받는다.

일본에는 신도라는 민족신앙이 있다. 신도는 주로 자연현상이나 조상을 숭배한다. 신도는 일본인의 도덕, 풍속 등 정신세계에 영향력을 갖고 있다. 쉽게 말해 신도는 일본식 무속신앙이다.

신사는 신도의 제단 또는 사당이다. 한국식으로 표현하면 성황당에 유교식 사당을 더한 것이다. 일본인은 아기자기하게 꾸미기를 좋아한다. 성황당에 지붕이 있는 건물을 세우고 그 안에 죽은 사람의 위패를 모셔놓은 것이다. 유교의식에서 위패는 죽은 이의 이름과 죽은 날짜를 적은 나무패로서 죽은 사람의 혼을 대신한다. 재질은 밤나무이다.

야스쿠니 신사. 동아시아 역사갈등과 외교분쟁의 진원지이다.

1876년 조선이 개항한 이후 일본인들이 들어와 거류지에 신사를 세우기 시작했다. 1910년 한일병합 이후에는 총독부가 주도하여 신사를 관리하기 시작했고, 1930~40년대에 일제가 침략전쟁을 벌이고 민족말살정책을 펴면서 조선인에게 신사참배를 강요했다. 이 과정에서 우상숭배를 금기시하는 기독교인들이 큰 고통을 겪었다. 일제는 신사참배가 종교의식이 아니며 국민의 의무라고 주장했지만, 저항이 끊이지 않았다. 신사참배 거부로 주기철 목사를 비롯한 50여 명이 순교하고 2000여 명이 투옥됐으며 교회 200여 곳이 폐쇄됐다.

한편, 종교인뿐 아니라 일반인들도 신도를 '왜놈의 귀신'이라 부르며 참배를 거부했다. 1945년 8월 15일 일제가 항복하자 조선인들은 신사에 불을 지르고, 파괴했다.

오늘날 일본에는 8만 개 가까운 신사가 있다고 한다. 그 가운데 야스쿠니 신사는 항상 주목의 대상이 되고 있다. 야스쿠니 신사는 메이지유신기에 천황을 위해 죽은 자들을 기리기 위해 만들어졌다. 이후 야스쿠니 신사는 천황을 중심으로 일본국민의 이념을 통합하는 구심체가 됐다.

현재 야스쿠니 신사에는 일왕을 위해 제국주의 침략에 나섰다가 죽은 246만 명의 혼이 일본의 수호신으로 모셔져 있다. 다른 신사와 달리 야스쿠니 신사에는 위패가 없고, 명부가 있다. 그 명부에는 도조 히데키를 비롯한 제2차 세계대전의 A급 전범들이 들어 있어 아시아 국가들의 반발을 사고 있다.

또한 야스쿠니 신사의 명부에는 약 2만여 명의 한국인과 2만 7000여 명의 타이완인도 포함되어 있다. 억울하게 또는 자발적으로 전쟁터에 일본군으로 나갔다가 돌아오지 못한 영혼들이다. '죽은 시점에 일본인이었기 때문에 일본을 지킨 신으로 모시는 게 당연하다'는 것이 야스쿠니 신사의 공식 입장이다.

야스쿠니 신사에 모셔져 있는 한국인 가운데 히로시마에 원자폭탄이 투하됐을 때 숨진 조선의 황족 이우도 있다. 그는 일제의 강압에 따른 일본인과의 정략결혼을 거부한 민족주의자였다. 서울 운현궁에 머물고 있던 이우는 일제가 패망할 것을 예상하고 일본으로 가지 않으려 버티다가 강제 전출되어 변을 당했다.

야스쿠니 신사 안에는 전쟁박물관도 있다. 청일전쟁, 러일전쟁에서 노획한 전리품, 악명 높은 가미카제 특공대의 동상 및 장비 등이 전시되어 있다. 이렇게 과거 기억의 집단화를 통해 일본이 얻으려는 것이 무엇이겠는가?

참고자료

서승. 2008. 「우리에게 야스쿠니신사는 무엇인가」. 『질문하는 한국사』. 서해문집.
역사비평편집위원회. 2000. 『논쟁으로 본 한국사회 100년』. 역사비평사.
≪한겨레21≫. 2007.5.8. "조선 황족 이우, 야스쿠니에 있다".

친일파 문제를
어떻게 볼 것인가?

한국사회에서 보수(우파)와 진보(좌파)를 구분하는 잣대는 일제강점기의 친일파와 분단시대의 북한을 보는 시각일 것이다. 국가를 강조하는 보수진영은 친일파에 대해 상대적으로 온정적이고, 북한에 대해 비판적이다. 반면 민족을 강조하는 진보진영은 친일파에 대해 비판적이고, 북한에 대해 상대적으로 온정적이다. 광복 이후, 식민지 잔재를 청산하지 못한 채 분단체제에서 사는 민족에게 지워진 멍에이다. 특히 친일파 문제는 해방된 지 두 세대가 지났지만 아직도 사회적 논란이 되고 있다.

1944년 8월 25일, 프랑스가 독일 나치의 지배에서 해방됐다. 파리에서는 나치 부역자에 대한 비공식적인 처형과 삭발식이 이미 진행되고 있었다. 이어 영국에서 돌아온 드골정부는 부역자재판소를 설치하여 공식적인 처벌에 들어갔다. 약 12만 명이 재판에 회부되어 6000여 명이 사형선고를 받아 1500여 명의 형이 집행됐고, 3만 8000여 명이 징역과 금고형을 받았다. 결과적으로 프랑스에서는 비공식적으로 처형된 9000여 명을 포함해 1만 명 이상의 나치 부역자가 처형됐다.

그 밖에 덴마크, 네덜란드, 벨기에, 노르웨이 등에서도 나치 부역자에 대한 처벌이 이루어졌다. 인구 대비 처벌자 수는 프랑스보다 많았다.

1949년 6월 6일 오전 7시, 서울 중부경찰서장 윤기병의 지휘로 경찰 80여 명이 남대문로 2가에 있는 반민족특별위원회(반민특위) 청사를 습격했다. 반민특위 조사관들이 연행되고, 사무실 서류를 압수당했다. 강원도와 충청북도에 있는 반민특위 조사부에서도 비슷한 일이 벌어졌다.

6월 9일, 이승만 대통령은 자신이 직접 반민특위 습격을 지시했다고 밝혔고, 11일에는 민심 동요를 막기 위해 반민특위를 해산한다고 담화문을 발표했다. 이로써 친일파 처벌이라는 민족의 염원은 물거품이 되고 말았다. 한국 현대사의 첫 단추가 잘못 끼워지는 순간이었다.

더욱 심각한 문제는 그 다음이었다. 반민특위에 체포됐다가 풀려난 친일인사들이 조용히 지숙하며 살았다면 그나마 괜찮았을 것이다(한국 근대의 대표적 지식인이며 애국가의 작사가인 윤치호는 광복 직후 자신의 과거 친일전력으로 괴로워하다가 스스로 삶을 마감했다. 자살행위를 옹호해서는 안 되겠지만, 그에게는 마지막 양심이 남아 있었다). 그들은 이후 대한민국의 사회 각 분야에서 지도층으로 활약했다. 이승만 자유당 정권 12년 동안 각료를 지낸 96명 가운데 친일전력자가 30명이었다. 경찰 총경의 70% 이상이 일제강점기 경찰 출신이기도 했다. 그리고 광복 이후 종합대학으로 승격한 유명 대학 총장 가운데 친일혐의에서 자유로운 인물은 많지 않았다.

이는 한 사회가 갖추어야 할 최소한의 상식과 가치를 무너뜨렸다. 정

반민특위 재판 모습. 실제로 처벌을 받은 친일 부역자는 없었다. 이는 두고두고 민족사의 오점으로 남을 것이다.

직하게 사는 사람이 웃음거리가 되고, 수단과 방법을 가리지 않고 출세만 하면 된다는 풍조를 낳았다. 부끄러운 짓을 하고도 부끄러워할 줄 모르는 문화가 구조화됐다. 오늘날 일본 극우세력이 망언을 거듭하는 것도, 친일파 후손들이 소송을 통해 재산을 챙겨가는 것도, 비리를 저지른 정치인이나 공직자들이 그렇게 당당한 것도 여기서 시작된 일인지 모른다. 그리고 그것을 바라보는 국민도 너그럽다.

제2차 세계대전 이후 유럽과 한국의 상황을 맞비교하는 것은 무리라는 주장이 있다. 어느 정도 동의한다. 독일 나치가 프랑스를 점령한 기간은 4년, 일제가 한국을 지배한 기간은 통감부 시기를 포함하여 40년이다. 한국은 한 세대 이상 일제의 지배를 받으며 식민지적 일상이 구조화됐다. 아무리 식민지라도 가족을 부양해야 하는 가장의 의무가 있었고, 머리 좋고 똑똑한 인재들은 경성제대(서울대)에 진학했고 고등문관시험을 통과해 판·검사가 됐다. 손기정이 가슴에 일장기를 달고 베를린 올림픽에 나간 것을 욕할 수 없는 것과 마찬가지이다(더구나 베를린 올림픽은 나치당의 히틀러가 정치적 목적으로 기획한 이벤트였다).

식민지도 사람이 사는 곳이다. 악질 친일파를 제외하면 누가 친일파인지, 어디까지가 친일행위인지 애매한 게 사실이다. 가령 국민학교에서 황국신민화 교육을 했던 교사들은 어떤가? 일본군으로 근무한 한국인 장교들보다 떳떳할 수 있을까? 또는 일제강점기 시골의 면서기는 일제 앞잡이에 가까운가, 한국 민중에 가까운가? 쉽지 않은 문제이다. 만약 한국도 유럽처럼 식민지 지배기간이 짧았다면 무자비한 처벌이 있었을 것이다. 이는 6·25전쟁 때 적군으로부터 탈환한 지역에서 벌어진 잔인한 보복을 보면 충분히 짐작할 수 있다.

그러나 식민지 기간이 유럽보다 길었다는 사실로 모든 것을 덮을 수는 없다. 유대인은 2000년 동안 나라 없이 살았지만 정체성을 잃지 않았고, 결국 이스라엘을 건국했다(물론 이스라엘 건국 과정에서 벌어진 아랍인들에 대한 횡포는 지금까지도 큰 문제가 되고 있다). 아일랜드는 300년 만에 영국의 압제에서 벗어났고, 인도와 인도네시아는 제국주의의 식민통치를 300년이나 받고도 독립전쟁을 치를 만큼 민족의식이 살아 있었다. 알제리는 프랑스의 식민지가 된 지 120년이나 지났는데도 독립전쟁을 벌였다. 그에 비해 한국의 식민지 36년은 결코 길다고 할 수 없다.

또한 교육을 하는 사람으로서 한마디 하지 않을 수 없다. 역사연구와 역사교육은 다르다. 역사교육은 상황론을 용납하지 않는다. 일제강점기에 이런저런 불가피한 이유로 친일행위를 했더라도 역사교육에서 그것을 인정해서는 안 된다. 역사교육에는 '시대적 당위성'과 '미래지향성'이 있어야 하기 때문이다. 당시 상황에서 현실성이 떨어지는 얘기일지라도 역사교육은 원칙을 말해야 한다. '~상황이 어쩔 수 없었다'가 아니라 '~했어야 했다'고 가르쳐야 한다. 따라서 역사교육은 본질적으로 진보적이고, 좌파적일 수밖에 없다.

참고자료

리영희. 1984. 『분단을 넘어서』. 한길사.
윤해동. 2003. 『식민지의 회색지대』. 역사비평사.
이용우. 2008. 『프랑스의 과거사 청산』. 역사비평사.
임종국. 1991. 『실록 친일파』. 돌베개.
임헌영 외. 2004. 「특집―미룰 수 없는 친일파 청산」. 《내일을 여는 역사》 16. 서해문집.

✓ 북한은 친일파를 청산했을까?

광복 후, 북한은 친일파를 숙청했다. 대개 1~2년의 징역형이나 3~5년의 강제노역형에 처해졌다. 사형 집행을 한 경우도 더러 있었다. 그러나 북한도 친일파 청산이 완벽하지 못했다. 일본인이 빠져나간 행정의 공백을 메울 만한 사람이 없었기 때문이다.

이에 북한은 악질 친일파가 아니면 인민재판장에 나와 자아비판을 할 경우 용서하는 방식을 썼다. 이것을 '탄백'이라고 한다. 따라서 북한 정권에도 친일파가 다수 기용됐다. 특히 의사, 과학자, 기술자 등 전문 직종의 인물들은 대부분 다시 기용됐다.

북한 정권이 친일파를 숙청한 것은 김일성 독재체제를 구축하기 위한 수단이기도 했다. 이 과정에서 친일파뿐 아니라 일제강점기의 독립운동가들까지 숙청됐다. 북한의 친일파 청산은 목적이 순수하지 못했고, 민족정기 지키기와는 거리가 멀었다.

자유시참변의
진상은?

자유시참변(흑하사변)은 한국 독립운동사의 최대 비극으로 기록되어 있다. 그런데 어찌된 일인지 이 사건은 지금까지도 베일에 싸여 그 실체가 분명하지 않다. 사건의 원인에 대해서도 자료마다 다르게 서술되어 있다. 관련 자료가 부족한 탓이겠지만, 한국 독립운동 세력 내부의 파벌 싸움, 독립군과 러시아의 관계, 러시아와 일본의 관계가 복잡하게 얽혀 있기 때문이기도 하다.

1920년 봉오동전투와 청산리전투에서 참패를 당한 일본군은 간도 지방의 한국 독립운동 세력에 대한 보복을 해왔다. 이 과정에서 민간인에 대한 학살, 강간, 방화, 약탈이 자행됐다(간도참변). 이에 대한독립군(홍범도), 북로군정서(서일, 김좌진), 대한독립단(이청천) 등은 일본군의 공격을 피해 러시아 국경지방인 밀산에 모여들었다. 여기서 이들은 부대를

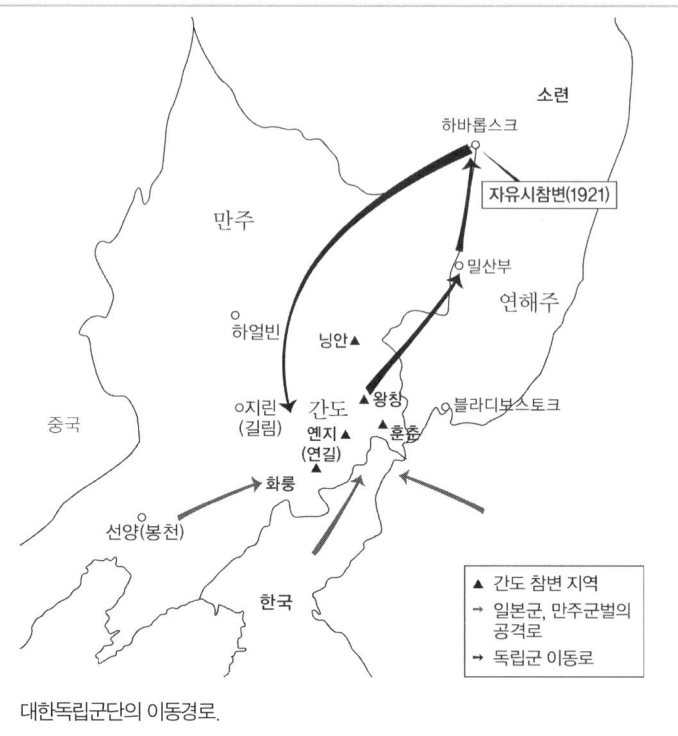

대한독립군단의 이동경로.

재편성하여 대한독립군단을 결성했다. 총재는 서일, 부총재는 홍범도,
김좌진이었고, 병력 규모는 약 3500명이었다.

　1921년 대한독립군단은 국경을 넘어 러시아 자유시(지금의 하바롭스크)
로 이동했다. 김좌진은 러시아가 내전 중이어서 도움을 받기 어렵다고
판단하고 간도로 돌아갔다. 이때 자유시에는 대한독립군단뿐 아니라 러
시아 연해주 일대에서 활동하던 한인무장단체들도 모여들었다. 무장세
력을 한곳에 집결시켜 효율적인 항일투쟁을 전개하려는 의도였다.

　당시 러시아에서는 볼셰비키의 적색군(혁명파)과 멘셰비키의 백색군

(반혁명파) 사이에 내전이 벌어지고 있었다. 아직 러시아혁명이 끝나지 않았던 것이다. 일본군은 혁명의 확산을 막기 위해 러시아로 출병했고, 백색군을 지원하고 있었다. 이때 볼셰비키 정부는 내전에서 대한독립군단의 도움을 받기 위해 그들의 러시아 입국을 허용했다.

러시아혁명과 3·1운동을 거치며 러시아 한인사회에는 공산주의 단체들이 등장했다. 이들은 상하이파 공산당과 이르쿠츠크파 공산당으로 분열됐다. 상하이파는 상하이 임시정부를 지지하며 민족해방을 우선시했고, 이르쿠츠크파는 러시아에 귀화한 세력으로 공산주의혁명을 지향했다. 상하이파는 이동휘파, 이르쿠츠크파는 반이동휘파로 구분할 수도 있다.

자유시에 대한독립군단을 비롯한 여러 한인무장단체가 모여들자 군통수권을 놓고 두 세력 사이에 갈등이 심화됐다. 상하이파는 박일리아·이용·채영, 이르쿠츠크파는 오하묵·최고려·유동열 등이 중심 세력을 이루고 있었다. 이때 대한독립군단은 상하이파 공산당을 지지했다. 이에 위기를 느낀 이르쿠츠크파는 러시아 적색군과 함께 대한독립군단을 공격했다. 숙소에서 쉬고 있던 대한독립군단은 기습공격에 속수무책으로 당했다. 장갑차에 깔려 죽고, 기관총에 맞아 죽고, 강물에 뛰어들었다가 빠져 죽었다. 홍범도는 재빠르게 적색군에 투항하여 목숨을 건졌다. 이 과정에서 수백 명의 독립군이 죽거나 체포됐다(자유시참변).

자유시참변은 러시아 영토 안에 한국 독립운동 세력을 두지 말라는 일본의 요구가 반영된 것이었다. 혁명과 내전을 치르고 있던 러시아는 일본과 외교적 마찰을 빚는 것이 부담스러웠다. 또한 러시아로서는 아무리 전시 상황이라고 해도 수천 명의 외부 무장세력(대한독립군단)을 자국영토 안에 두는 것이 신경 쓰이는 일이었다. 이렇게 자유시참변은 한국

독립운동 세력 내의 파벌싸움에 일본의 견제, 러시아 적색군의 배신이 더해져 일어난 참극이었다.

자유시참변으로 대한독립군단은 해체됐고, 살아남은 세력은 만주로 돌아왔다. 이 사건의 충격으로 총재 서일은 "조국광복을 위하여 생사를 함께하기로 맹세한 동지들을 모두 잃었으니 무슨 면목으로 살아서 조국과 동포를 대하리오. 차라리 이 목숨 버려 사죄하는 것이 마땅하리라"라는 말을 남기고 스스로 목숨을 끊었다. 또한 자유시참변으로 1920년대 만주 항일무장투쟁은 침체기에 들어갔다.

결과적으로 밀산까지 왔다가 간도로 되돌아간 김좌진의 판단이 옳은 것이 됐다. 그러나 1930년, 김좌진도 공산주의자에 의해 암살됐다. 만주에서도 한국인들 사이에 이념갈등이 극심했다. 가장 무서운 적은 내부에 있었다.

참고자료

강만길 외. 1988. 『한국현대사회운동사전』. 열음사.
김한종. 2002. 『고등학교 한국근현대사』. 금성출판사.
한국근현대사학회. 1998. 『한국독립운동사 강의』. 한울.
한국정신문화연구원. 1991. 『한국민족문화대백과사전』.

제2의 자유시참변, 민생단 사건

1910년 한국을 병합한 일제는 1931년에 만주대륙을 침략했다(만주사변). 중국이 일본의 만주철도를 폭파한 유조구 사건이 발단이었는데, 이는 일본의 자작극이었다. 만주를 물자공급처로 만들어 대공황으로 불어닥친 경제위기를 해결하려는 속셈이었다. 다음 해에는 괴뢰국인 만주국을 세웠다.

이에 맞서 간도의 한인 공산주의자들은 중국공산당과 공동 항일전선을 구축했다. 민족주의 계열에서는 양세봉의 조선혁명군, 지청천의 한국독립군이 한·중연합작전으로 큰 전과를 올렸다. 지청천의 한국독립군은 대전자령전투에서 청산리전투에 버금가는 승리를 거두었다.

만주사변 뒤, 눈치 빠른 친일인사들은 발 빠르게 움직였다. 박석윤, 김동한, 이인선 등은 일제의 대륙 진출이 간도 지역 한국인의 권익에 도움이 될 것이라고 선전했다. 그리고 간도 지역 친일단체들과 접촉하고, 일제 당국의 허가를 받아 민생단을 조직했다(1932.2). 일제가 간도 지역의 항일무장 세력에 상당히 신경을 쓰고 있다는 것을 눈치 채고 선수를 친 것이다.

민생단은 설립취지문에서 '40만 동포의 생존권을 확보'하고 '자유 낙토를 건설하자'고 주장했다. 그러나 민생단은 일본군의 만주 침략을 환영하는 순회강연회를 열고, 항일무장유격대(빨치산)를 상대로 귀순공작을 벌였다. 더 나아가 한·중 두 민족을 이간질하여 단결을 깨려고 했다.

민생단의 성격은 주요 인사들의 행적에서 드러난다. 민생단 조직을 주창한 박석윤은 최남선의 막내 매제이다. 도쿄제국대학을 졸업하고 교직생활을 하다가 조선총독부 장학생으로 영국 유학을 다녀왔고, 매일신보의 사장을 지냈다. 민생단 단장 박두영은 일본육군사관학교를 졸업하고, 을사조약에 반발해 봉기한 신돌석 의병부대를 토벌했다. 민생단은 친일반공단체였다.

민생단의 선전 활동은 효과를 나타냈다. 1932년 11월부터 중국공산당은 한인 공산주의자들 가운데 민생단에서 파견한 간첩이 있다고 의심하여 숙청을 시작했다. 1933년 5월에는 중국공산당 당원이 간도를 순시하다가 항일빨치산 박두남에게 살해당하는 사건이 벌어졌다. 이후 박두남은 일제에 투항하여 일본군의 앞잡이가 됐다.

실제로 당시 한인 공산주의자들 가운데 민생단 간첩이 몇 명 있었을 가능성은 있다. 문제는 민생단 간첩 1명을 색출하는 과정에서 억울한 피해자가 수없이 나왔다는 점이다. 심지어 밥을 먹다가 흘려도 민생단 간첩으로 몰려 처형당하는 일이 있었다고 한다. 식량을 허비하여 적을 이롭게 한다는 혐의였다. 집회에서 기침 한 번 했다가 총살당한 사람도 있었다. 기침을 해서 민생단 간첩에게 암호를 보냈다는 혐의였다. 한마디로 광기의 학살이었다.

1936년 2월까지 진행된 마녀사냥으로 한인 공산주의자 약 1000명이 체포되고 500명 이상이 살해됐다. 자유시참변과 함께 한국 독립운동사의 최대 비극으로 기록되고 있는 민생단 사건이다.

1932년 중국공산당에 입당하여 항일 유격대 활동을 하던 김일성도 민생단 간첩으로 몰렸다가 가까스로 살아났다. 자신이 민족주의자가 아니라 공산주의자임을 강조했고, 중국 공산당간부 주보중의 도움으로 죽음을 모면했다. 그런데 역설적으로 민생단 사건은 김일성에게 가장 큰 위기였지만, 기회가 되기도 했다. 이 사건으로 쟁쟁한 거물급 한인 공산주의자들이 거의 사라졌기 때문이다. 이후 한국 공산주의운동에서 김일성의 위상은 경력과 능력에 비해 크게 높아졌다. 결과적으로 민생단 사건은 한국 현대사의 물줄기를 바꾸어놓았다.

훗날 북한의 통치자가 된 김일성은 중국을 방문했을 때 민생단 사건에 대해 따졌다고 한다. 그 정도로 민생단 사건은 김일성에게 큰 충격이어서 회고록에서도 비중 있게 다루고 있다. 지금도 북한에서는 조직을 이간시키는 사람을 가리켜 '민생단 같은 놈'이라고 욕을 한다.

참고자료

『두산백과사전』.
서대숙. 1989. 『김일성』. 청계연구소.
이인석 외. 2010. 『고등학교 한국사』. 삼화출판사.
임종국. 1991. 『실록 친일파』. 돌베개.
한홍구. 2002.3.14. "밥을 흘려도 죽였다". ≪한겨레21≫.

광복 전후 김일성이
유명했던 이유는?

남북분단체제에서 일제강점기 사회주의 좌파세력의 독립운동을 언급하는 것은 남한사회에서 금기였다. 남한과 북한이 민족의 정통성을 두고 체제경쟁을 해왔기 때문이다. 그래서 남한사회에서는 오랫동안 '가짜 김일성론'이 유행했다.

그러나 세상은 변하기 마련이다. 1980~90년대에 민주화 바람이 불면서 좌파 독립운동에 대한 연구가 이루어졌고, 2000년대에 들어서는 그 성과가 교과서에 실리기 시작했다. 아직은 민족주의 우파의 독립운동에 양념으로 얹은 수준이지만, 둘로 갈라선 민족이 하나가 되기 위해 거쳐야 할 과정이다. 마찬가지로 김일성 중심의 북한식 독립운동사 서술에도 변화가 오기를 기대한다.

일제강점기 한인 공산주의자들은 중국공산당에 소속되어 활동했다.

19세의 김일성도 중국공산당에 가입하여 만주에서 항일유격대 활동을 했다. 민생단 사건 때 죽을 고비를 넘긴 김일성은 1936년에 중국공산당 산하 동북항일연군의 사장(대대장)이 됐다. 그가 지휘한 병력은 600여 명이었고, 그 가운데 절반이 한국인이었다.

보천보전투를 특종 보도한 ≪동아일보≫. 이 보도는 김일성을 신화적인 인물로 만드는 데에 결정적 역할을 했다.

1937년 6월 4일, 김일성이 이끄는 유격대원 100여 명이 압록강을 건너 함경남도 갑산군 보천보를 공격했다. 김일성은 조국광복회를 통해 국내 정보를 파악하고 있었다. 조국광복회는 한·중 국경지대에 조직된 항일통일전선조직으로 천도교를 비롯한 민족주의 세력도 소속해 있었다. 조국광복회의 조직과 운영에서 김일성이 얼마나 주도적 역할을 했는지는 분명하지 않다.

김일성 부대는 보천보에 있는 경찰서와 우체국에 불을 지르고, 마을 주민들에게 격문을 돌렸으며, 다음 날 만주로 되돌아가는 길에 일본경찰 7명을 살해했다(당시 ≪동아일보≫는 김일성의 부대원도 25명이 사망한 것으로 보도했다). 이것이 이른바 '보천보전투'인데, 사실 전투라고 하기에는 매우 작은 규모였다.

그러나 보천보전투의 반향은 컸다. 역사는 우연과 필연의 종합인가? 베를린 올림픽을 보도하면서 마라톤 우승자 손기정의 사진에서 일장기를 삭제했다가 정간을 당했던 ≪동아일보≫가 보천보전투 3일 전에 마침 복간됐다. ≪동아일보≫는 물을 만난 물고기처럼 보천보전투를 대서특필했다. 호외까지 발행했다. ≪동아일보≫의 보도로 청년 김일성(25

세)은 국내에 널리 알려졌다. 당시 국내의 민중은 김구는 몰라도 김일성은 알았다고 한다. 이는 광복 직후 그가 38도선 이북에서 유력 정치지도자로 급부상할 수 있는 정치적 자산이 됐다. 그때나 지금이나 정치인은 언론에 죽고 사는 모양이다.

김일성의 항일투쟁에 대한 북한의 선전은 과장된 것이다. 그러나 보천보전투는 한국 독립운동사에서 의미를 갖는 게 사실이다. 3·1운동이 독립으로 이어지지 않자 국내의 민족지도자들은 친일파로 변절해갔고, 대한민국임시정부의 활동도 실망스러웠다. 이렇게 민족의 독립에 대한 희망이 사라지고 민족 패배주의가 팽배하던 시기에 보천보전투는 한국인들에게 신선한 충격이었다. 비록 하룻밤이었지만, 일제로부터 강토의 일부를 되찾았던 사건이었다. 보천보전투는 식민지 한국인들에게 작은 희망을 안겨주었다.

이후에도 김일성은 항일투쟁을 이어갔다. 1939년 8월에는 최현 부대와 연합하여 일본군 100여 명을 무찔렀고, 1940년 3월에는 일본군 180여 명을 전멸시켰다(최현은 현재 북한 권력의 2인자 최룡해의 아버지이다). 이 전투들은 보천보전투보다 훨씬 규모가 컸다.

김일성 부대도 일본군의 토벌을 견디지 못하고 1940년 10월에 국경을 넘어 소련으로 넘어갔다. 여기서 김일성은 동료 유격대원 김정숙과 결혼했고, 아들 김정일을 낳았다(김정일이 백두산에서 태어났다는 북한의 선전은 거짓말이다).

1945년 8월, 일본이 항복하자 소련의 스탈린은 김일성을 모스크바로 불렀다. 33세의 김일성은 바짝 긴장한 채 4시간 동안 스탈린과 면접했고, 합격점을 받았다. 스탈린의 지원을 등에 업은 김일성은 배를 타고 원산으로 들어왔다. 북한지역을 점령하고 있던 소련군은 신문, 라디오를 동원하여 김일성을 새로운 지도자로 만들어갔다.

1987년 대통령 선거를 앞두고 관훈클럽에서 후보 토론회가 열렸다. 이때 북한의 김일성을 어떻게 보느냐는 질문이 나왔다. 이에 대해 김영삼 후보는 '유보한다'고 답했고, 김대중 후보는 '광복 이전의 김일성은 평가하고 광복 이후의 김일성은 비판한다'고 말했다. 모든 일에 논리적인 김대중은 냉정한 답변을 했다.

역사를 읽을 때 '사실'과 '가치'를 냉정하게 구분하는 것은 쉽지 않은 일이다. '사실'은 '가치'의 자기장 안에서 자유롭지 못하기 때문이다. 특히 김일성에 대해서는 마음이 복잡해진다. 김일성은 6·25전쟁이라는 민족사의 비극을 만든 인물이기 때문이다. 그로 인한 고통이 아직도 한국 사회에 남아 있다. 김일성의 항일투쟁을 '사실'로 인정하면서도 마음이 편치 않은 이유이다.

그럼에도 미래지향적 관점에서, 민족의 화합을 위해 남북한이 서로 장점을 말해주는 것도 필요하다. 북한에 그런 애교를 기대하는 것은 현실적으로 무리이다. 모든 면에서 우위에 있는 남한이 먼저 열린 마음으로 다가가야 한다. 거칠고 철없는 동생을 다독이는 형의 마음으로.

참고자료

서대숙. 1989. 『김일성』. 청계연구소.
이덕주. 2007. 『한국현대사비록』. 기파랑.
이종석. 1994.8. "어버이수령, 49년 독재 막내리다". ≪신동아≫.
한홍구. 2003. 『대한민국사』 2. 한겨레신문사.

✓ 끝나지 않는 '가짜 김일성론'

1945년 10월 14일, 평양공설운동장에서는 '김일성 장군 환영대회'가 열렸다. 일제강점기 만주에서 항일운동을 했던 전설의 김일성 장군이 군중 앞에 나타나는 순간이었다. 사람들은 김일성 장군이 흰 수염을 날리는 노장군일 거라고 예상했다. 하지만 단상 위에 나타난 것은 머리를 짧게 깎은 33살짜리 새파란 청년이었다. 여기저기서 '가짜'라는 말이 나왔고, 이 행사가 '가짜 김일성론'의 발원지가 됐다.

그러나 동아시아 공산주의운동사에서는 젊은 지도자들이 두각을 나타냈다. 영하 30~40도까지 떨어지는 만주의 혹한에서 유격대 활동을 해야 했기 때문이다. 중국공산당에서도 저우언라이를 비롯한 주요 인물들이 20대의 나이에 핵심간부로 활동했다.

'가짜 김일성론'은 분단 이후 남한사회에서 널리 퍼졌다. 북한의 김일성(본명 김성주)이 일제강점기 항일투사 김일성 장군의 이름을 도용했다는 것이다. 그러나 '가짜 김일성론'은 국내외 학자들의 연구에 의해 지금은 설득력을 잃었다. 북한에서 선전하는 김일성의 항일투쟁 경력은 과장된 것이지만, 가짜는 아니라는 것이다.

1956년 8월 종파 사건으로 김일성에게 숙청된 이상조라는 인물이 있었다. 그는 소련에서 망명생활을 하다가 1989년에 서울을 방문했다. 이때 그는 북한의 남침사실과 북한의 김일성이 항일투사 김일성 장군과 같은 인물이라는 증언을 했다. 김일성의 탄압을 받아 망명생활을 하고 있는 인물이 김일성에게 유리한 거짓말을 할 이유는 없을 것이다.

그런데 2011년에 나온 근현대사 관련 교양서에 '가짜 김일성론'이 아직도 나오는 것을 보고 놀란 일이 있다. 꽤 팔려나갔고, 평소 내가 주목하는 작가의 글이라서 더욱 의아했다. 체제 이데올로기 교육의 폐해를 새삼 느꼈다. 하긴 요즘 학생들은 '가짜 김일성론'을 들어보지도 못한 세대이다.

광복 전후 이승만이
유명했던 이유는?

1945년 8월 15일 광복이 되던 날, 여운형은 조선총독부로부터 행정권을 넘겨받고 건국준비위원회를 발족시켰다. 김구, 이승만을 비롯한 대부분의 민족지도자들이 외국에 있었기 때문에 국내에 있던 여운형이 발빠르게 움직였다. 건국준비위원회는 치안 확보, 식량 대책, 민족역량의 결집 등을 당면 목표로 정하고 행정 공백을 메워나갔다.

이때 미군이 국내에 들어온다는 소식이 들려오자 건국준비위원회는 서둘러 '조선인민공화국'을 선포했다(9.6). 비록 졸속이었지만 해방된 조국은 '조선인민공화국'이라는 이름을 갖게 됐다. 당시 건국준비위원회는 우파가 탈퇴하고 좌파가 주도권을 쥔 상태였다. 그런데 특이하게도 조선인민공화국의 주석에 이승만이 내정됐다. 이는 미국에 있던 이승만이 좌파, 우파를 막론하고 국내 민족지도자들에게 높은 인지도를 갖고 있었

1945년 10월 16일 중앙청(옛 총독부 건물)에서 귀국인사를 하는 이승만.

음을 보여준다.

이승만의 높은 인지도는 이미 1919년 대한민국임시정부의 수립 과정에서도 나타났다. 임시정부는 미국에 살고 있던 이승만을 초대 대통령으로 추대했다(이승만은 임시정부 대통령이 된 뒤에도 거의 미국에만 머물렀다). 여기에는 여러 이유가 있었겠지만, 아무래도 이승만의 화려한 이력 때문이었다. 독립협회 활동, 명문 프린스턴대학 박사, 미국 대통령 윌슨을 비롯한 폭넓은 인맥, 국제 정세에 대한 통찰력과 외교 감각, 유창한 영어실력 등이 그것이다. 김구가 이승만과의 관계에서 낮은 자세를 취한 것도 이와 무관하지 않을 것이다.

그러나 이런 조건들만 가지고는 광복 후까지 이어진 이승만의 인기를 설명하기 어렵다. 1925년 이승만은 임시정부 요인들과의 갈등으로 탄핵을 당해 대통령직에서 쫓겨난 일도 있기 때문이다.

이승만의 강점은 미국에서 활동했다는 점이었다. 제1차 세계대전 이후 미국은 세계 중심 국가가 되어 있었다. 1920년대부터 이승만은 미국, 유럽, 국제연맹을 상대로 한국의 독립을 청원했다. 그는 한국이 일제의 지배로부터 스스로 독립하기 어렵다고 판단했다. 일제에 대한 무력투쟁은 오히려 일제가 한국에 대한 탄압을 강화하는 빌미가 된다고 보았다. 그가 선택한 노선은 국제외교였다. 어찌 보면 이승만은 매우 '현실적인' 판단을 했다.

1941년 12월, 일본은 미국 하와이를 공격했다(태평양전쟁). 이승만은 태평양전쟁을 한국이 식민지에서 독립할 수 있는 기회라고 보았다. 이것은 오래전부터 이승만이 예상해온 시나리오이기도 했다. 일본이 패전하는 데에 임시정부가 도움을 주어야 한다고 판단했다. 이에 이승만은 미국정부를 상대로 대한민국임시정부를 공식 정부로 인정해줄 것을 요구했다(동시에 한국인 무장부대를 조직하여 일본과의 전쟁에 투입하려고 했다). 미국이 임시정부를 승인하지 않으면 한반도에 공산주의 정권이 들어선다고 압박했다.

비록 임시정부가 미국의 승인을 받지는 못했지만, 이승만은 미국정부 안에 인맥을 만들었다. 광복 직후 미군이 남한 지역을 장악한 상황에서 미국 군부와 정보기관은 이승만이 귀국하여 권력을 장악하는 데에 큰 힘이 됐다. 이승만은 이때 미국이 한국 내에서 반공투사를 필요로 한다는 점을 알고 있었다. 그가 제주 4·3사건과 여수·순천 반란 사건을 과잉진압한 것도 이와 무관하지 않을 것이다.

1942년 미국 정보기관의 요청으로 이승만은 〈미국의 소리(VOA: Voice Of America)〉라는 라디오 단파방송을 시작했다. 단파방송은 음질이 떨어지지만 송수신 거리가 길어 지금도 국제방송용으로 쓰이고 있다. 제2차 세계대전 때 나치 독일이 선전수단으로 활용한 것으로도 유명하다. 미국은 〈미국의 소리〉를 일본군에 대한 심리전에 활용했다.

이승만은 〈미국의 소리〉를 통해 임시정부, 광복군, 국제정세 등에 대해 설명하고, 일제가 곧 패망하고 한국이 독립할 것이라는 메시지를 국내에 보내왔다. 무장봉기를 호소하기도 했다. 〈미국의 소리〉는 이승만의 존재를 국내에 알리는 데 결정적인 역할을 했다.

나는 이승만입니다. 미국 워싱턴에서 해내외 2300만 동포에게 말합니다. 어디서든지 내말 듣는 이는 자세히 들으시오. 들으면 아시려니와 내가 말하는 것은 제일 긴요하고 제일 기쁜 소식입니다. 자세히 들어서 다른 동포에게 일일이 전파하시오. … 나 지금 이승만이 말하는 것은 2300만의 생명의 소식이요, 자유의 소식입니다. … 우리 임시정부는 중국 중경에 있어 우리 애국열사 김구, 이시영, 조완구, 조소앙 제씨가 합심 행정하여가는 중이며 우리 광복군은 이청천, 김약산(김원봉), 유동열 여러 장군의 지휘하에서 총사령부를 세우고 … 우리 금수강산에 발붙이고 있는 왜적은 일시에 함몰하고야 말 것입니다. … 우리 독립의 서광이 비치나니 일심합력으로 왜적을 파하고 우리 자유를 우리 손으로 회복합시다. …

태평양전쟁이 일어나던 때만 해도 국내에서 이승만의 인지도는 높지 않았다. 그러나 〈미국의 소리〉는 이승만의 위상을 바꾸어놓았다. 이승만에 대한 사실 이상의 선전효과를 냈다. 미국의 세계적 위상을 등에 업고 그는 어둠 속의 불빛처럼 다가왔다. 심지어 임시정부가 미국에 있으며 이승만이 미국에 있는 임시정부 대통령이라는 소문이 퍼졌다.

이에 일제는 단파방송을 수신하고 몰래 청취한 150여 명을 검거했다(단파방송 밀청 사건, 1942.12). 이 사건은 노이즈 마케팅 효과를 가져와 '이승만 신화'를 만드는 계기가 됐다. 1937년 보천보전투에 대한 ≪동아일보≫의 특종보도로 김일성이 국내 민중에게 신화적 인물이 된 것처럼 이승만도 매스컴의 덕을 톡톡히 봤다.

참고자료

로버트 올리버. 2002. 『이승만』. 황정일 옮김. 건국대학교출판부.
정병준. 2005. 『우남 이승만 연구』. 역사비평사.
EBS 〈도올이 본 한국독립운동사 제8부 – 밀양아리랑〉. 2005.10.5. 방송.
"1942년 이승만 VOA 단파방송 독립의 소리". http://blog.daum.net/hhy975/15730757

조선의용대와 조선의용군,
무엇이 다른가?

3·1운동 뒤, 민족의 독립을 쟁취하기 위해서는 일제에 맞서 무력투쟁을 해야 한다는 주장이 퍼져나갔다. 1919년 11월 9일 밤, 만주 지린성에서 김원봉(21세), 윤세주(18세)를 비롯한 13명은 의열단을 조직했다. 그 가운데에는 신흥무관학교 출신들도 있었다. 의열단은 요인 암살과 주요 기관 파괴를 통해 일제에 투쟁했다. 당시 조선총독부, 동양척식주식회사, 경찰서에서 폭탄이 터지면 시민들은 의열단이 의례히 한 건 올린 것으로 생각했다. 따라서 김원봉은 일제 권력자들에게 공포의 대상이었고, 경찰이 수배한 인물 가운데 몸값이 가장 비쌌다. 이후 의열단은 70여 명으로 늘어났는데, 조직이 해산될 때까지 단 한 명의 배신자도 없었다.

1926년 김원봉은 요인 암살과 파괴 공작만으로 일제를 타도하기 어렵다고 판단했다. 민족의 해방을 위해서는 정규 군대가 필요하다고 생각

조선의용대. 맨 앞줄에 김원봉, 윤세주가 보인다.

했다. 이에 따라 김원봉은 의열단원들과 함께 중국 황푸군관학교(교장 장제스)에 학생으로 입학하여 6개월 동안 정규군사교육을 받았다. 황푸군관학교를 다닌 것은 김원봉의 중국 내 인맥을 넓혀 이후 활동에 큰 도움이 됐다.

1932년 김원봉은 조선혁명군사간부학교를 세워 독립운동간부를 배출했다. 1935년에는 의열단을 중심으로 중국 내 한국 독립운동 세력을 결집시키기 위해 민족혁명당을 결성했다. 민족혁명당에는 김두봉, 지청천, 이범석, 김규식, 조소앙 등 좌파와 우파가 함께 참여했으나, 임시정부의 김구는 참여를 거부했다. 김구는 김원봉이 사회주의자라는 점과 자신보다 20살 이상 젊다는 점이 불편했을 것이다.

1937년 일제가 중일전쟁을 일으키자 김원봉은 조직적인 항일전쟁을 수행하기 위해 조선의용대를 조직했다(1938.10). 조선의용대는 중국국민당의 자금지원을 받았고, 조선혁명군사간부학교 출신들을 중심으로 하여 120여 명으로 구성됐다. 중국국민당의 장제스는 조선의용대를 항일전에 활용하고자 했다. 또한 의열단, 한인애국단의 의열투쟁으로 한국 독립운동가들에 대해 호감을 갖고 있었다. 이때 장제스와의 연대는 훗날 김원봉이 국민당 스파이로 몰려 김일성에 의해 숙청을 당하는 빌미가 됐다.

조선의용대는 전투부대가 아니었다. 조선의용대원들은 중국어와 일본어를 구사하는 엘리트였다. 이런 장점을 살려 포로심문, 일본군문서 번역, 첩보, 선전 등을 통해 일본군에 대한 심리교란전을 펼쳤다. 이는 효과를 나타내어 일본군 포로 122명을 심문하고 50여 명을 의용대에 편입시켰으며, 일본군의 통행증 1만여 장을 위조하여 살포했다. 여성대원들은 옷을 만들어 팔아 독립운동자금을 마련했다. 당시 중국인들 사이에서도 조선의용대의 평판은 좋았다.

그러자 조선의용대가 항일무장투쟁에 나서야 한다는 목소리가 커져갔다. 이에 조선의용대의 2인자이며 김원봉의 고향 친구인 윤세주를 비롯한 일부 대원들은 중국공산당의 본거지인 옌안으로 이동했다(1941). 이 과정에서 김원봉과 윤세주 사이에 이념과 노선의 갈등이 있었는지는 알 수 없다.

1942년 5월, 조선의용대는 옌안 부근 타이항 산 십자령에서 전투기까지 동원한 일본군과 대혈투를 벌였다. 이 전투에서 윤세주를 비롯한 조선의용대는 중국공산당 간부들의 퇴로를 확보해주고 전사했다. 이때 윤세주의 나이 42세, 그를 만나러 중국에 왔던 아내와 어린 아들이 충칭에서 비보를 들었다.

조선의용대의 활약으로 중국공산당 덩샤오핑도 가까스로 십자령 계곡을 탈출했다. 훗날 덩샤오핑은 개혁·개방정책으로 중국을 경제대국으로 키워놓았다. 오늘날 중국의 화려한 영광 뒤에는 조선의용대의 희생이 있었다. 또한 현재 중국 내 50여 개의 소수 민족 가운데 조선족이 자치구를 이루고 전통문화를 지키며 살고 있는 것도 조선의용대의 항일투쟁이 있었기 때문이다.

한편, 김원봉은 옌안으로 이동하지 않은 나머지 조선의용대 세력을 이끌고 충칭에 있는 대한민국임시정부에 합류했다. 그는 민족의 해방을 위해서라면 이념과 노선을 뛰어넘어야 한다고 생각했다. 이에 1940년대 대한민국임시정부는 우파 김구와 좌파 김원봉이 두 축을 이루었다.

조선의용대 대장 김원봉이 대한민국임시정부에 합류하자 옌안으로 이동한 조선의용대는 본부가 없어진 꼴이 됐다. 그리고 조선의용대의 2인자 윤세주는 전사했다. 이에 조선의용대는 조선의용군으로 개편하고 제8로군(중국공산당군)에서 활동하고 있던 한국인 무정이 사령관을 맡았다. 무정은 중국공산당의 그 유명한 대장정(1934~1936)에 참여했고, 당시에 박격포를 쏠 줄 아는 유일한 한국인이었다.

조선의용군은 조선독립동맹(위원장 김두봉)의 산하부대가 됐다. 조선의용군은 150여 명으로 시작하여 500여 명으로 늘어났다. 그 가운데에는 『연안행』의 작가 김태준, 『노마만리』의 작가 김사량도 있었다.

1943년 무렵, 조선의용군은 노골적으로 좌경화되기 시작했다. 쑨원, 장제스, 김구, 김원봉의 사진 대신 공산주의 지도자들의 사진이 걸리기 시작했다. 대한민국임시정부에 대한 비판도 시작했다. 조선의용군은 김원봉, 윤세주가 이끌었던 조선의용대와 그 성격이 달라져 있었다.

1945년 8월 15일, 해방이 되자 김두봉의 조선독립동맹은 북한으로 귀국하여 정치 활동을 시작했고(옌안파), 조선의용군의 일부도 귀국했다가 소련군에 의해 무장해제를 당했다. 조선의용군의 나머지 세력은 만주에서 병력을 증강시켰다. 겨우 몇 백 명이던 조선의용군 병력은 만주 일대에서 활동하던 유격세력이 합류하면서 2만 명 이상으로 불어났다. 이후 조선의용군은 중국 국공내전에 참전하여 공산당을 지원했다.

1948년 11월, 중국 국공내전이 공산당의 승리로 끝나자 조선의용군은 북한으로 들어왔다. 이들은 전투경험이 많았기 때문에 북한 인민군의 주력 부대가 됐다. 소련에서 들어온 김일성 부대보다 규모가 훨씬 컸고, 교육수준도 높았다. 김일성은 6·25전쟁 때 조선의용군을 남침의 선봉에 세웠다. 조선의용대를 조직했던 김원봉은 남침을 반대했다. 따라서 조선의용대와 조선의용군을 구분해야 한다.

일제강점기에 항일투쟁을 하다가 6·25전쟁 때 남침의 주력 부대가 된 조선의용군을 어떻게 평가해야 할까? 항일투쟁을 했던 김일성 세력 또한 어떻게 봐야 하나? 민족의 해방을 위해 제국주의에 맞서 싸웠으니 독립운동단체로 인정하자. 그렇다면 식민지에서 해방된 뒤 조선왕조로 되돌아가려고 했던 복벽운동 단체들은 또 어떻게 봐야 하나? 한국 근현대사를 읽으면 읽을수록 어려운 문제이다. 이게 다 식민지와 분단에서 오는 혼란이다.

참고자료

김삼웅. 2008. 『약산 김원봉 평전』. 시대의창.
박성수. 1980. 『독립운동사연구』. 창작과비평사.
염인호. 「김원봉과 무정」. 『인물로 보는 항일무장투쟁사』. 역사비평사.
염인호. 2004. 「의열단을 세운 김원봉」. 『나를 깨워라』. 서해문집.
조영진 외. 2000. 『항일무장 독립투쟁사 2』. 일원.

한국광복군의 규모는
어느 정도였나?

1940년 9월 17일 아침 6시, 중국 충칭에서 대한민국임시정부는 한국광복군(KIA) 창군식을 열었다. 일본군의 공습을 피하기 위해 이른 시간에 모였다. 3·1운동 이후 상하이에서 대한민국임시정부가 탄생한 이래 20여 년 만에 정식 군대를 보유하게 된 역사적 순간이었다. 한국광복군 창군식에는 김구 주석을 비롯하여 200여 명이 참석했다. 중국공산당 2인자 저우언라이도 있었다.

그러나 창군식은 초라했다. 병력이라고는 장교 12명이 전부였고, 무기나 체계도 갖추지 못했다. 이날 행사는 창군식이라기보다 한국광복군 지휘부의 발대식이었다.

1938년, 김원봉의 민족혁명당은 중국 국민당정부의 지원을 받아 항일 무장부대인 조선의용대를 조직하여 활동하고 있었다. 1937년 중일전쟁이 일어나자 중국 국민당정부의 항일전선에도 한국 독립운동 세력이 필요했기 때문이다. 당시 중국 내 한국 독립운동 세력은 김원봉과 김구가 두 축을 이루고 있었다. 김구가 한국광복군 창설을 서두른 것은 라이벌 김원봉을 의식한 것이기도 했다. 1932년 윤봉길 의거로 유명한 김구의 한인애국단도 김원봉의 의열단(1919)에서 영향을 받은 것이었다. 어찌 보면 항일투쟁에서 김원봉은 김구보다 한발 앞서 갔다.

한국광복군의 발목을 잡은 것은 재정부족이었다. 당시 임시정부의 재원은 미국 동포들이 보내주는 자금이 거의 전부였다. 이에 임시정부는 1941년 11월부터 중국 국민당정부의 원조를 받기 시작했다. 이로써 재정문제는 어느 정도 해결됐으나, 세상에 공짜는 없었다. 원조의 대가로 중국 국민당정부는 한국광복군에 대한 간섭을 했다. 이른바 '한국광복군 행동준승 9개항'이 그것이다. 이에 따라 한국광복군은 중국군 참모총장의 지휘를 받게 됐고, 대부분의 장교가 중국인들로 채워졌다. 또한 중국 국민당정부는 조선의용대와 한국광복군을 지원함으로써 제2차 세계대전 이후 한반도에서 벌어질 공산당과의 경쟁에서 우위를 차지하려는 계산을 하고 있었다.

1941년 12월, 태평양전쟁이 일어나자 중국 국민당정부와 대한민국임시정부는 일본에 선전포고를 했다. 임시정부가 연합국의 일원임을 선포했고, 태평양전쟁이 독립을 쟁취할 수 있는 기회라고 판단했다.

1942년 김원봉이 조선의용대의 일부 세력을 이끌고 임시정부에 합류하면서 한국광복군은 활기를 띠었다. 조선의용대의 다른 세력이 중국 공산당의 본거지 옌안에 있는 조선독립동맹에 합류했기 때문이었다. 김원봉이 임시정부에 합류하면서 한국광복군은 군대의 면모를 갖추었다. 총사령관에 지청천, 부사령관 겸 제1지대장에 김원봉, 참모장에 김홍일,

제2지대장에 이범석이 임명됐다. 여기에 일본군에 학병으로 징집됐다가 탈출하여 한국광복군에 자진 입대한 한국인 청년들은 큰 활력소가 됐다. 한국광복군에는 여성부대도 있었다. 그들은 군인 모집과 선전 활동을 맡았다.

1940년대, 국내는 말할 것도 없고 만주에서도 항일무장투쟁은 침체에 빠져 있었다. 김일성 부대도 일본군의 토벌을 견디지 못하고 러시아로 달아나 그곳에서 해방을 맞았다. 이때 한국광복군은 옌안의 조선의용군과 함께 항일무력투쟁의 두 축을 이루었다.

1941년 한국광복군은 300여 명이었다가 1945년 해방 직전에는 600~700여 명까지 늘어났다. 중국 국민당정부가 병력 수에 맞춰 자금을 지원했기 때문에 임시정부는 한국광복군의 병력 수를 실제보다 부풀려 보고하기도 했다. 그것은 생존의 문제였다. 따라서 실제로는 한국광복군의 규모가 600~700여 명도 안 됐을 가능성이 있다.

당시 만주에 주둔하고 있던 일본군(관동군)이 약 40만 명이었던 것과 비교하면 한국광복군의 규모는 초라한 게 사실이다. 스스로 근대국민국가를 세우고 국민개병제를 실시하지 못한 결과였다. 임진왜란 때 15만 명의 일본군이 밀려오는데 조선에 군대가 없던 상황과 비슷하다. 어떤 이는 한국광복군이 군대라기보다 항일테러단체 수준이었다고 말하기도 한다. 광복 이후 대한민국 국군이 만들어지는 과정에서 한국광복군은 일본군 출신들에 밀려 큰 역할을 하지 못했다는 지적도 받는다.

그러나 역사는 '의미를 부여하는 것'이다. 한국광복군이 비록 그 규모는 작았지만, 임시정부의 정식군대로서 일본에 선전포고를 하고 미군과 함께 국내진공작전을 시도했다는 것은 큰 의미가 있다. 해방된 지 70여 년이 지난 지금 외국인이 한국인에게 식민지 해방을 위해서 무엇을 했냐고 물었을 때 '우리가 최소한 이 정도는 했다'고 말할 수 있게 됐다는 것이다. 그것은 민족의 자존심이고, 거창하게 말하면 민족정기일 것이다.

또한 광복 이후 한국광복군 출신 인사들의 활약을 과소평가할 수는 없다. 대한민국이 건국된 뒤 지청천은 무임소장관, 이범석은 국무총리를 지냈고, 한국광복군의 몇몇 지휘관도 사단장, 육사교장 등에 올랐다. 대한민국을 건국한 사람들이 모두 친일파였다는 주장은 과장된 것이다.

참고자료

강만길 외. 1988. 『한국현대사회운동사전』. 열음사.
김준엽. 1989. 『장정』. 나남.
박성수. 1980. 『독립운동사연구』. 창작과비평사.
추헌수. 1989. 『대한민국임시정부사』. 독립기념관 한국독립운동사연구소.

✓ 한국의 청년, 장준하와 김준엽의 장정

1937년에 중일전쟁, 1941년에 태평양전쟁을 일으킨 일제는 1944년에 징병제를 실시하여 식민지 한국의 청년 20만 명을 전쟁터로 끌고 갔다. 그 가운데에는 학병으로 징집된 학생들이 있었다. 장준하(26세)와 김준엽(24세)은 일본 유학 중에 징집됐다. 두 사람은 만주에 있는 서로 다른 일본군 부대에 배치됐다가 1944년 3월 29일에 김준엽, 7월 7일에 장준하·김영록·홍석훈·윤경빈이 일본군 부대를 탈출했다.

탈출 후에 만난 김준엽과 장준하 일행은 한국광복군에 입대하기 위해 충칭으로 향했다. 6000리 장정이 시작됐다. 배고픔, 갈증 그리고 공포와 싸우며 그들은 걷고 또 걸었다. 일본군의 감시를 피하기 위해 차량을 이용하지 않고, 산간 오지를 통과했다. 그들은 제비도 날아서 넘지 못한다는 해발 3000미터의 파촉령을 넘었다.

1945년 1월, 마침내 그들은 충칭 대한민국임시정부 청사에 이르렀다. 먼 계단 위에 청색 두루마기를 입은 김구 주석이 서 있었다. 한국광복군에 입대한 장준하·김준엽 일행은 시안으로 파견되어 제2지대장 이범석의 지휘로 미군전략첩보대(OSS, CIA의 전신)와 합작하여 벌이는 국내진공작전 공작원으로 선발되어 특수훈련을 받았다. 그러나 8월 15일, 일제의 갑작스런 항복으로 국내진공작전은 며칠을 남겨놓고 무산됐다.

광복 이후에도 두 사람의 장정은 끝나지 않았다. 장준하는 잡지 《사상계》를 창간하여 이승만 정권과 박정희 정권의 독재에 저항했다. 박정희 정권 때에는 국가원수모독죄로 체포되어 옥중에서 국회의원에 당선됐다. 암울한 시대에 장준하는 민주화운동의 상징적 인물이었다. 그러던 중 1975년 장준하는 경기도 포천의 약사봉에서 시신으로 발견됐고, 그의 죽음은 지금까지도 의문에 휩싸여 있다.

김준엽은 역사학자가 되어 대학에서 중국역사를 강의하며 한·중 교류에 힘

썼다. 오늘날 한국과 중국이 가까워진 데에는 김준엽의 선견지명이 있다. 1985년 고려대 총장이었던 그는 민주화운동을 하던 학생들에 대한 처리를 놓고 전두환 정권과 부딪혀 결국 학교를 떠났다. 여느 대학총장들이 권력의 눈치를 보고 있을 때 김준엽은 살아 있는 지식인으로 행동했다. 이후 그는 여러 정권에서 공직제의를 받았으나 모두 거절하며 오로지 학자의 길을 걸었고, 사회적 존경을 받았다.

일제강점기에 한국은
근대화됐나?

한국사회에서 좌·우 이념갈등은 근현대사에 대한 인식의 차이에 바탕을 두고 있다. 진보좌파는 한국 근현대사를 반제국주의·반독재운동 중심으로 본다. 이에 비해 보수우파는 한국 근현대사를 근대화·산업화의 과정으로 본다. 동전의 양면이다. 문제는 두 진영이 시각의 접점을 찾으려는 노력을 전혀 하지 않는다는 것이다. 심지어 두 진영은 역사교육을 정쟁의 도구로 이용한다.

나는 이 문제에 대해 생산적인 토론을 해보자는 취지로 한 인터넷 신문에 글을 썼다. 예상대로 불난 집에 기름을 부은 꼴이 되고 말았다. 수많은 찬반 댓글이 달렸고, 한 문학전공자와 의미 있는 토론을 벌이기도 했다. 그때 가장 뜨거운 논점은 이른바 '식민지근대화론'이었다. 일제강점기에 한국이 근대화됐냐는 것이었다.

일반적으로 '근대'는 정치적 민주주의, 경제적 자본주의, 사회적 자유와 평등이 확립되고 과학적, 합리적 사고가 이루어지는 시대를 의미한다. 제국주의 식민지에서 민주주의와 자유와 평등이 신장됐다고 말할 사람은 없다. 따라서 식민지근대화론은 주로 자본주의적 경제성장에 주목한다.

기존의 민족주의적 관점에서 일제강점기의 경제 관련 자료를 읽다 보면 당혹스러운 게 사실이다. 1910년에서 1940년까지 식민지 한국의 경제는 연평균 3.7% 성장했고, 인구는 연평균 1.3% 늘었다. 1인당 소득은 연평균 2.3% 성장하여 1911년에 777달러였던 것이 1937년에 1482달러까지 올라갔다. 당시 중국도 이와 비슷한 정도의 경제성장을 했다.

일제강점기의 경제성장은 일제가 기획하고 지휘한 것이지만, 경제 활동의 주체는 한국인이었다. 일본의 자본은 한국의 값싼 노동력을 활용하여 경제개발을 했다. 한국인 노동자에 대한 임금차별이 심했다. 결국 일제강점기의 경제성장은 식민지 한국인에 대한 노동력 착취로 이뤄진 것이었다.

전쟁이 경기부양효과를 낸다는 것은 '불편한 진실'이다. 1931년 일제의 만주 침략도 그랬다. 전 세계를 강타한 경제대공황을 극복하기 위해 일제는 만주를 새로운 상품시장으로 만들었다. 경제적 효과가 나타났다. 1934년부터 1937년까지 한국인 회사가 938개 늘어났고, 자본금이 연 20~30%씩 늘어났다. 당시 대표적인 한국인기업이었던 경성방직도 만주에 진출하여 값싼 광목을 팔아 시장을 넓혀갔다. 식민지 한국에서 '만주 붐'이 일었고, 만주는 '꿈의 땅'으로 떠올랐다.

경제성장의 영향으로 식민지 한국에는 소비문화와 대중문화가 형성됐다. 경성(서울)을 비롯한 대도시에는 백화점, 식당, 카페, 다방, 극장,

댄스홀 등이 들어섰다. 당시 네온사인이 휘황찬란하던 경성의 야경은 장관이었다. 또한 음반산업이 성장하고, 경성 라디오방송국 개국으로 대중가요가 확산됐으며, 극장에서는 할리우드 영화가 관객들을 매료시켰다. 이때 등장한 '모던 보이'와 '모던 걸'은 식민지적 근대문화의 상징이었다.

그렇다면 이것은 누구를 위한, 무엇을 위한 경제성장이었을까? 일제가 한국인을 위해 경제개발을 했을 리는 없다. 제국주의자들은 닭의 목을 쳐서 한 끼 식사를 해결하기보다 닭을 잘 길러 거기에서 나오는 알을 지속적으로 수탈하고자 했다. 더 나아가 일제는 한반도를 영원히 일본의 영토로 만들려고 했다. 이 과정에서 당시 인구의 3% 미만이었던 일본인이 국내총생산액의 25%를 차지했고, 한국인들에게도 성장의 떡고물이 떨어졌다.

그러나 일제강점기 자본주의적 성장은 경성을 비롯한 대도시에서나 있었던 일이다. 시골사람들의 삶은 비참했다. 식량이 없어 풀뿌리, 나무껍질을 삶아 먹었고, 어떤 지방에서는 흙을 먹기도 했다. 굶어 죽는 사람들이 속출했다. 이를 취재한 한 일본인 기자가 일본에는 없는 일이라고 말할 정도였다.

1938년 일제가 전시체제에 들어가면서 1인당 소득도 떨어지기 시작했다. 여기에 일제에 의한 인적, 물적 수탈로 한국민족은 단군 이래 가장 고통스러운 시기를 겪어야 했다. 일제강점기가 3년만 길어졌다면 한국민족의 씨가 말랐을 것이라는 말도 나온다.

일제강점기에 일어난 자본주의적 변화는 '뒤틀린 근대화'의 한 모습이었다. 일제가 한국을 근대화시켰다는 '식민지 근대화론'이나 일제가 한국에 대해 오로지 수탈만 했다는 '식민지 수탈론'으로 설명할 수 없는 변

화였다. 그것은 한국인의 자유와 인권, 주체성이 박탈된 상태에서 이루
어진 식민지'적' 근대화였다.

흔히 일제의 식민통치 때문에 한국의 전통문화가 단절됐다고 한다.
맞는 말이다. 그런데 이것을 뒤집어 말하면 오늘날 한국인의 삶의 원형
이 일제강점기에 형성됐다는 의미일 것이다. 우리 삶의 원형을 일제가
만들어주었다는 게 아니라 그 시기의 여러 조건 아래에서 만들어졌다는
것이다.

일제강점기의 시대상을 조명하는 것이 한국 독립운동사의 가치를 떨
어뜨린다는 비판이 있다. 그러나 그것은 전혀 그렇지 않다. 20세기 전반
기에 일제가 없었더라도 한국민족은 근대화를 이룰 만한 역량이 있었다.
일제강점기 사회경제적 변화는 개항 이후 진행된 일련의 자본주의화 과
정이었다. 또한 모던 보이, 모던 걸이 식민지적 근대문화에 빠져 있었을
때 독립운동가들은 만주, 연해주에서 추위와 배고픔, 외로움을 견디며
민족의 해방을 위해 싸웠다. 그래서 한국의 독립운동은 더욱 고귀한 것
이다. 그 의미와 가치를 학생들에게 가르쳐야 한다.

참고자료

박섭. 2004. 「식민지시기 한국의 경제성장」, 『식민지근대화론의 이해와 비판』. 백산서당.
신용하. 1998. 『일제식민지근대화론 비판』. 문학과지성사.
이영훈. 2007. 『대한민국 이야기』. 기파랑.
이인석 외. 2010. 『고등학교 한국사』. 삼화출판사.
정태헌. 2007. 『한국의 식민지적 근대성찰』. 선인.
≪경향신문≫. 2012.11.20. "일제 경제성장, 식민지배 정당화로 오해".
≪문화일보≫. 2005.3.29. "일제강점기 조선의 경제성장은 일본인만 배 채웠다".

한국의 대중문화는
일제강점기에 형성됐나?

일반적으로 한국인들에게 일제강점기는 어떤 이미지일까? 아마도 민족의 독립을 위해 투쟁하는 독립운동가와 그를 잡으러 다니는 일본경찰을 떠올릴 것이다. 현행 한국사교육에서는 일제강점기를 독립운동사 중심으로 그리고 있기 때문이다. 역사교육이 시대적 당위성과 미래지향성을 가져야 한다는 점에서 이것은 옳은 일이다.

그러나 아무리 암흑의 식민지라고 해도 보통 사람들의 '일상'은 있기 마련이다. 중국 역사 속 안사의 난(755~763) 때 시인 두보가 읊었던 "나라가 망해도 산과 강은 그대로 있다(國破山河在)"는 시구도 인간 삶의 본질이 일상에 있다는 의미일 것이다. 일제강점기에는 대중문화가 형성되어 한국인들의 일상에서 한자리를 차지하고 있었다. 오늘날도 그렇듯이 당시 대중문화의 중심에는 영화, 가요, 스포츠가 있었다.

1895년 프랑스 파리에서 최초로 영화가 상영됐다. 그로부터 8년 뒤, 서울 종로의 한성전기회사 뒷마당에서 영화가 상영됐다. 영화를 상영한 이는 한성전기회사 운영과 전차 부설을 주도했던 미국인 콜브란이었다. 그때는 아직 극장시설이 없어 관객들은 땅바닥에 앉아 영화를 봤다. 한국영화의 역사는 이렇게 시작됐다.

1910년대에 우미관, 황금관, 단성사 등 영화관이 본격적으로 등장했다(영화 〈장군의 아들〉에 나오는 영화관이 우미관이다). 당시 영화는 영상만 보여주고 배우의 목소리는 나오지 않는 무성영화였다. 따라서 극중 상황을 설명하고 배우처럼 연기하며 대사를 말하는 변사가 인기를 끌었다. 변사는 '제2의 배우'였고, 변사의 연기력은 영화의 흥행을 결정하는 아주 중요한 요소였다.

1920년대에는 국내에서 영화를 직접 만들기 시작했다. 영화의 선전효과를 간파한 조선총독부가 영화제작에 나섰고, 한국인 제작자들은 영화 〈춘향전〉을 만들었다. 1926년 나운규의 〈아리랑〉이 개봉하면서 영화는 대중문화의 중심으로 떠올랐다. 1920년대는 3·1운동이 실패하고 대중이 좌절과 허탈에 빠져 있던 시대였다. 이런 사회 분위기에서 민족의 설움을 그린 영화 〈아리랑〉은 '대박'을 터뜨렸다. 여기에 미국 할리우드 영화도 수입됐다. 대중은 영화 속 등장인물의 모습을 보며 자본주의 문화를 동경했다. 이른바 모던 보이, 모던 걸의 등장이 그것을 말해준다. 대중이 유명 배우의 옷차림, 머리모양 등을 흉내 내고, 그것이 유행을 형성하는 것은 오늘날과 다르지 않았다.

이 무렵, 한국 대중가요의 역사도 시작되고 있었다. 최초의 대중가요로 기록되고 있는 「희망가」를 비롯하여 윤심덕의 「사의 찬미」, 영화주제가 「낙화유수」 등이 나왔다. 특히 「사의 찬미」는 가수 윤심덕과 극작가 김우진의 스캔들로 사회적 반향을 일으키며 대히트를 기록했다. 1926년에 경성 라디오방송국이 개국하고, 일본의 음반업자들이 한국시장을 공략하면서 대중가요는 확산되어갔다.

1930~1940년대에는 일본음악의 영향을 받아 트로트 가요가 등장했다. 「황성옛터」, 「목포의 눈물」, 「애수의 소야곡」, 「알뜰한 당신」 등은 지금도 한국인이 애창하는 명곡들이다. 고단한 근현대사를 살아온 대중에게 위안과 힘을 주었던 트로트 가요를 단순히 일본풍이라는 이유로 멸시할 필요는 없는 것 같다. 문화는 물처럼 흐른다.

1905년 미국인 선교사 질레트가 YMCA를 통해 소개한 야구는 일제강점기 인기 스포츠로 자리를 잡았다. 1922년에는 미국 프로야구 메이저리그 올스타팀이 경성에서 한국대표팀과 친선경기를 가졌다. 결과는 23대 3으로 미국 팀의 일방적인 승리였지만, 승패는 별로 중요하지 않았다. 메이저리그 올스타팀의 경기를 직접 본다는 것만으로 관객은 행복했다. 입장료가 당시 노동자 일당의 몇 배였지만, 경기가 열렸던 용산 만철운동장은 성황을 이루었다.

축구의 인기도 대단했다. 특히 1929년 조선일보 주최로 시작된 경평축구가 유명했다. 경성팀은 연희전문(연세대 전신)과 보성전문(고려대 전신) 학생들이, 평양팀은 축구명문 숭실학교가 주축을 이루었다. 경기가 너무 과열되어 중단되는 일도 있었다. 경평축구는 정례화되어 경성과 평양을 오가며 한국민족의 역량을 모아 과시하는 장이 됐다. 2002년 9월, 서울월드컵경기장에서 열린 '남북통일축구경기'는 경평축구의 맥을 잇는 행사였다. 한편, 일제강점기에도 이미 스포츠를 이용한 도박이 성행하여 스포츠의 상업화를 우려하는 목소리가 나오고 있었다.

오늘날과 마찬가지로 일제강점기의 대중도 올림픽에 열광했다. 1936

년 8월 10일 새벽, 베를린올림픽 마라톤에 출전한 손기정이 금메달, 남승룡이 동메달을 따냈다. 대중은 라디오방송에 열광했고, 날이 밝자 길거리에 신문 호외가 뿌려졌다. 손기정, 남승룡의 고향에서 축제가 벌어졌고, 두 사람은 한국민족의 영웅이 됐다. 요즘에도 4년마다 볼 수 있는 풍경이다.

오늘날 한국영화는 국내시장을 장악하고 영화의 본고장 할리우드를 공략하고 있다. 한국의 가요인 케이팝은 전 세계를 강타하며 미국 빌보드 차트에 오르고 있다. 영화와 음악에 한국인의 정서를 담아냈기 때문일 것이다. 한국 스포츠의 성장은 더욱 화려하다. 국내에서는 프로스포츠가 대중문화로 자리를 잡았고, 올림픽, 월드컵 등을 개최하며 한국은 국제스포츠의 중심 국가가 됐다.

참고자료

김진송. 1999. 『서울에 딴스홀을 허하라』. 현실문화연구.
신명직. 2003. 『모던보이, 경성을 거닐다』. 현실문화연구.
역사문제연구소. 1999. 『우리역사의 7가지 풍경』. 역사비평사.
이영미. 2006. 『한국대중가요사』. 민속원.
천정환. 2005. 『끝나지 않는 신드롬』. 푸른역사.

✓ 윤심덕과 김우진은 자살하지 않았다?

1926년 8월 2일, 일본 시모노세키에서 부산으로 가던 여객선에서 두 남녀가 바다에 몸을 던졌다. 당대 최고의 가수 윤심덕과 유부남 김우진이 이루어질 수 없는 사랑에 괴로워하다 결국 자살을 했다는 것이다. 이 사건은 언론에 대서특필되며 화제를 일으켰다. 그리고 일주일 뒤 발표된 윤심덕의 「사의 찬미」는 이들의 죽음과 맞물려 대히트를 기록했다. 윤심덕이 직접 쓴 노랫말이 그들의 죽음을 예견했다는 것이다.

그런데 당시에 윤심덕과 김우진이 죽지 않고 살아 있다는 이야기가 흘러나왔다. 두 사람의 사체가 발견되지 않았고, 윤심덕이 동생에게 자신을 찾지 말라는 편지를 남겼다는 것이다. 실제로 이탈리아에서 두 사람을 보았다는 증언도 나왔다. 두 사람이 도피생활을 위해 자살한 것처럼 위장했다는 것이었다. 심지어 「사의 찬미」를 히트시키기 위해 레코드회사가 자살사건을 조작했다는 주장도 나왔다.

윤심덕과 김우진은 실제로 자살했을까? 아니면 어딘가에 숨어 살았을까? 여전히 의문으로 남아 있다.

역사와 일상은
공존할 수 없는가?

SBS 드라마 〈야인시대〉(2002)에 이런 장면이 나온다. 드라마의 배경은 일제강점기 서울 종로의 시장이다. 김두한 패가 관할구역의 상인들로부터 '세금'을 걷고 있다. 이때 일본경찰 마루오카가 나타나 세금 징수를 가로막는다. 세금은 국가가 걷는 것이지 건달들이 걷는 게 아니라면서. 두 진영 사이에 팽팽한 긴장이 흐른다.

나는 이 장면을 보는 순간 무척 혼란스러웠다. 한국의 건달들과 일본 경찰 중 과연 어느 쪽이 '정의(justice)'일까? 시청자들은 민족주의적 관점에서 한국의 건달들 쪽에 마음이 갔을 것이다. '일본 놈'보다 차라리 한국 건달이 낫다고. 그런데 당시 김두한 패에게 '세금'을 내야 하는 상인들도 그렇게 생각했을까? 예나 지금이나 이유 없이 내 주머니에서 돈 나가는 것을 좋아할 사람은 없을 것이다. 아마도 상인들은 마음 편하게 장사하며 먹고 살 수 있게 일본경찰을 응원했을지도 모른다. 그것은 옳고 그름을 떠나 상인들에게 생존의 문제이기 때문이다.

이런 반론도 할 수 있다. 김두한이 없었다면 한국상인들이 일본건달들에게 '세금'을 더 많이 뜯겼을 것이라고. 따라서 김두한은 일본건달들의 횡포로부터 한국상인들을 지켜준 것이라고. 실제로 드라마에서도 그렇게 그려졌다.

그런데 이런 시각은 개념설정이 틀렸다. 한국의 건달이건 일본건달이건 상인들로부터 돈을 빼앗는 것은 불법이고, 상인들에게 큰 부담을 준다. 오직 국가만이 세금을 거둘 수 있다. 다만 여기서는 그 국가가 정통성 없는 일제 식민지 권력이라는 것이 문제이다.

나는 여기에서 역사와 일상의 괴리를 느낀다. 일제강점기를 한국민족과 일제의 대립 관계에서만 보면 보통 사람들의 일상은 공중에 뜨고 만다. 아무리 식민지라고 해도 보통 사람들의 자잘한 일상은 있기 마련이다. 하루하루 벌어먹고 사는 일을 비롯하여 고부간의 갈등, 남녀 간의 애정, 개인의 건강문제 등 사람 사는 곳이라면 어디서나 존재하는 일상 말이다.

1910년 8월 29일, 500년 조선왕조가 망했다. 흔히 이 날을 '경술국치일'이라고 부른다. 나라가 망했으니 하늘이 울고 땅이 흔들렸을 것 같지만, 실제로는 그렇지 않았다. 조선왕조가 망하던 날, 서울 시내 풍경은 평온했다. 그날 한국인들은 평소처럼 생업에 종사하고 있었다. 백성을 쥐어짜던 왕조가 사라진 것을 오히려 반겼을지도 모른다.

일제강점기에 김소월은 민족정서를 시로 담아냈다. 김소월의 시는 한국인의 유전자를 자극하는 힘이 있다. 그런 김소월의 일상은 어떠했을까? 할아버지와 함께 운영하던 광산이 망하고, 그가 직접 운영하던 동아일보 지국도 망해 경제적으로 비참한 생활을 했다. 이에 술에 빠지기 시작했고, 관절염의 고통을 잊으려고 아편을 복용하기도 했다. 결국 김소월은 32세에 아편중독으로 세상을 떠났다.

김소월은 의식 없고 나약한 부르주아적 휴머니즘 작가였다고 치자. 그렇다면 사회주의적 리얼리즘 작가 김기진은 달랐을까? 김기진은 부모가 반대하는 결혼을 하고 생활비가 없어 월세방을 전전하다 넉 달 만에 아내를 친정으로 보냈다. 그리고 남산에 올라가 서울 시내를 내려다보고 신세를 한탄하며 눈물을 흘렸다. 살아보겠다고 취직한 곳이 총독부 기관지 ≪매일신보≫였다. 이어 일확천금을 노리고 정어리 공장, 금광, 잡지사 등 사업을 벌였지만 줄줄이 망했다. 신경향파 문학의 대표 작가 김기진도 살기 위해 일상 속에서 발버둥을 쳐야 했다.

일제강점기 3·1운동은 민족해방운동사의 절정으로 평가된다. 거국적인 민족운동으로도 묘사된다. 그런데 3·1운동 때 시위에 나선 한국인은 당시 전체 인구의 3%가 되지 않았다고 한다. 시위 군중 가운데 상당수는 거창한 이념을 가진 것도 아니었고, 그저 분위기에 휩쓸려 얼떨결에 만세를 외쳤다. 사람 사는 게 그런 것이다.

게다가 일부 지식인들은 3·1운동에 대해 냉소적이었다. 서구적 합리주의자 윤치호는 3·1운동을 효율적이지 못하고 촌스러운 운동방식이라고 비웃었고, 작가 염상섭은 만세시위꾼들이 무식해서 의미 없는 희생을 치른다고 말했다.

3·1운동 때 목숨을 걸고 역사의 전면에 나섰던 그 3%는 훌륭하고 숭고한 사람들이다. 그렇다고 해서 나머지 97%의 삶을 가볍게 여기는 것은 가혹하다. 그 97%는 김소월과 김기진처럼 각자의 하루하루 일상을 열심히 살았을 뿐이다(물론 악질 친일파의 일상은 제외하자).

1983년 KBS 〈이산가족찾기〉는 온 국민을 감동시키고 울렸다. 6·25전쟁을 비롯한 여러 이유로 헤어진 가족 1만여 명이 수십 년 만에 다시 만났다. 당시 동영상을 보고 있으면 지금도 가슴이 뭉클해진다. 그것은 한국현대사에 기록될 사건이었다. 이산가족찾기 행사는 역사가 됐다. 그런데 당시 상봉했던 이산가족 가운데 만남을 이어가지 못하는 경우가 많다고 한다. 가장 큰 이유는 경제적 문제이다. 가령 상봉한 형제의 경제력 차이가 크면 서로가 부담을 느껴 멀리하게 된다는 것이다.

인간 삶의 본질은 큰 사건보다 자잘한 일상에 있는지도 모른다. 그리고 그 일상을 꾸역꾸역 살아가는 것이 독립운동이나 민주화운동을 하는 것보다 결코 쉽지만은 않다. 교과서에 나오는 '거창한 역사'뿐 아니라 '일상의 역사'에도 의미를 나누어주어야겠다. 너무 소시민적인 생각일까? 나이 마흔이 넘으면서 드는 생각이다.

한국말 속의
근대 일본

1876년 조용한 아침의 나라 조선은 일본과 강화도조약을 맺고 개항했다. 이후 일본은 한국이 근대 문물을 받아들이는 주요 통로였다. 따라서 한국은 일본에서 가공된 서양 문물을 받아들였다. 그 흔적은 지금까지도 한국말 속에 고스란히 남아 있다. 한국의 근대는 남의 옷을 빌려 입는 시대였다.

일본은 번역이 발달한 나라이다. 이미 16세기 무렵부터 중국 고전을 번역하여 선진문물을 받아들였다. 18세기부터는 한문뿐 아니라 네덜란드어를 비롯하여 영어, 프랑스어, 독일어 등 서양의 언어를 번역했다. 특히 19세기 후반, 메이지정부는 번역국을 두어 서양의 문헌을 번역하게 했다. 이것은 서구 근대 문물을 받아들여 일본의 것으로 만들었음을 의미한다(이때 일본은 독해와 번역에 집중한 나머지 말하기를 소홀히 했다. 이에 일본인은 오늘날에도 영어회화에 약하게 됐고, 이런 문화는 한국에도 영향을 주었다).

이때 번역을 주도한 인물이 한국인에게 별로 반갑지 않은 이토 히로부미이다. 이토 히로부미는 영국에서 유학하고 귀국하여, 번역을 비롯한 일본의 근대화를 주도했다. 1885년 일본의 한 신문에서 각계 인물에 대한 인기투표를 실시했는데, 이토 히로부미가 정치인 부문에서 1위를 차지했다. 당시 일본에서 그의 위상을 짐작할 수 있다.

일본 메이지시대에 등장한 '번역 한자어'는 한국에 수입되어 오늘날 한국인의 일상에서 폭넓게 쓰이고 있다. 그 가운데 몇 개만 소개한다.

대통령, 헌법, 민법, 상법, 형법, 법률, 국민, 국회, 정당, 투표, 민주주의, 민주화, 반체제, 사회주의, 자유, 권리, 일조권, 역사, 철학, 문학, 미학, 희극, 비극, 정치학, 통계학, 함수, 경제, 자본, 난개발, 은행, 병원, 사회, 과학, 물질, 세포, 개념, 자연, 개인, 사진, 연필, 신혼여행, 모험, 전기, 연애, 철도, 전신, 인력, 연설, 위생, 발명, 생산, 관념, 시간, 공간, 수요, 시기, 원리, 의무, 이상(理想), 현상, 필요, 선천, 후천, 귀납법, 연역법, 주관, 객관, 긍정, 명제, 암시, 전제, 역설, 능력, 요소, 운동, 본능, 의식, 정서, 원소, 원자, 유기체, 존재, 현실, 진화, 질량, 관찰, 감각, 촉각, 충동, 기술, 분석, 비율, 예술, 충동, 낙원…

이 말들 가운데에는 근대 일본인들이 새로 만들어낸 것도 있고, 원래 있던 한자어를 서양어의 번역어로 갖다 붙인 것도 있다. 가령, '사회'는 'society'를 번역하기 위해 새로 만들어낸 말이다. 당시 일본을 비롯한 동아시아에는 'society'에 해당하는 말과 개념이 없었기 때문이다. 그래서 처음에는 'society'를 '동료', '무리', '인간교제' 등으로 번역하다가 메이지 시대에 들어와 '사회'로 번역하기 시작했고, 그 단어가 19세기 말에 한국에 들어왔다. 결국 한국은 일본이 '번역한 근대'를 받아들였다.

그렇다고 해서 한국인의 생활 속에서 이미 일상화된 말을 버릴 수는 없다. 사물과 현상의 개념을 제대로 담아내는 말이라면 일본말이라고 해서 사용하지 못할 이유가 없다. 다만 본래 의미가 반교육적인 말이 교육현장에서 사용되는 것은 심각한 문제이다.

불과 몇 년 전까지 학생들의 성적을 평가하는 단위로 '수·우·미·양·가'라는 게 있었다. 원래 '수·우·양·가'는 일본 전국시대에 사무라이들이 적의 머리를 베어온 개수에 등급을 매겨 평가하는 단위였다('미'는 한국에서 추가됐다). 그렇게 끔찍한 용어로 어린 학생들을 수십 년 동안 평가해온 것이다.

교육현장은 말할 것도 없고 입시철이 되면 언론에서 키워드가 되는 내신성적의 '내신(內申)'도 일본말이다. 일제강점기에도 상급학교 진학을 위한 경쟁이 치열했다. 이때 교과성적 이외에 학생의 생활태도를 평가하여 교장이 쓴 소견서가 내신이었다. 자연스럽게 항일민족의식을 가진 한국인 학생들은 내신에서 좋은 평가를 받지 못했다. 내신은 민족의식을 가진 학생들을 견제하기 위한 통제장치로 악용됐다. 앞으로는 '내신성적'을 '교내성적'으로 바꾸어 부르면 어떨까?

근대역사에서 한국과 일본의 운명이 갈린 데에는 '번역'이 한몫을 했다. 번역은 단순히 외국어를 자국어로 옮기는 것이 아니다. 번역은 외국문물을 수입하여 내 것으로 만들어 내면화하는 것이다. 바로 이 점에서 근대 일본은 성공했고, 한국은 무력했다.

그런데 오늘날까지도 한국사회에는 번역을 무시하는 풍토가 있다. 번역은 저술보다 한 단계 수준이 떨어지는 것으로 여겨진다. 실제로 그럴까? 결코 그렇지 않다. 저술은 자신이 아는 이야기만 쓸 수 있지만, 번역은 그것이 불가능하다. 번역은 원어의 사전적 의미는 물론 역사적, 문화적 의미까지 파악하여 그것에 맞는 자국어로 담아내야 한다. 영어로 된 역사서를 영어전공자가 아닌 역사전공자가 번역을 해야 하는 이유이다. 번역은 또 다른 창작이다.

참고자료

박노자·허동현. 2003. 『우리역사 최전선』. 푸른역사.
이한섭. 2012. 「근대어 성립에서 번역어의 역할—일본의 사례」. ≪새국어생활≫, 제22권 1호.
최경옥. 2005. 『번역과 일본의 근대』. 살림.

신탁통치문제,
한국과 오스트리아는 무엇이 달랐나?

광복 전후 한국 현대사를 읽다 보면 여기저기 온갖 국제회의가 등장하여 애꿎은 수험생들을 괴롭힌다. 복잡한 국내 상황을 공부하기도 바쁜데 나라 밖에서 벌어지고 있는 일까지 달달 외워야 하니 골치가 아프다. 카이로회담(1943.11), 얄타회담(1945.2), 포츠담선언(1945.7) 그리고 모스크바 3상회의 등이 그것이다.

1945년 12월, 미국, 영국, 소련의 외무장관들이 모스크바에 모였다(모스크바 3상회의). 제2차 세계대전 연합국(승전국)들이 전쟁 뒤처리를 논의하기 위해 모인 것이다. 패전국 일본의 식민지였던 한국을 어떻게 처리할지도 회의의 내용이었다. 이를 얘기하기 전에 그 개념을 먼저 이해할 필요가 있다.

어린아이가 있다. 그런데 보호자가 불의의 사고를 당해 그 아이는 고아가 됐다. 이에 집안 어른들이 모여 가족회의를 열었다. 아이가 혼자 독립해서 살아가게 할지, 그게 어렵다면 아이가 어른이 될 때까지 누가 맡아 키워줄지 의견이 오간다. 결국 이 학생은 아직 어려서 혼자 살아갈 능력이 없다고 보고 집안 어른들이 공동으로 맡아 당분간 키워주기로 결정했다. 일제를 한국의 보호자로 비유한 것이 끔찍하지만, 광복 전후의 국제회의를 이런 가족회의 정도로 이해하면 될 것 같다.

1942년부터 이미 미국정부 안에서는 '한국은 식민통치 아래에서 문맹 상태로 있고 가난할 뿐 아니라 정치적 경험이 없고 미개한 후진국이기 때문에 근대국가로 발전하려면 강대국들이 최소한 1세대 동안 보호해야 한다'는 주장이 나왔다. 미국은 이미 필리핀을 40여 년 동안 신탁통치한 경험이 있었기 때문에 한국에도 똑같이 적용하려 했다.

그러나 소련은 그 기간이 너무 길다며 5년을 주장했다. 당시 한국사회는 좌파적 색채가 강했기 때문에 신탁통치가 끝나면 사회주의 체제가 들어설 것이라고 보았기 때문이다. 이에 모스크바 3상회의는 식민지 한국에 대해 다음과 같이 결정했다.

첫째, 한국을 독립국으로 발전시키기 위해 임시정부를 수립한다.

둘째, 한국 임시정부를 수립하기 위해 미소공동위원회를 구성한다.

셋째, 한국의 독립을 목표로 미국, 소련, 영국, 중국에 의한 최고 5년의 신탁통치를 실시한다. …

이런 내용 가운데 자극적인 느낌을 주는 '신탁통치'가 국내에 크게 보도됐다. 여론이 들끓었다. ≪동아일보≫의 거짓 보도는 불에 기름을 부었다. 미국은 한국의 즉시 독립을 주장했는데, 소련이 신탁통치를 주장했다는 것이었다.

이승만과 김구를 중심으로 한 우익세력은 신탁통치 반대운동에 돌입했고, 좌익세력은 신탁통치를 포함한 모스크바 3상회의의 내용을 지지하고 나섰다. 신탁통치 찬반문제로 국론은 둘로 갈라졌다. 이 과정에서 미국의 '이중 플레이'는 혼란을 부추

신탁통치를 두고 갈라선 우익과 좌익.

겼다. 모스크바 3상회의에서 신탁통치를 먼저 주장했던 미국이 우익 진영의 반탁운동을 뒤에서 지원하고 있었다. 우익 진영의 반탁운동이 반공·반소련 운동으로 번져가는 상황에서 미국은 손해 볼 게 없었기 때문이다. 이에 소련의 스탈린은 격노했다.

미국과 소련은 미소공동위원회 이후 구성될 임시정부에 참여할 단체 선정을 놓고 대립했다. 미국은 모든 정당과 사회단체를, 소련은 신탁통치에 찬성하는 사회단체만을 임시정부에 참여시키자고 주장했다. 결국 신탁통치 실시를 위해 열린 1, 2차 미소공동위원회는 성과 없이 끝났다. 이것은 한국민족이 분단으로 가는 길목이 됐다.

여기서 비슷한 시기 오스트리아의 상황을 살펴보자. 제2차 세계대전 중이던 1938년, 오스트리아는 독일에 합병됐다. 합병은 오스트리아 국민 99%의 찬성으로 이루어졌다. 독일군 점령 아래 이루어진 투표였지만, 제1차 세계대전으로 제국이 붕괴되어 약소국이 된 오스트리아는 독일에 편입되기를 바라고 있었다. 역사적으로 두 나라는 신성로마제국의 한 가족이었기 때문에 동질의식도 갖고 있었다. 당시 독일의 독재자 히틀러도 오스트리아 출신이었다.

1945년 5월, 오스트리아는 다시 한 번 발 빠르게 움직였다. 독일의 패망이 가까워오자 오스트리아는 독일로부터 독립을 선언하고 좌우합작 임시정부를 조직했다. 임시정부는 미국, 소련, 영국, 프랑스에 의한 신탁통치 10년을 받아들였고, 점령국과 꾸준히 협상했다. 임시정부가 미국, 영국, 프랑스 등 자본주의 진영에 가까워지자 소련이 반발했다. 이에 임시정부는 중립화 카드를 꺼내들었고, 결국 1955년 영세중립국으로 독립했다. 오스트리아가 분단되지 않고 통일국가가 될 수 있었던 것은 좌·우 이념을 초월한 정파 사이의 협력과 탄력 있는 외교력 때문이었다. 오늘날 오스트리아에 국제원자력기구(IAEA), 석유수출국기구(OPEC) 등 국제기구가 있는 것도 중립화에 대한 의지의 표현이다.

오스트리아는 7년 동안 독일의 지배를 받았다. 당시 연합국은 그 7년을 식민지배가 아닌 전쟁 과정에서 일어난 일시적 점령쯤으로 보았다. 게다가 오스트리아는 독일로부터 자주적으로 독립하는 모양새를 갖추었기 때문에 신탁통치를 받는 상황에서도 비교적 행동의 폭이 넓었다. 36년 동안 식민통치를 받아 식민지적 일상이 구조화됐고, 정치적 경험이 전혀 없었으며, 연합국의 승리에 의해 독립한 한국과 달랐다. 1945년 8월 15일, 일제가 항복하자 대한민국임시정부 주석 김구는 아쉬워했다. 8월 20일로 예정됐던 광복군의 국내진공작전이 이루어지지 못했기 때문이다.

제2차 세계대전 직후 한국은 미국과 소련에 의해 남북으로 분할 점령됐다. 그리고 남과 북에 각각 통치권력이 들어섰다. 남측에는 미군정, 북측에는 북조선임시인민위원회가 들어섰다. 북조선임시인민위원회는 소련의 지휘를 받았고, 위원장은 김일성이었다(당시 한국은 좌파적 분위기였기 때문에 소련이 직접 통치에 나설 필요가 없었다. 게다가 간접통치를 통해 소련이 한국인의 자주성을 존중한다고 생색도 낼 수 있었다). 1946년 3월, 북조선임시인민위원회는 토지개혁으로 농민들의 마음을 얻어 북측에서 권력기반을 강화했다. 이는 제1차 미소공동위원회가 열리기 직전에 기습적으로 단행되어 신탁통치를 더욱 어렵게 만들었다.

그렇다면 광복 직후에 좌익이 옳았나, 우익이 옳았나? 지금까지도 논란이 되고 있는 문제이다.

우선 우익세력의 반탁운동은 온 사회를 혼란에 빠뜨렸고, 결과적으로 한국이 임시정부를 거쳐 통일국가로 가는 길을 가로막았다. 순수한 우국충정으로 반탁운동에 참여한 세력이 있었다 하더라도 그들은 당시 국내외 정세를 냉정하게 바라보지 못했다(당시 반탁운동에 참여했던 김대중은 훗날 한 인터뷰에서 이 점을 인정했다).

그렇다면 좌익세력의 주장대로 모스크바 3상회의의 결정내용을 받아들였으면 어떻게 됐을까? 김구, 이승만, 여운형, 김규식, 박헌영, 김일성 등이 좌우합작 임시정부를 구성하고 신탁통치를 거쳐 오스트리아처럼 통일국가가 됐을까? 일어나지 않은 일이니 알 수는 없겠지만, 광복 직후 한국사회의 분열상을 볼 때 그것도 결코 쉽지 않았을 것이다. 당시 한국의 정치세력들은 식민지 시절부터 이념과 노선이 이미 분열되어 있었다.

광복 직후 한국의 정치세력들이 서로 협력을 했더라도 한국이 통일국가가 됐으리라 단언하기도 어렵다. 당시 미국이 한국에 대한 신탁통치를 주장한 것은 한국에서 소련의 세력 확장을 막기 위한 전략이었다. 다시 말해 미국은 한국에 통일정부를 세우려는 의지가 별로 없었다. 미국은 태평양을 '미국의 호수(American Lake)'로 지키기 위해 일본이 필요했고, 일본을 장악하기 위해서는 한국에서 어느 정도의 양보가 필요했다. 그 양보가 한국의 분단으로 나타났다. 전범국인 일본 대신 일본의 식민지였던 한국이 분단의 멍에를 짊어지게 됐다.

그뿐만 아니라 제1차 미소공동위원회 개최를 위한 예비회담에서부터 미국과 소련은 임시정부 수립 시기를 놓고 이미 대립하고 있었다. 미소공동위원회가 결렬된 것은 한국민족의 분열과 대립 때문이기도 했지만, 그것이 전부는 아니었다. 한국에서 신탁통치는 처음부터 실현되기 어려웠다. 되지도 않을 일로 민족이 둘로 갈라져 싸웠다는 주장이 가볍게 들리지 않는 이유이다.

그러나 미국과 소련에 의해 한반도가 분단됐더라도 한국민족이 분열과 갈등을 극복했다면 최소한 6·25전쟁은 일어나지 않았을 것이다. 지금처럼 남북분단체제가 고착화되지도 않았을 것이다. 가장 무서운 적은 민족 내부에 있었다. 결국 정치지도자와 국민의 성숙한 정치의식이 필요하다는 점을 지적하지 않을 수 없다. 극단적이고 자극적인 구호에 휘둘리지 않고, 합리적 중도세력에 힘을 실어 주는 성숙함 말이다. 신탁통치 정국에서 70여 년이 지난 지금, 한국의 정치지도자와 국민은 얼마나 달라졌나?

참고자료

강만길. 1994. 『고쳐 쓴 한국현대사』. 창작과비평사.
김종규. 1988. 『한국근현대사의 이데올로기』. 논장.
이완범. 2007. 『한국해방 3년사』. 태학사.
정병준. 2005. 『우남 이승만 연구』. 역사비평사.

한국에서 중도정치 세력은
어떻게 몰락했나?

조선 명종 21년(1565), 섭정을 하던 문정왕후(명종의 어머니)가 세상을 떠나면서 정국의 주도권은 훈구파로부터 사림파에게 넘어갔다. 사림파가 혁명을 통해 권력을 장악한 것이 아니었기 때문에 정계에는 여전히 훈구파가 남아 있었다.

이에 훈구파를 어떻게 처리할 것인가에 대해 의견이 갈려 사림파는 동인과 서인으로 갈라졌다. 동인은 훈구파를 깨끗이 청산하고 사림파의 정치적 이상을 실현하자는 강경파였다. 동인은 대개 현실정치에 처음 나온 젊은 학자들이었기 때문에 이상을 추구했다. 이에 비해 서인은 현실정치에 참여해온 노장들이었기 때문에 사람을 봐가면서 청산하자는 입장이었다. 조선시대의 정치적 붕당은 이렇게 생겨났다.

이때 동인과 서인의 가운데에 서서 갈등을 조정하고 나선 인물이 율곡

이이였다. 그는 '내 잘못도 있고 네 잘못도 있으니 잘못된 것은 서로 버리고, 잘된 것은 함께 살리자'고 주장했다. 이른바 '양비양시론(兩非兩是論)'이다. 또한 이이는 점진적 개혁을 말했다. 급진적 개혁을 추진하다가 기묘사화로 죽은 조광조에 대해서도 '너무 조급했다'고 비판했다.

예나 지금이나 중도파는 외로운 법이다. 이이는 동인과 서인, 양쪽 진영으로부터 공격을 받았다. 명재상으로 유명한 서애 유성룡도 그를 비난했다. 이이는 억울한 심정을 담아 국왕에게 상소문을 올렸다. "사람을 관찰하는 도리는 옳고 그름을 분간할 뿐이지, 어찌 동인이냐 서인이냐를 따지는 것이겠습니까?"라며 답답함을 토로한 것이다. 율곡 이이, 그는 큰 정치가였다.

이이는 49세로 세상을 떠났다. 아마도 그는 동인과 서인의 틈바구니에 끼어서 몸과 마음이 지쳤던 것 같다. 현실정치를 멀리하고 학문연구와 교육에 전념하며 70세까지 장수했던 퇴계 이황과 대비된다.

이이가 세상을 떠나자 동인과 서인의 권력투쟁은 과격해졌다. 선조 38년(1589)에 일어난 '정여립 사건'은 그 절정이었다. 서인이었다가 동인으로 당파를 바꾼 정여립이 대동계라는 조직을 만들어 역모를 꾀했다는 혐의를 받아 본인은 자살하고 관련자 1000여 명이 처형된 사건이었다(정여립 사건은 서인의 조작극이었다는 시각이 지배적이다). 3년 뒤, 동인과 서인의 당쟁 속에서 임진왜란이 일어났다. 백성은 도륙됐고, 동인과 서인은 피난길에 서로 '네 탓'을 하며 싸웠다.

조선 후기에 동인과 서인은 더욱 갈라져 당쟁이 격화됐고, 세도정치를 거쳐 조선은 일본의 식민지가 됐다. 임진왜란을 일으켰던 도요토미 히데요시의 망상은 결국 300여 년 만에 현실이 됐다(한일병합으로 한국을 점령한 것은 히데요시 계 무사들이었다).

그러나 일본 제국주의라는 공동의 적 앞에서 한국의 항일운동 세력은 하나가 되지 못했다. 3·1운동 직후 민족의 염원을 모아 출범했던 대한민국임시정부도 분열과 갈등에 휩싸였다. 이승만을 지지하는 기호파, 안창호를 지지하는 평안도파, 이동휘를 지지하는 함경도파 사이에 지역갈등이 있었다. 그뿐만 아니라 독립운동의 방법에서도 노선갈등이 있었다. 이승만의 외교론, 안창호의 실력양

조선의용대 시절의 김원봉. 그는 민족혁명당을 창당하여 분열된 항일운동 세력을 통합했다.

성론, 이동휘의 무장투쟁론이 그것이다. 게다가 러시아혁명으로 사회주의가 들어와 좌-우 이념대결까지 겹쳐 임시정부는 파벌싸움에 몸살을 앓았다. 임시정부의 활로를 찾기 위해 국민대표회의(1923)가 소집됐으나 갈등은 더욱 깊어졌다. 임시정부는 정부가 아니라 중국 대륙에 난립하고 있던 항일운동단체 가운데 하나일 뿐이었다. 이에 1920년대 중반, 중국에서 활동하던 항일운동단체들을 통합하려는 운동이 일어났으나, 좌-우 이념갈등으로 실패했다.

한편, 만주와 연해주 지역에서 항일무장투쟁을 하던 단체들 사이에서도 알력이 심했다. 이들의 분열과 갈등은 자유시참변(1921)을 낳았다. 자유시참변은 한국독립운동사에서 가장 큰 비극으로 남아 있다.

1931년 일제가 만주를 침략하자 중국 내 항일운동단체들을 통합하려는 운동이 활발해졌다. 1935년 7월, 난징에서 김원봉의 의열단(좌파), 최동오의 조선혁명당(좌파), 신익희의 신한독립당(우파), 김규식의 미주한인독립당(우파), 조소앙의 한국독립당(우파)이 뜻을 모아 민족혁명당을 결성했다. 민족혁명당은 좌-우 합작조직이었다. 그러나 김구의 임시정

부는 민족혁명당 참여를 거부했다.

민족혁명당의 실세는 김원봉이었으나, 그는 대표직을 김규식에게 양보했다. 1937년 일제가 중일전쟁을 일으키자 김원봉은 중국국민당의 지원을 받아 조선의용대를 결성했다. 흔히 김원봉은 공산주의자로 알려져 있지만, 그는 민족주의자에 가까운 모습을 보였다. 김원봉은 조선의용대원들에게 '우리는 프롤레타리아 군대가 아니라 민족의 군대'라고 역설했다. 한국민족의 해방을 위해서라면 그에게 사상과 이념은 중요하지 않았다.

1941년 조선의용대 병력의 80%가 황허를 건너 화베이로 갔다. 화베이 지역에 살고 있는 한국인들을 조선의용대에 편입시키고, 더 나아가 만주에 있는 한국인 항일운동단체들과 연합하려는 의도였다. 당시 중국 내 항일투사들에게 만주는 조국으로 들어가는 길목이었다.

몇 달 뒤, 김원봉은 조선의용대 나머지 세력을 이끌고 충칭에 있는 대한민국임시정부에 합류했다. 다음 해 김원봉은 한국광복군 부사령관이 됐다. 이로써 대한민국임시정부는 우파 김구와 좌파 김원봉이 두 축을 이루어 좌우 합작정부가 됐다. 김원봉은 한국광복군과 화베이의 조선의용대가 연합하여 국내 진공작전을 감행하자고 김구에게 제안했다. 그러나 김원봉의 주장은 임시정부 내 우파의 반발로 실현되지 못했다. 공산주의자와는 함께 일할 수 없다는 이유였다.

민족의 해방을 위해 좌·우를 넘나들던 김원봉의 활동은 광복 이후 남북분단 상황에서 그에게 족쇄가 됐다. 김원봉이 귀국하자 우파뿐 아니라 친일파까지 그를 표적으로 삼았다. 신변의 위협을 느낀 김원봉은 서울에서 다섯 집을 옮겨가며 잠을 자야 했다. 광복이 된 조국도 그에게 안식처가 되지 못했다. 그뿐만 아니라 일제강점기 악질 형사였던 노덕술에게 불려가 수모를 겪기도 했다. 이 일 이후 김원봉은 며칠 동안 울었다고 한다.

1945년 12월, 모스크바 3국 외상회의에서 한국에 대한 신탁통치가 결정되자 국내의 좌파와 우파는 대립했다. 좌파는 신탁통치를 포함한 3상회의 결과 지지를, 우파는 신탁통치 반대를 각각 주장하고 나섰다. 이런 상황에서 신탁통치 실시를 위한 제1차 미소공동위원회가 열렸지만 미국과 소련의 동상이몽으로 결렬되고 말았다. 이에 이승만은 남한 단독정부 수립을 주장하고 나섰다. 좌·우 대결로 민족의 분단이 엄습해오고 있었다.

김규식. 그는 민족의 분열에 맞섰을 뿐, 권력욕이 없는 인물이었다.

이때 중도우파 김규식과 중도좌파 여운형은 민족의 분단을 막기 위해 좌우합작운동을 일으켰다. 미군정도 좌우합작운동을 지원했다. 이승만, 김구를 비롯한 우파를 지지할 경우 좌파의 반발이 커질 것을 우려했던 것이다. 미군정은 원만한 정국 운영을 위해 중도파를 지지하고 나섰다.

좌우합작운동은 김규식이 제의하고 여운형이 받아들여 시작됐다. 앞에서 보았듯이 일제강점기에 김규식은 김원봉과 함께 좌·우합작단체인 민족혁명당을 결성했다. 김규식과 김원봉은 1940년대에 대한민국임시정부에서도 만났다(김규식은 임시정부 부주석이었다). 김규식은 '공산주의는 천하에 몹쓸 것'이라고 말할 만큼 반공주의자였지만, 민족의 해방과 통일을 위해서 사상과 이념을 초월했다.

여운형도 큰 정치가였다. 그는 광복을 맞아 좌·우 인사들로 구성된 조선건국준비위원회를 조직하여 조선총독부의 권한을 이양 받아 행정 공백을 메웠다. 이어 식민지에서 해방된 한국을 '조선인민공화국'이라고 선포했고, 대통령으로 이승만을 선임했다(당시에 '인민'은 좌·우를 막론하

여운형의 장례식. 그의 죽음으로 좌우합작운동은 위기를 맞았다.

고 널리 쓰이는 용어였다). 조선인민공화국에도 좌파와 우파가 고루 들어 있었다. 여운형은 이승만, 김구, 안재홍, 송진우 등 우파 인물들을 만나 새로운 국가건설에 대해 논의했고, 38도선 이북을 방문하여 김일성을 만나기도 했다. 여운형은 호탕한 성격에 명연설가로 유명했던 만큼 활동의 폭도 넓었다.

좌우합작운동은 극좌파와 극우파를 배제하고 중도좌파와 중도우파의 합작으로 추진됐다. 당시에 가장 뜨거운 감자는 신탁통치문제였다. 이에 대해 김규식과 여운형은 남북한을 아우르는 통일임시정부를 먼저 세우고 신탁통치문제는 그 뒤에 해결하자고 말했다. 모스크바 3국 외상회의에서 결정된 내용의 핵심이 신탁통치가 아니라는 점을 간파하고 있었던 것이다. 훗날 미소공동위원회가 결렬되고 신탁통치가 무산된 것을 볼 때 김규식과 여운형의 판단은 현실적이었다. 또한 여운형은 우파의 반탁운동과 좌파의 편협성을 비판했다. 이에 그는 극좌파와 극우파로부터 '기회주의자', '회색분자'라는 공격을 받았다.

김규식과 여운형은 좌파와 우파의 주장을 절충하여 '좌우합작 7원칙'을 내놓았다(1946.10.7). '좌우합작 7원칙'은 미소공동위원회의 재개를 요청하는 한편, 토지개혁과 친일파 처벌 등을 담고 있었다. 이에 좌파와 우파가 모두 반발했고, 김규식은 적극 해명하고 나섰다. 이어 김규식은 한 미국 언론과의 인터뷰에서 좌익과 우익을 동시에 비판했고, 한국을 분할 점령하고 있는 미국과 소련까지 비판했다.

그러나 제2차 미소공동위원회마저 결렬되고(1947.7) 여운형이 암살되면서 좌우합작운동은 위기를 맞았다. 여러 차례 테러를 당한 여운형은 자신의 운명을 예견하고 딸들을 북한의 김일성에게 맡긴 뒤였다. 여운형이 암살당하자 김원봉은 깊이 애도하고 장례식을 주관했다.

미국이 모스크바 3국 외상회의의 결정 내용을 포기하고 한국문제를 유엔으로 가져가면서 좌우합작운동은 1년 5개월 만에 막을 내렸다(1947.12). 다음 해 4월, 김규식은 김구와 함께 평양으로 가서 김일성, 김두봉과 회담했다(남북협상). 김규식은 남북협상이 성공하기 어렵다는 것을 알았지만, 민족분단을 막기 위해 지푸라기라도 잡아야 했다.

좌우합작운동과 남북협상이 실패하고, 결국 한반도에는 두 개의 국가가 들어섰다. 그리고 2년 뒤, 두 국가 사이에 전쟁이 벌어졌다(6·25전쟁). 전쟁 중에 김규식은 서울에서 북한군에게 납치됐다. 조소앙(민족혁명당 창당), 안재홍(좌우합작운동), 류동열(민족혁명당 창당), 최동오(민족혁명당 창당), 정인보(역사학자), 방응모(조선일보 사장) 등도 납치됐다. 이른바 '모시기 공작'이었다. 이들은 군용 트럭에 강제로 실려 미군의 폭격을 피하며 북으로, 북으로 갔다. 북행 도중에 폭격으로 죽고, 병으로 죽는 이들이 속출했다. 평소 몸이 약했던 김규식은 평안북도 만포진 부근에서 심장병과 천식의 고통을 겪으며 세상을 떠났다. 만성 위장병으로 죽도 제대로 못 먹어 뼈가 앙상하게 드러나 있었다. 미국에서 대학을 나온 엘리트가 안락한 생활을 포기하고 민족의 독립과 통일을 위해 바친 삶이 그렇게 끝났다.

한편, 김원봉은 남한에서 신변의 위험을 느끼고 북한으로 갔다. 1948년 4월, 남북협상에 참여했다가 서울로 돌아오지 않고 38도선 이북에 남은 것이다. 같은 해 9월, 김원봉은 북한정부 수립에 참여하여 고위인사가 됐다. 김일성이 6·25남침을 감행할 때, 김원봉은 전쟁을 반대했다고

광복 직후 주요 인물의 이념 분포

← 좌파			우파 →
박헌영	여운형	김규식	이승만
김일성			김구

한다. 김원봉은 전쟁 중에 남한에 있던 형제 네 명이 학살당하는 아픔을 겪는다. 1958년에는 김원봉 자신도 숙청되어 비참한 최후를 맞았다. 남한에서는 공산주의자라는 이유로, 북한에서는 김일성의 정적이라는 이유로 제거된 김원봉은 남과 북에서 반세기 동안 잊혀졌다. 그는 분단시대의 희생양이었다.

한국 근현대사에서 민족의 분열에 맞서 화합을 꾀했던 중도세력은 비참하게 몰락했다. 이후 한국사회는 분단체제 안에서 좌파와 우파, 진보와 보수로 나뉘어 극단적인 대립으로 치달았다. 어느 사회에나 있기 마련인 합리적 중도세력은 제 목소리를 내지 못하게 됐다.

강경파의 자극적 선동에 휘둘리지 않고 합리적 중도세력에 힘을 실어주는 일은 유권자의 몫이다. 그리고 그것은 사회화합과 남북통일로 가는 첫걸음일 것이다.

참고자료

강만길. 1985. 『한국민족운동사론』. 한길사.
역사문제연구소. 1995. 『인물로 보는 항일무장투쟁사』. 역사비평사.
이명화. 1992. 『김규식의 생애와 민족운동』. 독립기념관 한국독립운동사 연구소.
조정희. 2002.7.1. "율곡의 개혁: 무실(無實)에서 무실(務實)로". ≪오마이뉴스≫.

이승만은 남북분단의
원흉인가?

1946년 6월 3일, 이승만은 전라북도 정읍에서 '폭탄발언'을 했다.

이제 우리는 무기휴회 된 미소공동위원회가 재개될 기색도 보이지 않으며,
통일정부를 고대하나 여의케 되지 않으니, 우리는 남방만이라도 임시정부
혹은 위원회 같은 것을 조직하여 38도선 이북에서 소련이 철퇴하도록 세계
공론에 호소하여야 될 것이다.

오늘날까지도 논란거리가 되고 있는 '정읍발언'이다. 남한 단독정부
수립을 암시하는 듯한 내용이다. 당시 현장에 있었던 기자들은 연설을
마치고 나오는 이승만을 쫓아가 발언의 진의를 물었다. 발언의 폭발력
을 알고 있던 이승만은 확답을 피하며 급히 자동차를 타고 현장을 빠져

이승만의 정읍발언을 보도한 《서울신문》.

나갔다. 정읍발언이 나온 뒤 거센 반발이 일어나자 발언의 의도가 언론에 잘못 전달됐다고 발뺌을 하기도 했다(이승만은 이미 1946년 초부터 단독정부 수립을 주장했고, 미군정도 같은 구상을 하고 있었다).

정읍발언은 훗날 김구의 남북협상과 대비되어 남북분단을 가져온 상징적 사건으로 인용되고 있다. 김구는 통일국가 건설을 위해 끝까지 싸우다가 흉탄에 쓰러진 민족지사로, 이승만은 권력욕에 취해 민족을 두 동강이 낸 마키아벨리언으로 그려진다. 물론 남북분단 과정에 이승만의 책임이 없지는 않지만, 한국의 해방 전후사가 그리 단순하지는 않다.

이승만의 정읍발언이 나올 무렵, 38도선 이북의 소련과 김일성도 단독정부 수립을 위해 움직이고 있었다(소련은 국내에 기반이 없었던 김일성을 지지했다. 뒤에서 다루기 쉬웠기 때문이다). 1945년 9월, 스탈린은 이미 소련군 점령지역에 부르주아 정권을 수립하라는 지령을 내렸다. 이것은 사실상 북한 지역에 공산주의 단독정부를 수립하라는 의미였다.

10월에 '북조선중앙은행' 설립이 결정됐고, 1946년 2월에는 주변의 반대를 무시하고 북조선임시인민위원회를 결성했다. 모스크바 3국 외상회의의 결정 내용을 논의할 미소공동위원회가 열리기 직전에 기습적으로 취한 조치였다. 이는 38도선 이북 지역을 분리시켜 공산화시키겠다는 의도였다.

북조선임시인민위원회는 그 이름과 달리 38도선 이북 지역의 실질적인 권력기구이자 정부였다. 1946년 2월에 그들이 단행한 토지개혁이 그

증거이다. 토지개혁은 지주의 토지를 무상몰수 하여 농민에게 무상분배 하는 방식으로 이루어졌다(농민의 토지소유권을 인정한 것이 아니라 경작권을 준 것이었다). 그것도 겨우 한 달 만에 끝냈다. 기네스북에 오를 만한 사건이었다.

북조선임시인민위원회(1946.2.8). 앞줄 가운데에 김일성(34세)이 보인다.

토지개혁을 통해 김일성은 농민을 지지세력으로 끌어들였고, 짧은 기간에 권력을 안정시켰다. 토지개혁은 당시 농민에게 절실한 일이기는 했지만, 소련과 김일성은 그것을 정치적으로 활용했다. 결국 북조선임시인민위원회는 38도선 이북에 조선민주주의인민공화국이 수립되는 발판이 됐다.

이승만은 국제정세 전문가였다. 1920년대부터 그는 이미 태평양에서 미국과 일본이 전쟁을 벌일 것이고, 한국은 그 틈을 타 식민지에서 벗어날 수 있다고 주장했다. 우연의 일치인지는 몰라도 실제로 1941년에 태평양전쟁이 일어났고, 1945년 일본이 패전하면서 한국은 독립했다.

제2차 세계대전 이후 미소 냉전체제가 형성되어가는 상황에서 이승만은 미소공동위원회가 결렬될 것이라고 예상했을 것이다. 그리고 38도선 이북에서 소련에 의해 공산주의 세력이 뿌리를 내리는 광경을 보고 있었다. 이승만의 정읍발언은 이러한 대내외 정세를 종합적으로 고려하여 나온 것이었다.

일반적으로 알려진 것과는 달리 김구도 이승만의 단독정부 수립노선에 대해 처음부터 반대하지는 않았다. 1947년 12월 1일, 김구는 '북조선인민위원회의 의석을 남겨놓고 선거를 하는 조건이라면 이승만 박사의 단독정부론과 내 의견은 같다'고 말했다. 조건부 찬성이었다.

그러나 한민당 정치부장 장덕수가 암살당하면서 이승만과 김구는 갈라서기 시작했다. 이승만은 암살의 배후로 김구를 의심했다(김구와 장덕수는 미소공동위원회 참여문제로 대립했다). 이에 김구는 검찰에 불려가 수모를 당했고, 김구는 이승만의 단독정부 수립노선에 등을 돌리게 됐다. 1948년 4월, 김구는 남한 단독선거를 반대하고 남북협상을 강행했다. 남북협상은 그 역사적 의미가 크지만, 김구의 현실도피이기도 했다(처음부터 남북협상은 성과를 기대하기 어려웠고, 오히려 김일성의 체제홍보수단으로 이용됐다).

그렇다고 해서 이승만의 단독정부 수립노선을 옹호하기도 어렵다. 여기에는 권력에 대한 그의 집착과 욕망이 분명히 들어 있기 때문이다. 이승만은 자신이 조선왕조 태종의 장남 양녕대군의 후손이라는 점을 강조했고, 미국에서는 '대한제국 왕자'로 행세했다. 그뿐만 아니라 내각책임제를 채택했던 대한민국헌법의 원안을 대통령제로 바꾸어놓은 것도 이승만이었다. 그는 '대통령병 환자'였다.

제2차 세계대전 이후 한국이 남과 북으로 분단된 것은 미국과 소련의 분할정책이 결정적 원인이었다. 그것이 타율적 숙명론이라고 해도 어쩔 수 없다. 그것은 당시 국제정세에서 약소민족이 거역하기 어려운 현실이었다. 그리고 이승만과 김일성은 두 강대국의 한반도 분할정책에 편승하여 자신의 욕망을 채우고자 했다. 민족을 둘로 쪼개서라도 권력을 쥐려고 했다.

결국 38도선 이남에 자본주의 체제가 들어섰고, 지금 그 대한민국은 자유와 번영을 누리고 있다. 반면 38도선 이북에는 공산주의 체제가 들어섰고, 지금 그 조선민주주의인민공화국은 억압과 배고픔, 절망에 빠져 있다. 그렇다면 대한민국을 세운 이승만은 국토의 절반을 잃은 것일까, 절반이라도 구한 것일까? 이승만은 단독정부 수립을 추진하며 '내가 역사에 대한 책임을 지겠다'고 호언했다.

참고자료

고태우. 2000. 『북한현대사 101장면』. 가람기획.
교과서포럼. 2008. 『대안교과서 한국근현대사』. 기파랑.
김학준. 1995. 『북한 50년사』. 동아출판사.
김한종 외. 2002. 『고등학교 한국근현대사』. 금성출판사.
이완범. 2007. 『한국해방 3년사』. 태학사.
이정식. 2006. 「이승만의 단독정부론 제기와 그 전개」. ≪한국사 시민강좌≫, 제38집. 일조각.
정병준. 2005. 『우남 이승만 연구』. 역사비평사.

반도 국가는
좋은 것인가?

초등학생 시절, 수업시간에 자주 듣던 이야기 가운데 이런 게 있다. 우리나라는 3면이 바다이고 대륙에 붙어 있어 해양과 대륙으로 진출하기 유리하다고(3면이 바다이고, 나머지 한 면은 군사분계선으로 막혀 있기 때문에 사실상 대한민국은 섬나라이다). 요즘 고등학생들도 초등학교 때 그렇게 배웠다고 한다. 이 이야기에 담긴 교육적 취지에는 공감한다. 다만 그런 이야기를 들으면 역사를 공부하는 사람으로서 마음 한 구석이 어두워진다.

지정학적으로 반도는 대륙세력과 해양세력이 충돌하는 곳이다. 대륙세력이 바다로 진출할 때에도, 해양세력이 대륙으로 진출할 때에도 반도를 거쳐 가기 마련이다. 따라서 반도에서는 '고래 싸움에 새우 등 터지는 식'의 전쟁이 자주 일어난다. 게다가 두 세력의 판도에 따라 반도의 운명이 결정되기도 한다. 유럽의 발칸 반도, 크림 반도에서 벌어지는 국제분쟁도 같은 맥락일 것이다.

13세기에 고려를 점령한 몽골제국의 세조 쿠빌라이는 여·몽 연합군을 구성하여 일본원정을 단행했다. 일본(가마쿠라 막부)이 남송과 교류하고 있었기 때문이다. 1274년 10월, 여·몽 연합군 3만 9700명은 전함 900여 척을 타고 합포(마산)를 출발했다. 여·몽 연합군은 쓰시마의 영주를 죽이고 일본 본토에 상륙했으나 일본군의 공격을 받고 일단 후퇴했다. 배에서 하룻밤을 보내고 다음 날에 다시 공격을 할 계획이었다. 그런데 태풍이 몰려와 전함 대부분이 침몰하고 1만 3500여 명이 사망했다.

1279년 남송을 무너뜨린 세조 쿠빌라이는 다시 일본원정을 계획했다. 1280년에 일본원정 전담기구인 정동행성을 고려에 설치하고, 이듬해에 2차 원정을 단행했다. 1차 원정 때보다 규모가 훨씬 컸다. 합포에서 4만 명, 중국 강남에서 10만 명이 일본을 향해 출발했다. 그런데 이번에도 일본에 상륙하여 작전을 개시하기 직전에 태풍이 불어와, 전함이 침몰하고 무려 10만 명이 바다에 수장됐다. 대륙세력에 의한 1, 2차 일본원정으로 고려는 막대한 인적, 물적 희생을 당했다.

16세기 말, 일본 전국시대를 통일한 도요토미 히데요시는 조선을 공격했다(임진왜란, 1592~1598). 조선에 대해 '명으로 갈 수 있게 길을 내달라(假道入明)'고 요구했다. 전쟁 20일 만에 수도를 일본군에 내준 조선 조정은 평안도 의주까지 도망갔다. 조선 국왕 선조는 명에 망명하려고 했지만 신하들의 반대로 실패했다.

명은 일본군의 진군을 조선에서 막기 위해 군대를 보냈다. 이여송이 이끄는 명군은 평양을 되찾았다. 그러나 벽제관전투에서 일본군에 패배하면서 전쟁은 소강상태에 들어갔다. 이에 명과 일본은 강화협상에 들어갔다. 이때 일본의 도요토미 히데요시는 조선 8도 가운데 남부 4개 도를 요구했다. 나머지 4개 도는 명이 차지하라는 것이었다. 조선은 협상에 끼지 못했고 이런 상황을 모르고 있었다. 대륙세력과 해양세력이 균형을 이루자 한반도의 분할이 시도된 것이다.

19세기 말, 한반도는 청, 러시아, 일본, 영국, 미국 등 열강의 각축장이 됐다(이때 유길준과 독일 외교관 부들러는 조선을 구할 방법으로 한반도 중립화를 제시했다). 특히 청일전쟁에서 러일전쟁까지 10년 동안 대륙세력인 러시아와 해양세력인 일본은 세력균형을 이루었다. 이때 일본은 러시아에 한반도 분할점령을 제의했으나 러시아가 거부했다.

결국 1904년 러일전쟁으로 두 나라의 세력균형은 깨졌다. 이때 러시아의 한반도 지배를 우려한 영국과 미국은 일본을 지원했다. 일본이 사용한 전쟁비용의 70~80%를 영국과 미국이 부담했다. 결국 전쟁에서 일본이 이겼고, 한반도는 일본의 지배를 받게 됐다.

제2차 세계대전이 끝나가던 1945년 2월, 얄타회담에서 소련의 스탈린은 대일본 참전을 약속했다. 8월 8일, 소련군은 만주로 진격해왔다. 이미 싸울 의욕을 잃은 일본군은 쉽게 무너졌다. 소련군은 파죽지세로 한반도까지 밀고 내려왔고, 일부 부대는 서울까지 들어왔다. 이에 놀란 미국은 급하게 북위 38도선을 기준으로 하는 분할점령을 소련에 제의했다. 소련은 한반도보다 유럽과 연해주 지역에서의 이권에 더욱 관심이 있었기 때문에 이를 받아들였다. 결국 제2차 세계대전의 승전국이며 각각 대륙세력과 해양세력이었던 소련과 미국은 한반도를 분할했고, 그것은 남북분단으로 이어졌다.

21세기에는 중국이 새로운 강대국으로 등장하여 미국과 경쟁하고 있다. 머지않아 중국의 국력이 미국을 넘어설 것이라고 한다. 두 강대국이 부딪히는 곳도 한반도이다. 이에 한국은 북한이라는 변수를 감안하며 미국과 중국 사이에서 균형 있는 외교를 해야 하는 고민에 빠져 있다.

한반도는 이른바 '지정학적 위치'에 있다. 외세의 이해관계에 따라 운명이 좌지우지되는 일이 많다. 게다가 한반도를 둘러싼 외세는 미국, 중국, 러시아, 일본 등 최강대국들이다. 남태평양의 섬나라였다면 걱정할 필요도 없는 일이다. 남북한의 위정자들이 더욱 역량을 기르고, 슬기로워야 하는 이유이다.

참고자료

강만길, 1985, 『한국 민족운동사론』, 한길사.
류재성 외, 1988, 『대몽항쟁사』, 국방부전사편찬위원회.
조원래, 2005, 『새로운 관점의 임진왜란사 연구』, 아세아문화사.

제주 4·3사건의
성격은?

제주도는 지리적으로 일본과 가깝다. 그래서 일제강점기에 제주도의 학생과 노동자들은 일본으로 건너가 선진문물을 배우고 익혔다. 제주도는 좌파적 색채가 짙었고, '깨어 있는' 지역이었다. 광복 이후에는 건국준비위원회와 인민위원회가 활발하게 활동했다. 육지에서 떨어진 섬이어서 미군정의 통제를 덜 받았던 것이다.

1947년 제주도에서는 좌익세력의 주도로 3만여 명이 모인 3·1운동 기념식이 열렸다. 행사 도중 기마경찰이 탄 말에 한 어린아이가 밟히는 사건이 일어났다. 이에 흥분한 군중이 경찰에 돌을 던지며 항의했다. 경찰은 이것을 폭동으로 오해하고 시위 군중에게 총을 쏘아 6명이 사망했다.

이에 제주도인은 총파업에 나섰고, 좌익세력인 남로당 제주도당은 이런 분위기를 이용하여 투쟁에 들어갔다. 당시 미군정은 제주도를 '붉은 섬'으로 규정하고, 극우단체인 서북청년단까지 동원하여 사태를 진압했다. 파업참가자들이 검거됐고, 고문·겁탈·약탈이 자행됐다. 이 과정에서 서북청년단의 테러는 미군정도 우려할 만큼 난폭했다. 서북청년단은 제주도인들을 분노하게 만들었다.

1948년 4월 3일 새벽, 한라산에서 횃불이 타올랐다. 남로당 제주도당 무장유격대와 일부 군인들이 '남한 단독선거 반대', '민족반역자 처단'을 주장하며 무장봉기를 일으켰다. 이들은 경찰지서를 공격했고, 서북청년단원 15명을 살해했다. 이에 미군정은 경찰 1700명과 서북청년단 500명을 제주도에 급파하여 진압에 나섰다. 경무부장(경찰청장) 조병옥은 강경진압을 지시했다.

제주 4·3사건은 좌익반란 진압에서 무차별적인 양민학살로 그 성격이 바뀌어갔다. '빨갱이' 한 명을 잡기 위해 무고한 양민 10명이 희생됐다. 이러한 학살을 피해 제주도민들은 산속으로 숨어들었다. 그 가운데 일부는 무장유격대에 합류했다.

무력충돌을 막으려는 노력도 있었다. 4월 28일, 9연대장 김익렬 대령과 무장유격대 지도자 김달삼이 만나 평화협상을 벌였다. 두 사람은 전투중지, 유격대 무장해제, 봉기 주모자의 신변보장 등 3개 항에 합의했고, 김익렬은 무장유격대의 귀순을 종용했다.

그러나 5월 1일, 제주읍 오라리에서 방화 사건이 일어나 협상은 깨졌고, 김익렬은 해임됐다. 오라리 방화 사건은 경찰과 함께 활동하던 우익청년단이 일으킨 것이었다.

경찰에 의한 양민학살은 대한민국 정부 수립 이후 본격화됐다. 11월부터 제주도민을 해안 5km 이내로 이동시키고, 나머지 지역에 대한 초토화 작전이 이루어졌다. 어린아이도 학살 대상에서 예외가 아니었다.

1949년 6월, 무장유격대 지도자 이덕구가 사살되면서 제주 4·3사건은 일단락됐다.

한편, 1948년 10월 19일에는 제주 4·3사건 진압을 명령받은 여수·순천 주둔 제14연대가 반란을 일으켰다. 당시 대한민국 군대가 대부분 그랬듯이 제14연대 안에도 좌익세력이 침투해 있었던 것이다. 이들은 여수와 순천을 장악했다가 1주일 만에 진압됐다. 여수·순천 반란 사건(10·19 사태)이 진압되는 과정에서도 무고한 양민들이 억울하게 희생됐다. 정식 재판도 없이 즉결 처형되는 일이 많았다. 당시 이승만 정부는 3392명이 사망한 것으로 발표했지만, 실제 희생자 수는 훨씬 많았을 것이다.

제주 4·3사건에서는 3만여 명이 희생당했다. 6·25전쟁을 제외하면 한국 현대사에서 가장 많은 사람이 희생된 사건이다. 그 가운데 남로당 좌익분자는 겨우 10% 정도였다. 나머지 희생자는 무고한 양민들이었다. 그뿐만 아니라 살아남은 자와 유가족들은 반세기 동안 반공 이데올로기의 공포 밑에서 숨죽어 살아야 했다.

2003년 노무현 정부는 제주 4·3사건 진압 과정에서 국가권력에 의한 대규모 희생이 있었음을 인정하고 유족과 제주도민에게 공식 사과했다. 2014년 박근혜 정부는 4월 3일을 국가추념일로 지정했다.

그렇다면 제주 4·3사건은 공산폭동인가, 민중항쟁인가? 보수진영과 진보진영의 시각이 부딪힌다. 제주 4·3사건에 대한 정부의 공식입장은 '남한 단독정부 수립 반대와 연계된 남로당 제주도당의 무장봉기가 있었고, 이를 진압하는 과정에서 무고하게 주민들이 희생됐다'는 것이다. 여기서 보수진영은 '남로당의 무장봉기'에, 진보진영은 '무고한 주민들의 희생'에 주목한다. 각 진영이 보고 싶은 절반씩만 보고 있다.

이렇게 '뫼비우스의 띠'와 같은 상황에서 무게중심은 '무고한 주민들의 희생'에 둘 수밖에 없다. 제주 4·3사건은 박헌영의 남로당 중앙당과는 관련 없이 제주도당이 독자적으로 일으킨 국지도발이었다. 반란의 규모가 별로 크지 않았고 무기도 보잘 것 없었다. 일제가 남기고 간 구식무기와 농기구는 미제 총탄을 당해낼 수 없었다. 게다가 고립된 섬에서 일어났기 때문에 그것이 대한민국 건국을 위협할 만한 수준이었다고 보기 어렵다. 제주 4·3사건에 호응해 일어난 여수·순천 반란 사건이 겨우 며칠 만에 진압된 것에서도 알 수 있다.

그렇다면 이승만 정부는 왜 그렇게 과잉진압을 했을까? 이에 대해 수정주의 역사학자 브루스 커밍스는 '이승만 정부가 반공투사의 이미지를 미국에 심어주기 위해 제주도를 표적으로 삼았다'고 분석한다. 수정주의 역사학이 한물가기는 했지만, 그의 주장을 무시할 수 없는 이유가 있다. 제주 4·3사건 희생자 가운데 수백 명의 어린이들이 있었다는 점이다. 이승만 정부와 토벌군은 그 어린 꼬마들이 정말로 대한민국 건국을 방해하는 빨갱이라고 믿고 죽였을까? 역사 읽기가 무섭다.

참고자료

강만길 외. 1988. 『한국현대사회운동사전』. 열음사.
김득중. 2002. 「1948년 여수와 순천에서 무슨 일이 일어났을까?」. 『우리 역사 속 왜?』. 서해문집.
김종규. 1988. 『한국 근현대사의 이데올로기』. 논장.
MBC 〈이제는 말할 수 있다 1회 ─ 제주 4·3〉. 1999.9.12. 방송.

6 · 25전쟁의
원인은?

1972년 중앙정보부장 이후락은 7·4남북공동성명을 위한 물밑작업을 위해 비밀리에 평양에 가서 김일성을 만났다. 이때 김일성은 남한의 주한미군문제를 거론했다. 주한미군이 민족통일에 걸림돌이 된다는 것이었다. 이에 이후락은 광복 이후 철수했던 미군이 다시 남한에 들어온 것은 북한이 남침을 했기 때문이라고 맞받아쳤다. 김일성은 담배 연기만 내뿜으며 말없이 웃고 말았다고 한다.

2000년대 평양을 방문한 남한 기자에게 북한의 한 대학생이 '6·25전쟁은 수령님(김일성)이 남로당 박헌영에게 속아서 일으킨 것'이라고 말했다. 북한사람들도 6·25전쟁이 북한의 남침으로 시작됐다는 사실을 알게 모르게 인정한 것이다. 그렇다면 북한의 김일성은 왜 전쟁을 일으켰을까?

6·25전쟁의 근본적인 원인은 제2차 세계대전 이후 형성된 동서 냉전 체제와 그에 따른 남북분단이었다. 이에 동아시아에서는 미국·일본·남한의 자본주의 진영과 소련·중국·북한의 공산주의 진영이 대립했다.

김구는 한반도가 남북으로 분단되면 필연적으로 남북한 사이에 전쟁이 일어날 것이라고 예상했다. 그리고 그의 예상은 현실이 됐다. 1948년 남과 북에 각각 정부가 들어서자 북한의 김일성은 전쟁을 준비했다. 북한 정권을 세운 세력은 일제강점기에 만주, 연해주에서 항일무장투쟁을 했던 사람들이다. 그들은 무력투쟁이 몸에 배어 있었다. 이런 성향은 항일투쟁에서는 유용했지만, 광복 이후 새로운 세상에서는 위험한 것이었다. 그들은 남한을 무력으로 통합하는 것이 사회주의혁명의 완성이라고 보았다.

국내외 여건도 북한에 유리했다. 1930~1940년대 일제는 대륙침략을 위해 북한 지역에 중화학공업 시설을 집중적으로 설치했다. 대륙에서 가깝고 지하자원이 풍부했기 때문이다. 일제가 남기고 간 중화학공업 시설은 그대로 북한의 국력이 됐다. 남한이 전력난에 허덕일 때 북한은 전력이 남아돌았고, 총·박격포·탄약 등의 무기를 자체 생산했다.

당시 남한사회의 혼란도 한몫했다. 대구 폭동, 제주 4·3사건, 여수·순천 반란 사건, 온갖 파업 등으로 남한은 홍역을 앓고 있었다. 북한이 보기에 남한은 똥오줌을 못 가리는 어린아이와 같았다.

이때 중국의 사회주의혁명은 6·25전쟁이 일어나는 데에 결정적 변수가 됐다. 1945년 한국이 광복의 기쁨을 맞이하고 있을 때 중국은 국공내전에 들어갔다. 시안 사건(1937)으로 체결된 제2차 국공합작이 일제의 항복으로 소멸되고 다시 내전을 시작한 것이다. 이는 광복 이후 38도선을 사이에 두고 갈라진 남과 북이 대립하는 한 요인이 되기도 했다. 남쪽

국공내전에서 승리하고 중화인민공화국을 선포하는 마오쩌둥(1949.10.1). 이 사건은 젊은 김일성을 흥분시켰다.

세력(우파)과 북쪽 세력(좌파)은 일제강점기에 각각 중국국민당과 중국공산당 밑에서 활동했기 때문이다. 대륙에서 '형님들'이 싸우고 있는데 '아우들'이 사이좋게 지내기는 어려웠다.

중국의 국공내전은 다윗과 골리앗의 싸움이었다. 미국의 지원을 받고 있던 국민당이 전력에서 절대적으로 우세했기 때문이었다. 그러나 결과는 정반대였다. 모든 이의 예상을 뒤엎고 공산당이 중국 대륙을 장악했다. 장제스의 국민당이 군사력 증강에 집중하고 있을 때 마오쩌둥의 공산당은 인민의 마음을 파고들었던 것이다. 마오쩌둥은 '혁명가는 인민이라는 바다를 헤엄쳐 다니는 물고기'라고 말했다(중국의 공산화를 두려워한 미국은 국민당에 막대한 자금을 지원했지만 그 가운데 상당 부분이 공산당으로 흘러들어갔다. 그만큼 국민당은 부패해 있었다).

대장정(1934~1936)에서 중화인민공화국 수립(1949)에 이르는 중국의 사회주의혁명은 한 편의 역전드라마였다. 왕년의 동료가 잘나가는 것을 보면 사람의 마음은 뛰기 마련이다. 1930년대 중국공산당 산하 동북항일연군에서 항일유격대 활동을 했던 김일성은 중국의 사회주의혁명에 흥분했다. 한국사 교과서는 6·25전쟁을 서술하는 데에 있어 이 부분을 간과하고 있다. 전근대와 근현대를 막론하고 중국 대륙의 정세를 읽지 않고서는 한반도의 정세를 이해할 수 없다.

앞에서 북한 대학생이 말한 것처럼 남로당 박헌영의 인민봉기설도 6·25전쟁의 촉매제가 됐다. 박헌영은 북한의 인민군이 밀고 내려오면 남한의 인민들이 봉기하여 며칠 안에 남한체제를 무너뜨릴 수 있다고 장담했다. 북한 인민군이 남침 3일 만에 서울을 점령한 뒤 진격을 멈추고 서울에서 3일 동안 머무른 것도 인민봉기를 기다린 것이었다.

그러나 북한의 기대와는 달리 남한에서 인민봉기는 일어나지 않았다. 이에 당황한 박헌영은 라디오방송을 통해 인민봉기를 호소했지만 역시 소용이 없었다. 제주 4·3사건과 여수·순천 반란 사건이 진압되는 과정에서 남한 내 좌익세력이 소탕됐고, 이승만 정부의 농지개혁으로 민심이 안정되어 있었다.

결과적으로 인민군이 서울에서 3일 동안 지체하며 시간을 허비한 것이 전쟁의 양상을 바꾸어놓았고, 김일성은 박헌영에게 전쟁의 책임을 물어 그를 처형했다. 전쟁 실패의 책임을 박헌영에게 뒤집어씌운 것이다.

여기서 역사적 인과론을 조심해야 한다. 언어와 논리는 본질을 가린다. 이런저런 국내외 조건이 있어 6·25전쟁이 일어날 수밖에 없었다고 정당화해서는 안 된다. 38세의 김일성은 섣부른 판단으로 불장난을 저질렀고, 수백만 명이 목숨을 잃었다. 그리고 그 상처는 지금까지도 아물지 않고 있다.

참고자료

박태균, 2005, 『한국전쟁』, 책과함께.
서대숙, 1989, 『북한의 지도자 김일성』, 청계연구소.
이완범, 2000, 『한국전쟁』, 백산서당.

북한에서도 쿠데타가
일어났었나?

2005년 3월 30일 평양, 독일 월드컵 아시아 최종예선으로 북한과 이란의 경기가 벌어졌다. 심판 판정에 불만을 품은 관중들이 운동장으로 병과 의자를 던지며 난동을 부렸다. 이 소식을 접한 사람들의 반응은 '북한에도 저런 일이 있나?' 였다. 북한도 사람 사는 곳이라는 사실에 흐뭇했던 것은 나뿐만이 아니었을 것이다(난동을 옹호하는 것은 아니다).

축구장 난동은 비정치적인 행사에서 일어난 일이니까 그렇다고 치자. 21세기 대명천지에 3대가 권력을 세습하는 왕조국가에서 역적모의 한 번 없었다면 그것도 이상한 일일 것이다. 사실은 북한역사에도 그런 일이 한 번 있었다. 1956년에 일어난 '8월 종파 사건'이 그것이다. 이 사건을 이해하기 위해서는 당시 북한의 정치세력 판도를 먼저 알아야 한다.

북한은 일제강점기에 항일무장투쟁을 했던 유격대(빨치산)가 세운 국가이다. 따라서 건국 이후 북한의 정치세력은 항일투쟁 이력에 따라 옌안파, 소련파, 갑산파로 나뉘어 있었다.

옌안파는 중국 옌안에서 중국공산당과 함께 항일투쟁을 했던 조선독립동맹과 조선의용군 출신으로 김두봉, 무정, 최창익 등이 주요 인물이다. 소련파는 조선왕조 말기 이래 러시아로 이주한 한인들로서 광복 직후 행정요원으로 선발되어 소련군과 함께 북한에 들어왔다. 허가이, 박창옥, 남일 등이 주요 인물이다. 갑산파는 함경남도 갑산과 만주 일대에서 항일유격대 활동을 하다가 일본군의 토벌을 피해 소련으로 이동했다가 소련파와 마찬가지로 소련군과 함께 입북했다. 김일성, 최용건, 김책, 김일, 최현 등이 주요 인물이다.

1956년 2월, 소련의 통치자 흐루시초프는 전임자 스탈린의 1인 지배체제를 비판하고 집단지도체제를 주장했다. 이를 의식한 북한의 김일성은 자신에 대한 개인숭배를 중단시켰다. '경애하는 지도자'나 '수령'이라는 말을 쓰지 못하도록 지시했다. 물론 그것은 일시적이었다.

6월에 김일성은 소련을 비롯한 9개국 순방길에 올랐다. 경제개발에 필요한 자금을 원조받기 위한 것이었다. 이 틈을 타 옌안파와 소련파는 김일성을 축출하기 위한 쿠데타를 모의했다. 하지만 김일성은 치밀했다. 국내에 미리 심어놓은 정보조직이 상황을 감시하고 있었고, 보고를 받은 김일성은 급히 귀국했다. 순방보고회의에서 옌안파는 김일성에 대한 개인숭배와 중공업 우선정책을 비판했고, 소련파는 이를 지지했다.

그러나 옌안파와 소련파의 거사는 처음부터 성공하기 어려웠다. 김일성이 군대를 장악하고 있었기 때문이다. 김일성은 옌안파와 소련파를 숙청하기 시작했다. 중국과 소련이 특사를 보내 사태를 수습하려 했으나 김일성의 칼날을 막지는 못했다. 쿠데타 모의에 참여했던 인물들은

1956년의 김일성(사진 오른쪽)

처형되거나, 감옥에 갇히거나, 중국과 소련으로 망명했다.

엔안파 김두봉의 숙청은 2013년 장성택의 숙청과 비슷했다. 김일성은 김두봉의 권력남용과 사생활을 공격했다. 김두봉이 강원도의 관리들을 시켜 해구신(물개 수컷의 생식기)을 보내도록 압력을 넣었다는 것이다. 당시 김두봉은 자신보다 30살이나 어린 여성과 재혼하여 정력제가 필요했다고 몰아갔다. 김두봉은 회의장에 죄인처럼 불려나와 그것을 사실로 인정하는 수모를 당했다. 그 후 김두봉은 어느 산골의 협동농장으로 쫓겨났다가 1960년경에 사망했다. 타살인지 병으로 죽었는지는 알 수 없다. 주시경의 제자로, 저명한 한글학자이며 일제강점기에 조선독립동맹을 이끌었던 김두봉의 말년은 그렇게 비참했다.

한편, 일제강점기에 의열단, 조선의용대, 대한민국임시정부 활동을 했던 것으로 유명한 김원봉도 숙청되어 감옥에서 자살한 것으로 알려져 있다. 광복 이후 김원봉은 남한에서 친일경찰 출신 노덕술의 수사를 받았고, 그 충격으로 북한에 가서는 중국국민당의 스파이로 몰려 숙청당했다. 남한에서는 사회주의자라는 이유로, 북한에서는 김일성의 정적이라는 이유로 잊힌 존재가 됐다.

김일성의 정적 숙청은 1960년에 일단락됐다. 이 과정에서 100여 명이 처형되고, 수백 명이 감옥으로 갔다는 증언도 있다. 그리고 1967년에 김일성은 자신과 항일투쟁을 함께했던 갑산파까지 숙청했다. 이 숙청작업은 그의 아들 김정일이 주도했다고 한다.

8월 종파 사건은 김일성에게 최대의 위기였지만, 반대세력을 제거하

고 1인 지배체제를 굳히는 계기가 됐다. 이는 권력에 대한 건전한 비판
세력이 사라져 오늘날 북한이 낙후된 체제로 전락하는 원인이 됐다(지금
도 북한에서 '종파' 분자로 낙인이 찍히면 숙청을 각오해야 한다). 또한 광복
이후 북한은 남한에 비해 친일파 청산에 있어 상대적으로 적극적이었다
고도 하지만, 동시에 독립운동가들을 무자비하게 숙청했다는 점도 짚고
넘어가야 한다.

참고자료

고태우. 2000. 『북한현대사 101장면』. 가람기획.
김학준. 1983. 『반외세의 통일논리』. 형성사.
김학준. 1995. 『북한 50년사』. 동아출판사.

북한은 백두산을
중국에 팔아먹었나?

.

평소 주위 사람들과 대화를 하다 보면 출처가 분명하지 않은 역사 관련 이야기를 듣곤 한다. 이른바 '카더라 통신'발 역사이다. 현대사회는 워낙 많은 지식과 정보가 넘쳐나다 보니 검증되지 않은 이야기가 입에서 입으로 재생산되고 있다. 그 가운데 북한이 민족의 영산 백두산을 중국에 팔아먹었다는 이야기가 있다. 나도 어릴 적에 그 이야기를 학교 선생님으로부터 들었던 것 같다. 반공 이데올로기의 서슬이 시퍼렇던 시절이었으니 더욱 실감나게 다가왔다.

1712년에 조선과 청은 국경을 정하고 백두산 2200m 지점에 정계비를 세웠다. 그리고 두 나라는 그 내용을 분명히 하기 위해 1880년대에 두 차례 회담을 열었으나, 모두 결렬됐다. 한국사 시험에 단골로 나오는 "동쪽 경계는 토문강으로 한다(東爲土門)"는 정계비의 비문 해석이 문제였다.

천지입구 삼거리

소천지

장백산
국제호텔

흑풍구

용문봉

천지(장백)폭포

녹명봉(지반봉)

천문봉

백함봉

중국

백운봉

국경선

쌍무지개봉

청석봉

비류봉

북한

백두산사적비

항도봉

장군봉

종주기점

와호봉

관면봉

해발봉

국경선

제비봉(마천우)

백두산 부근 북한과 중국의 국경선

즉 청은 토문강을 두만강으로, 조선은 송화강으로 주장하여 간도귀속문
제가 불거진 것이다.

1905년 을사조약으로 조선은 일본에 외교권을 빼앗겨 '식물국가'가 됐
다. 이를 바탕으로 일본은 청과 간도협약(1909)을 체결하여 두만강을 국
경으로 정했다(이때 백두산 일대의 국경선은 정계비보다 남쪽에 그어졌다).
일본은 그 대가로 남만주철도 부설권과 무순탄광 개발권을 차지했다.

1962년 10월 12일, 중국 총리 저우언라이와 북한 수상 김일성은 「조중변계조약」을 맺어 이 문제를 마무리 지었다. 이 조약에 따라 두 나라는 백두산 천지를 북한 55%, 중국 45%로 분할하여 소유하기로 했다. 결과적으로 북한은 백두산의 최고봉인 백두봉(장군봉)과 천지의 더 많은 부분을 차지하여 영토를 넓혔다. 그러나 한편으로는 간도를 중국의 영토로 인정해주는 것이기도 했다. 이 부분에 대한 평가는 별도의 영역이다.

중국은 「조중변계조약」을 숨겨오다가 1999년에 공개했다. 이 사실이 공개되자 중국에서는 협상책임자 저우언라이에 대한 비판여론이 일기도 했다. 북한에 양보를 너무 많이 했다는 것이다. 저우언라이가 누구인가? '중국인민의 벗', '중국의 영원한 총리'로 불리며 마오쩌둥보다 더 많은 존경을 받는 인물이다. 「조중변계조약」에서 북한이 나름대로 협상력을 발휘했다는 얘기일 것이다.

참고자료

『시사상식사전』, 박문각, 2013.
양태진. 2007. 『조약으로 본 우리땅 이야기』, 예나루.
이이화. 2011.1.4. "북·중국경조약에 따른 백두산분할을 들여다보면", ≪한겨레≫.

박정희 시대의 개발독재를
어떻게 볼 것인가?

학급담임교사가 있다. 그의 학급은 교과점수가 꼴찌다. 그래서 그는 학급의 성적을 올리려 한다. 나름대로 학생들에 대한 애정이 있고, 실적을 올려 인사상의 혜택도 받으려 한다. 몽둥이를 들고 학생들을 닦달하며 밤늦게까지 공부를 시킨다. 가혹한 체벌로 다치는 학생도 있고, 담임교사를 믿고 따르며 열심히 공부하는 모범생도 있다. 결국 학급의 교과점수가 놀랍게 올라갔다.

교육현장에서 체벌이 허용됐던 몇 년 전까지만 해도 충분히 상상할 수 있는 시나리오이다. 이렇게 강압적인 방법으로 학생들의 점수를 올린 교사를 어떻게 평가해야 할까? 그는 실력 있고 유능한 교사일까? 아니면 실적 쌓기에 눈이 멀어 학생의 기본권을 짓밟은 독재자일까?

한국 현대사에서 박정희 대통령에 대한 엇갈린 평가도 이와 비슷한 맥

5·16 군사쿠데타 직후 박정희

락일 것이다. 가난과 배고픔의 고통 속에서 민족을 구한 지도자인지, 쿠데타로 헌정질서를 유린하고 민주주의를 말살한 독재자인지, 의견의 접점이 보이지 않는다. '뫼비우스의 띠'가 떠오른다.

원래 경제개발 5개년 계획은 4·19혁명 이후 장면 민주당 정부가 기획한 작품이었다. 장면 정부는 30%가 넘는 실업률을 해결하기 위해 '경제제일주의'를 선언했다. 장면 정부의 관료들이 경제개발계획서를 들고 미국에 자금원조를 받으러 가 있을 때 5·16군사쿠데타가 일어났다. 군사정권은 장면 정부의 경제개발계획을 거의 그대로 실행했고, 그 결과로 '한강의 기적'을 낳았다. 어찌 보면 박정희와 군부세력은 경제개발을 할 수 있는 기회를 가로챈 셈이다.

역사에 가정이 없다지만 부질없는 질문을 하나 던져보자. 만약 5·16군사쿠데타가 일어나지 않고 장면 정부가 경제개발을 추진했다면 '한강의 기적'이 가능했을까? 진보적 가치를 옹호하는 사람으로서 괴로운 일이지만, 나는 솔직히 그렇다고 말하기가 어렵다. 4·19혁명 이후 장면 정부의 행태를 볼 때 그들에게 그럴 만한 능력은 없었다고 본다. 모든 일을 민주적으로 처리하다 보면 제대로 되는 일이 없는 게 현실이다(그럼에도 민주주의에는 효율성으로 계산할 수 없는 가치가 담겨 있기 때문에 우리는 그것을 추구해야 한다).

그러나 장면 정부의 경제개발이 실패하지도 않았을 것이다. 1960년대 한국의 경제개발은 미국의 대동아시아 정책 안에서 이루어졌기 때문이다. 제2차 세계대전 이후 미국은 서유럽에서와 마찬가지로 냉전의 최전선인 한반도에서 공산주의가 확산되는 것을 막기 위해 경제개발을 지원했다(1948년부터 1971년까지 미국은 남한에 약 46억 달러를 지원했다. 1965년 한일수교로 박정희 정부가 일본으로부터 무상지원 받은 돈이 3억 달러였다. 당시 일본의 1년 예산이 18억 달러였다). 결과적으로 대한민국은 냉전의 최전선이었기 때문에 한강의 기적이 가능했다. 역사의 아이러니이다.

다만 장면 정부의 경제개발은 군사정권의 그것에 비해 속도와 규모가 상대적으로 떨어졌을 것이다. 반면에 정경유착, 재벌의 횡포, 성장 위주 정책에 따른 부의 편중 등 경제성장의 부작용도 그만큼 적었을 것이다.

결국 남는 것은 개발독재의 비민주적 행태이다. 학생과 시민들이 피로 일구어놓은 헌정질서를 짓밟고 장기독재를 하며 민주적 가치를 훼손시켰다. 결과만 좋으면 수단과 방법은 가리지 않아도 된다는 식의 왜곡된 가치관을 한국사회에 심어놓았다. 그것은 결코 돈으로 환산할 수 없는 사회적 손실이다.

하루 밥 세 끼도 못 먹던 나라에서 민주주의는 사치였다는 반론이 가능할 것이다. 어느 정도 동의한다. 4·19혁명 이후 일반 시민들은 물론 장준하를 비롯한 지식인들까지 5·16군사쿠데타를 지지했고, 요즘에도 각종 여론조사에서 역대 대통령 가운데 박정희가 가장 높은 지지를 받고 있는 현실을 인정한다. 진보정치 세력은 엘리트의식에 빠져 말만 요란했지, 발로 뛰고 땀 흘려 일하지 않는다는 비판에도 일리가 있다. 너무 '먹물 티'를 낸다는 말이다. 대나무는 곧으나 기둥으로 쓸 수 없다고 했던가?

이에 반해 빈농 출신의 박정희는 부지런하고 유능했다. 그는 '역사는 손으로 만들어진다'는 말을 몸으로 실천했다. 그는 억척스러운 소나무였다. 아닌 게 아니라 그 시대는 박정희식의 리더십을 요구했는지도 모른

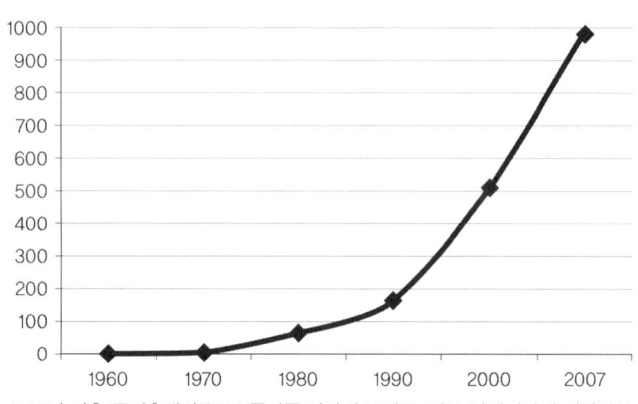

1960년 이후 국내총생산(GDP) 증가를 나타낸 그래프. 겨우 반세기만에 대한민국
은 국내총생산 1조 달러를 기록하는 신화를 이루었다.

다. 진보세력의 민주화운동도 개발독재가 만들어낸 물적 토대 위에서
이루어졌다. 나이가 들어가면서 날이 무뎌졌다는 비판을 들을 소리이지
만, 이것은 솔직한 고백이다.

　그런데 여기서 궁금한 것이 있다. 대학생들이 장발을 하고 통기타를
친다고 경제개발이 안 되나? 젊은 여성들이 미니스커트를 입는다고 경
제개발이 안 되나? 경제개발에 정권의 운명을 걸었으면 그것에 전념해
야지 왜 애꿎은 사람들을 이유 같지 않은 이유로 괴롭히나? 1970년대에
대학생이었던 방송인 배철수는 자신이 왜 서울 시내 경찰서의 위치를 외
우고 다녀야 했는지 지금도 화가 난다고 말한다(장발 단속을 피해 경찰서
를 피해 다녔다고 한다). 정치권력이 보통 사람들의 일상까지 침범하는 일
이 있어서는 안 된다.

　개발독재시대의 시대정신이 아무리 경제성장이었다고 해도 결코 용
납할 수 없는 일이 있다. 권력의 횡포로 영문도 모르고 억울하게 목숨을

잃은 사람들이 있다는 것이다. 나는 아직까지 사람 목숨보다 더 소중한 가치를 찾지 못했다.

참고자료

『글로벌 세계대백과사전』. 2004. 범한.

전인권. 2006. 『박정희 평전』. 이학사.

≪한겨레21≫. 2012.10.22. "'결과도 안 좋았다' vs '결과적으로 좋았다'".

민주주의인가,
자유민주주의인가?

2014년부터 사용 중인 현행 중학교 역사 교과서는 '민주주의' 대신 '자유민주주의'라는 용어를 쓰고 있다. 이에 학계와 시민단체들은 거세게 반발한다. 텔레비전 토론 프로그램에서도 이를 주제로 학자들이 난상토론을 벌였다. 일반인들은 도대체 그게 뭐기에 그렇게 시끄러운지 의아해 한다. 기껏해야 '자유'라는 단어 하나가 더 붙었을 뿐인데….

19세기 유럽에서는 자유주의에 바탕을 둔 산업자본주의가 성장하면서 사회모순을 낳고 있었다(자유주의는 부르주아 세력의 권리를 옹호하는 사상이었다). 빈부격차가 커졌고, 이에 노동자들은 권리를 요구하며 조직화되어갔다. 이에 대한 대응으로 나온 것이 자유민주주의이다. 자유주의라는 자동차에 민주주의라는 브레이크를 단 것이다.

말 그대로 자유주의는 개인의 자유를, 민주주의는 다수의 의견을 강조하는 개념이다. 자유주의는 '자유'에, 민주주의는 '평등'에 중점을 둔다. 인간 사회가 존속하는 한 이 두 가지의 상반된 개념은 동전의 양면처럼 공존할 것이다. 어느 한쪽도 포기할 수 없는 소중한 가치이기 때문이다. 따라서 자유민주주의는 상호 보완적인 의미로 만들어진 개념이라 할 수 있다.

그러나 아무리 좋은 사상이라도 그것을 받아들이는 시대의 조건과 역량이 중요하다. 고려시대의 불교, 조선시대의 주자학, 20세기 남북한의 기독교와 공산주의를 보라. 신채호 선생이 지적한대로 본래의 순수한 정신은 사라지고 교조화됐다. 사상은 야누스의 얼굴을 가지고 있다. 너무 멀리해서도, 너무 가까이해서도 안 된다.

한국사회에는 1950~1960년대에 자유민주주의가 본격적으로 등장했다. 냉전시대에 동유럽 공산권과 북한은 '인민민주주의', '민중민주주의' 등을 강조했다(북한의 공식 명칭은 '조선민주주의인민공화국'이다).

이에 남한의 반공세력은 자신들을 차별화하기 위해 '자유민주주의'를 들고 나왔다. 이로써 '자유민주주의'는 '반공'과 같은 뜻이 되어갔고, '자본주의 시장경제'의 의미까지 포괄하게 됐다. 이런 현상은 남한의 반공 보수단체 이름에서도 드러난다. 자유당, 자유민주연합, 자유선진당, 한국자유총연맹, 자유논단, 자유북한방송 …. 한국사회에서 자유민주주의는 반공보수세력의 전유물이 됐다고 봐야 한다.

자유민주주의의 사상사적 개념보다 중요한 것은 그것이 현재 한국에서 쓰이고 있는 사회적 맥락이다. 교과서에 '민주주의' 대신 '자유민주주의'를 실어야 한다고 주장하는 사람들에게 묻고 싶다. 만약 교과서에 '반전평화', '반핵', '참교육' 등의 용어를 쓴다고 해보자. 찬성하시겠는가? 사전적 의미로는 나쁠 게 전혀 없는 용어들인데 왠지 받아들이기 불편할 것이다. 그 이유는 간단하다. 한국사회에서 특정 정치세력(진보세력)이 그 용어들을 독점해왔기 때문이다. 자유민주주의도 마찬가지이다. 자유민주주의를 교과서에 싣자고 하면 반대 진영에서 반발할 것임을 뻔히 알면서 사회적 논의도 없이 밀어붙이는 이유가 무엇인가? 이것은 이념에 앞서 매너의 문제이다.

21세기 초, 한국사회의 화두는 신자유주의에 따른 사회양극화이다. 거대자본의 사회적 영향력은 날로 커져 국가의 통제범위를 넘어섰고, 사회는 활력을 잃고 있다. 언론에서는 '20:80사회', '88만원 세대', '경제민주화', '갑을관계법' 등이 주요 이슈로 오르내린다. 이런 강자 독식의 상황에서 자유민주주의를 새삼스럽게 강조하는 의도가 무엇인가? 지금은 때가 아니다. 만약 북한에서 자유민주주의라는 용어를 쓴다면 환영할 일이다.

참고자료

노르베르토 보비오. 1992. 『자유주의와 민주주의』. 황주홍 옮김. 문학과지성사.
역사비평사 편집위원회. 『역사용어 바로쓰기』. 역사비평사. 2006.

한국에서 재벌은
어떻게 탄생했나?

　재벌이 지은 아파트에서 잠을 잔다. 아침에 기상하여 재벌이 만든 신문을 읽으며 재벌이 만든 냉장고에서 음식을 꺼내 먹는다. 주차장으로 나와 재벌이 만든 자동차를 타고 출근한다. 직장도 재벌이 운영하는 회사이다. 퇴근길에 재벌이 운영하는 백화점, 대형마트에 들러 물건을 사서 재벌이 지은 아파트로 귀가한다.

　우리 주위에서 쉽게 볼 수 있는 직장인의 하루 생활이다. 한국사회에서 재벌이 가진 막대한 영향력을 압축적으로 그리고 있다.

　재벌의 역사는 1945년 광복 이후에 시작됐다. 미군정은 일본인이 두고 간 토지, 건물, 공장을 민간인에게 팔았다(귀속재산 불하, 적산 불하). 전국의 그 많은 귀속재산을 미군정이 관리하기 어렵다는 현실적인 문제가 있었기 때문이다. 그러나 귀속재산 불하는 미국이 한국을 자본주의 경제체제로 만들겠다는 의미였다. 따라서 지주, 자본가의 이익을 대변하던 한민당은 귀속재산 불하에 찬성한 반면, 다른 정치세력은 반대 또는 유보하자는 입장이었다(대한민국임시정부를 비롯한 대부분의 독립운동단체들은 건국강령에서 토지와 산업시설의 국유화를 명시했다).

본격적인 귀속재산 불하는 대한민국 정부가 수립된 뒤에 이루어졌다. 그 원칙은 미군정기 때와 거의 같았다. 종래에 해당 토지, 건물, 공장을 관리하던 사람이나 빌려 쓰던 사람에게 우선 불하했다. 따라서 귀속재산 불하 대상자가 되기 위한 경쟁이 치열했다. 불하 가격은 시가의 1/4에서 1/5정도의 헐값이었고, 그것마저도 20%만 먼저 지불하고 나머지 액수는 낮은 이자로 10년 이상에 걸쳐 나누어 내게 했다. 당시의 높은 물가상승률을 감안하면 거의 공짜에 가까운 혜택이었다. 이때 정치인, 관료와 민간업자가 결탁하여 검은 돈이 오가는 정경유착이 나타났다. 그리고 이렇게 귀속재산을 헐값으로 불하받은 사람들이 재벌로 성장했다. 삼성, 현대, LG, SK, 한진, 한화, 두산 등이 그들이다. 가령, 삼성그룹 창립자 이병철은 미쓰코시 백화점, 조선생명을 불하받았는데 이것이 지금의 신세계백화점, 삼성생명이다.

이승만 정부는 농지개혁(1950)으로 농지를 내놓은 지주에게 지가증권을 발행해주었다. 땅값을 농민에게서 받아 5년 동안 나누어주겠다는 약속이었다. 그러나 6·25전쟁으로 지가증권은 가치가 폭락했다. 농민이 사망하거나 실종되어 땅값을 받을 수 없었고, 지주들도 당장 생활비가 필요했기 때문에 지가증권을 싸게 팔았다. 이때 재벌은 헐값에 사들인 지가증권으로 귀속재산 대금을 지불했다. 한마디로 '꿩 먹고 알 먹고', 돈을 이중으로 벌어들인 것이다.

6·25전쟁이 끝나자 미국은 한국의 전후복구를 위해 자금과 물자를 제

공했다. 원조자금이 집중 투자된 시멘트, 비료, 기계, 제지 분야는 재벌에 '황금알을 낳는 거위'였다. 또한 미국의 원조물자를 정부로부터 싸게 불하받아 가공해서 파는 이른바 '3백산업(밀가루·설탕·면방직)'도 빼놓을 수 없다(당시 미국은 농업공황으로 남아도는 농산물을 처리할 통로가 필요했다). '재벌'이라는 용어가 본격적으로 사용된 것도 이 무렵이다.

한국의 재벌은 처음부터 정치권력과의 유착을 통해 성장했다. 특히 5·16 군사정변 이후 군사정부는 재벌을 경제개발의 주체로 삼았다. 경제개발 경험이 전혀 없는 상황에서 실패위험을 줄이려는 이유였다. 그 과정에서 부동산 투기, 가격 조작, 탈세 등 편법이 동원되기도 했다. 그뿐만 아니라 서민들이 억척스럽게 절약하여 은행에 저축한 돈을 낮은 이자로 빌려 새로운 투자를 하고 사업을 확장했다. 따라서 재벌은 국가와 국민에게 큰 빚을 진 셈이다. 지금도 각 산업체는 생산원가가 100원인 전기를 70원에 쓰고 있다. 이로부터 가장 큰 혜택을 누리고 있는 것도 재벌이다. 그로 인한 부담은 고스란히 국민의 몫이다.

재벌에 대한 정부의 특혜는 초법적이었다. 1972년 박정희 정부가 발표한 '8·3긴급조치'는 대표적이다. 당시 기업들은 사채에 허덕이고 있었는데, 정부는 사채상환을 동결시켜주었다. 즉 3년의 유예기간을 주고, 그 뒤에 5년 동안 나누어 갚을 수 있게 했다. 자유시장경제에서는 상상할 수 없는 일이었다. '짝퉁 박정희 정부'였던 이명박 정부는 고환율정책으로 재벌의 수출을 도와주었고, 임기 5년 동안 10대 재벌의 법인세를 10조 원 이상 깎아주었다. 재벌이 돈을 버는 만큼 투자가 늘어나 일자리가 늘어날 거라는 예상이었다. 참으로 순진했다. 결국 부담은 국민에게 돌아갔다.

오늘날 재벌은 중소기업의 업종은 말할 것도 없고 슈퍼마켓, 동네 빵

집까지 진출하여 영세상인들의 골목상권을 위협하고 있다. 이에 2013년 대통령 선거에서는 '경제 민주화'가 주요 이슈로 떠올랐다. 재벌의 횡포를 줄여보자는 것이었다. 더불어 사는 삶의 가치를 찾자는 의미였다.

그러나 그것은 쉽지 않은 문제이다. 대기업(재벌)이 죽으면 한국경제가 죽는다는 논리를 반박하기가 현실적으로 쉽지 않기 때문이다. 한국사회의 주도권은 정치권력에서 자본권력으로 이미 넘어갔다.

참고자료

박상하, 2008. 『경성상계』, 생각의나무.
이인석 외, 2010. 『고등학교 한국사』, 삼화출판사.
정태헌, 2000. 「8·15와 한국 자본주의의 종속적 재편」, 『한국 자본주의의 역사』, 역사비평사.

한국 현대경제사의 라이벌,
이병철과 정주영

현행 한국사 교과서에 대한 비판 가운데 '전태일은 있고, 이병철과 정주영이 없다'는 지적이 있다. 한국의 대기업들이 사회적 책임을 망각하고 온갖 편법과 반칙을 일삼았기 때문에 교과서 서술이 대기업에 인색한 것 같다. 하지만 한국경제가 '한강의 기적'을 이루는 과정에서 활약했던 두 명의 대표적인 기업가를 조명하는 일은 의미가 있을 것이다.

삼성그룹을 세운 이병철과 현대그룹을 세운 정주영은 한국경제의 고도성장을 상징하는 인물들이다. 그러나 두 사람은 서로 닮은 구석이 전혀 없었다. 우선 태어나 자란 환경부터 달랐다. 이병철이 부잣집 막내아들로 태어나 일본 유학까지 다녀온 데 비해, 정주영은 가난한 농부의 맏아들로 태어났으며 초등학교 졸업이 최종 학력이었다. 이병철이 귀공자형이었다면 정주영은 이웃집 아저씨 같은 서민형이었다. 이병철이 신중

했다면 정주영은 저돌적이었다. 이렇게 다른 두 사람의 스타일은 훗날 기업경영방식에 그대로 나타났다.

일본 와세다대학에서 공부했던 이병철은 학업을 그만두고 귀국해 경남 마산에 정미소를 차렸다. 사업이 잘되어 논 200만 평을 사들일 수 있었으나 중일전쟁으로 모든 것을 날려버렸다. 그의 나이 26세였다.

1945년 광복이 되자 이병철은 서울에 올라와 회사를 차리고 무역업을 시작했다. 그러나 6·25전쟁으로 모든 것을 또 다시 잃고, 피난지 부산에서 삼성물산 주식회사를 차려 재기했다. 이를 토대로 삼성그룹의 모태가 될 제일제당(1953), 제일모직(1954)을 세웠다. 제일제당은 설탕, 제일모직은 의류를 생산하며, 이전까지 외국에서 수입하던 생활필수품을 자체적으로 만들기 시작했다.

제일모직이 국산 옷감을 생산하기 전까지 한국인은 마카오에서 밀수입한 영국산 모직으로 양복을 만들어 입었다. 이때 이병철이 "3년 안에 모직 제품을 만들어 내놓겠다"라고 하자 미국의 한 모직물 사업가는 "만약 제일모직이 그럴 수 있다면 나는 하늘을 날아 보겠다"라고 비아냥거렸다. 그러나 제일모직은 2년 만에 제품을 생산해냈다. 이승만 대통령이 직접 공장을 방문해서 격려했다.

그러나 첫술에 배부를 수는 없었다. 당시 정부의 어느 장관이 제일모직 양복을 입고 외국을 방문했다. 국내에서 생산한 양복을 자랑하고 싶었던 것이다. 하지만 가랑비를 맞은 제일모직 양복은 처참하게 구겨져 국제적 망신을 당하고 말았다. 모든 일에는 단계가 있는 모양이다.

정주영은 국민학교를 마친 뒤, 아버지가 소를 판 돈을 훔쳐 서울로 왔다. 산골에서 화전을 일궈서는 대가족을 먹여 살릴 수 없었기 때문이다. 정주영은 막노동을 하며 공사장을 전전하다가 왕십리에 쌀가게를 차리

게 됐다. 그의 나이 24세였다. 그리고
얼마 후 빚을 내어 자동차 수리공장을
시작했으나 25일 만에 화재로 날려버
렸다. 광복 뒤에 정주영은 적산을 불
하받았고, 현대건설을 세웠다.

삼성그룹의 모체가 된 삼성상회

그러나 정주영도 6·25전쟁으로 모
든 것을 잃고 부산으로 피난을 갔다.
하지만 그는 피난을 가서도 미군의 건
설공사를 따내 돈을 벌어들였다. 한겨
울에 부산 유엔군묘지 보수공사를 하면서 잔디 대용으로 푸른 보리를 떠
다가 깔았다는 일화는 유명하다.

정주영의 진가는 경부고속도로 건설에서 빛을 냈다. 반대여론이 거셌
지만 그는 특유의 뚝심으로 공사기간을 줄여 도로를 건설했다. 그리고
경부고속도로는 고도성장의 동맥이 됐다. 다만 경부고속도로 건설 과정
에서 수많은 인명 피해가 생긴 것은 큰 오점이었다.

위기와 절망 앞에서 이병철, 정주영은 보통 사람들과 달랐다. 20대의
젊은 나이에 모든 것을 잃었지만, 그들은 좌절하지 않고 오뚝이처럼 다
시 일어섰다.

1970년대에 이병철은 삼성전자의 첫발을 디뎠고, 정주영은 중동 지역
의 건설 붐에 힘입어 큰돈을 벌어들였다. 이후 이병철의 삼성그룹은 전
자, 금융, 서비스, 정주영의 현대그룹은 건설, 자동차, 중공업이 주력 업
종이 되어갔다(이 당시에는 현대가 삼성보다 자산규모가 컸다). 부잣집 출신
의 신중한 엘리트 이병철, 빈농 출신으로 억척스럽고 저돌적인 정주영,
각자의 출신과 성향이 업종 선택에도 영향을 준 것으로 보인다.

정주영 방북 당시 소떼를 싣고 북한으로 가는 차량(1998)

1980년대에는 이병철이 첨단산업의 꽃이라는 반도체사업에 뛰어들었다. 오늘날 한국이 미국, 일본과 경쟁하여 반도체 강국이 된 것은 그의 결단과 모험이 있었기 때문이다. 외국에서 한국은 몰라도 삼성은 안다는 말이 있을 만큼 삼성은 세계적 기업으로 성장했다.

1인자가 두 명일 수 없듯이 이병철과 정주영도 갈등을 빚었다. 삼성이 중공업에 진출하고 현대가 전자산업에 진출하면서 이병철과 정주영은 드디어 충돌했다. 이때 삼성의 자회사인 중앙일보가 현대그룹을 비난하고 나서자 두 대기업의 관계는 험악해졌다. 이 싸움은 정치권의 중재로 일단락됐다.

기업경영 스타일, 사회적 기여도, 역사적 평가 등을 떠나 인간적 매력만을 놓고 보면 정주영이 돋보인다. 1984년 현대건설은 충남 서산 앞바다에 6.4km에 이르는 방조제 공사를 하고 있었다. 문제는 마지막 270m였다. 물살이 너무 세서 아무리 큰 바위를 쏟아부어도 소용이 없었다. 이때 정주영은 기상천외한 발상을 내놓았다. 320m짜리 유조선으로 물길을 막아놓고 방조제를 완성하자는 것이었다. 결과는 대성공이었고, 전 세계를 놀라게 했다.

1998년, 정주영은 서산 농장에서 기른 500마리의 소떼와 함께 휴전선을 통과해 북한을 방문하면서 다시 한 번 세상을 놀라게 했다. 프랑스의 문명비평가 기 소르망은 이것을 '20세기의 마지막 전위예술'이라고 극찬했다. 아버지가 소 판 돈을 훔쳐 가출했던 10대 소년이 70대 노인이 되어 고향을 찾아간 것이다. 그리고 이 사건은 금강산 관광사업과 개성공단 건설로 이어졌고, 반세기 동안 얼어붙어 있던 남북한 관계를 녹였다. 정주영은 "이제 그때 그 소 1마리가 500마리의 소가 되어 지난 빚을 갚으러 꿈에도 그리던 산천을 찾아갑니다. 이번 방북이 단지 한 개인의 고향 방문을 넘어 남북이 같이 화해와 평화를 이루는 초석이 되기를 진심으로 기원합니다"라고 말했다.

이병철과 정주영이 한국사회에 긍정적인 영향만 준 것은 아니다. 정치권력과 유착하여 온갖 특혜를 누리며 고속성장을 했고, 때로는 사회적 지탄을 받을 행태도 보였다. 그 결과 한국의 경제가 지나치게 대기업 중심으로 구조화됐고, 중소기업과 소상공인이 설 자리가 좁아졌다. 국가경제가 몇몇 대기업에 의존하다 보니 대기업의 경영실적에 따라 국가경제가 휘둘리게 됐다. 이병철과 정주영은 한국 현대경제사의 거인이었다. 그리고 그들이 남긴 빛과 그림자는 모두 크다.

참고자료

박상하. 2009. 『이기는 정주영 지지 않는 이병철』. 무한.
배만섭. 2010.3. 「이병철과 정주영 전면전」. ≪경제풍월≫, 2010년 3월호.
『광복 50년, 한국을 바꾼 100인』. 월간중앙 1995년 신년호 별책부록.

한국 현대정치사의 라이벌, 김영삼과 김대중

1954년 제3대 국회의원 선거를 앞두고 자유당 사무실에 한 청년이 서류봉투를 들고 나타났다. 기껏해야 스무 살쯤 되어 보이는 동안(童顔)의 청년이었다. 당직자가 물었다. "자네 무슨 일로 왔나?" "국회의원 공천을 받으려고 왔습니다." "아버님이 무슨 일을 하시는데 정치를 하시려고 하나?" "아버지가 아니라 제가 공천을 받을 겁니다." 당직자는 어이가 없다는 표정으로 그 청년을 돌려보냈다.

다음날 아침, 그 청년이 사무실에 다시 찾아왔다. 그는 서울대학교 철학과를 졸업하고 장택상 국무총리의 비서관으로 일하고 있던 김영삼(당시 26세)이었다. 그는 고향인 경남 거제에 출마하기를 원하고 있었다. 그래서 자유당은 거제도에 조사단을 파견했고, 이틀 뒤에 보고가 올라왔다. 조사결과는 놀랍게도 '당선 가능'이었다. 결국 김영삼은 거제도에 출마하여 역사상 최연소로 국회의원에 당선됐다(당시 거제도에서 그의 아버지가 멸치어장을 경영하고 있어서 주민들 사이에서 인지도가 높았다). 이때부터 김영삼은 정치인생의 탄탄대로를 달려 국회의원에 무려 아홉 번이나 당선됐다. 지금까지도 그의 최연소, 최다선 기록은 깨지지 않고 있다.

이에 비해 김대중의 정치인생은 시작부터 순탄치 않았다. 김대중은 목포에서 해운회사를 경영하다가 제3대 국회의원 선거에 무소속으로 출마했으나 낙선했다. 이후 김대중은 회사를 정리하고 서울에 올라와 웅변학원을 운영하며 정계 인사들과 접촉했다. 1955년에는 민주당에 입당했다. 이 무렵 김영삼도 이승만 자유당 정권의 사사오입 개헌에 반발하며 자유당을 탈당하고 민주당에 입당했다.

김대중은 제4대, 제5대 국회의원 선거에서도 낙선했고(이 무렵 그의 첫째 아내가 세상을 떠났고 재산까지 날려 큰 어려움을 겪는다), 1961년 강원도 인제 보궐선거에서 비로소 당선됐다. 그러나 기쁨도 잠시였다. 당선 3일 만에 5·16군사정변이 일어나 국회가 해산되고 말았다. 1963년 제6대 국회의원 선거 때 김대중은 고향 목포에서 당선되면서 본격적인 정치를 시작했다. 김영삼보다 출발이 9년이나 늦었다.

1967년 야당세력이 통합되어 신민당이 탄생했다. 이때부터 김영삼과 김대중의 질긴 인연이 시작됐다. 1968년 신민당 원내총무 경선에서 김영삼이 승리했다. 그리고 이듬해 김영삼은 '40대 기수론'을 들고 나왔다. 1971년 대통령 선거에서 승리하려면 신민당에서 젊은 후보가 나와야 한다는 주장이었다. 여기에 김대중도 호응했다. 그런데 신민당 대통령 후보 경선에서 예상을 뒤엎고 김대중이 선출됐다. 극적인 역전승의 결과였다.

두 젊은 지도자의 진가는 경선 뒤에 나타났다. 김영삼은 경선 결과를 깨끗이 받아들였고, 당원들에게 김대중 지지를 호소했다. 한국 정치사에서 보기 드문 '아름다운 승복'이었다. 그뿐만 아니라 김영삼은 대통령 선거운동 기간에도 김대중을 도왔다. 당시 국민들에게 신선한 충격이었다(당시 김영삼은 김대중 지지연설을 하며 4년 뒤 자신의 대통령 출마를 준비하고 있었다. 하지만 1972년 박정희가 유신 헌법을 선포하면서 기회는 오지 않았다).

그러나 1971년 대통령 선거에서 김대중은 박정희에게 아깝게 패배했다. 국가기관이 동원된 선거였다. "김대중은 선거에서 이기고 투표에서 졌다"는 말이 돌았다. 이듬해 박정희는 영구집권을 위해 유신 헌법을 선포했고, 김영삼과 김대중은 고난의 길을 걸어야 했다. 김대중은 중앙정보부 요원들에게 납치당해 죽음 직전까지 갔다가 기적적으로 살아났다(미국이 김대중을 구해주었다). 김영삼은 유신체제가 무너지는 데에 결정적 역할을 했다. 서울 면목동의 가발업체였던 YH무역의 여성노동자들은 회사 측의 일방적 폐업에 맞서 파업에 들어갔다. 이때 야당 총재 김영삼은 YH무역 여공들을 보호하며 당사에서 함께 농성에 들어갔다. 경찰이 농성장에 들이닥쳤고 김영삼과 여공들은 강제로 끌려나왔다. 이 과정에서 여공 1명이 사망했다(YH 사건).

이후 김영삼은 ≪뉴욕타임스≫와의 인터뷰에서 '미국은 독재정권을 돕지 말라'고 폭탄발언을 했다. 이에 박정희 정권은 김영삼을 국회의원직에서 제명했다. 유권자가 뽑은 국회의원을 국가권력이 해임하는 사태가 벌어진 것이다. 이에 김영삼의 정치적 고향인 부산, 마산에서 유신반대투쟁이 일어났다(부마항쟁). 부마항쟁에 대한 대응방법을 놓고 권력층 내부에 갈등이 일어났고, 이 과정에서 대통령이 암살되어 유신체제가 무너졌다(10·26사태).

김영삼과 김대중은 다시 정치 활동을 준비했다. 당시 미국도 한국의 새 지도자로 '두 김씨'를 주목했다. 여기서 '두 김씨'에 대한 미국의 분석이 재미있다. 김영삼은 '역량부족(less capable)', 김대중은 '과격(too radical)'이었다. 김대중은 광복 직후 좌익단체인 조선신민당에서 잠깐 활동했던 것이 두고두고 꼬리표처럼 따라다녔다. 따라서 미국에 고분고분한 신군부의 전두환이 한국의 새 지도자로 낙점됐다.

쿠데타로 권력을 장악한 신군부는 김대중에게 내란음모혐의를 뒤집어씌워 사형 선고를 내렸다. 광주민주화운동을 뒤에서 조종했다는 죄목이었다. 신군부의 조작이었다. 그러나 신군부는 김대중을 미국으로 보내야 했다. 신군부는 전두환이 아량을 베풀어 김대중이 미국에 가서 신병치료를 받을 수 있게 했다고 선전했다. 당시 미국은 신군부가 김대중을 제거할 경우 '제2의 광주사태'가 일어날 수 있다고 우려하고 있었다.

김대중이 삶과 죽음의 경계를 넘나드는 핍박을 받은 데 비해 김영삼은 상대적으로 그 강도가 덜했다. 감옥에 들어갔다 온 일도 없다. 이것은 민주투사에게 치명적인 '약점'이었다. 이에 김영삼은 민주화를 요구하며 23일에 걸친 단식투쟁에 들어갔다. 신군부는 긴장했고, 미국에 있던 김대중은 '김영삼을 구출하라'며 미국정부를 압박했다. 김영삼의 초인적인 단식투쟁으로 민주화세력은 결집했고, 이것은 훗날 대통령 직선제 개헌운동으로 이어졌다.

16년 만에 직선제로 치러진 1987년 대통령 선거에서 김영삼과 김대중은 다시 만났다. 야당 지지자들은 두 사람 가운데 한 명이 양보하여 단일후보가 나오기를 갈망했다. 그러나 두 사람은 끝까지 고집을 부렸고, 야당 지지자의 표가 둘로 나뉘어 여당 후보 노태우가 어부지리로 대통령에 당선됐다. 이때 두 김씨의 분열은 영남과 호남을 완전히 갈라놓았고, 지

제14대 대통령으로 취임하는 김영삼.

제15대 대통령으로 취임하는 김대중. 옆자리에 김영삼이 보인다.

역감정을 고착화시켰다. 훗날 김대중은 한 인터뷰에서 당시 자신이 양보하지 않은 것을 후회한다고 말했다.

1992년 대통령 선거에서 김영삼과 김대중은 또 다시 만났다. 1990년 3당 합당(노태우+김영삼+김종필)으로 김영삼은 여당 후보가 되어 있었다. 선거결과는 조직과 자금력에서 앞선 김영삼의 승리였다. 당시 김영삼이 선거자금으로 약 1조 원을 썼다는 주장도 나왔다.

대통령 선거에서 또 다시 패배한 김대중은 정계 은퇴를 선언했다. 하지만 그 말을 믿는 사람은 많지 않았다. 김영삼의 참모들은 김대중의 정치자금을 조사해서 아예 정치복귀를 막아버리자고 주장했다. 하지만 김영삼은 김대중을 치지 않았다. 몇 년 뒤, 김대중은 예상대로 정계로 돌아왔고, 1997년 대통령 선거에서 당선됐다. 1971년, 1987년, 1992년에 이어 네 번의 도전 끝에 이룬 꿈이었다. 당시 김영삼 대통령이 대선에서 야당 후보 김대중을 지원했다는 것은 공공연한 비밀이었다. 두 사람은 경쟁자이며 동지였다.

김영삼의 최대 약점은 경제 분야였다. 그는 경제에 문외한이었다. 대통령 재직 시절에는 경제 관련 국무회의에서조차 집중을 하지 못했다고 한다. 급기야 한국은 국가부도사태를 맞았고 국제통화기금(IMF)의 관리를 받게 됐다. 이를 극복한 것은 김대중이었다. 김대중은 대통령에 당선

되자마자 사태 수습에 나서 불과 3년 만에 IMF관리체제에서 벗어났다. 외환보유고 30억 달러는 1200억 달러로 늘어났다. 하지만 이 과정에서 한국은 구조조정의 아픔을 겪어야 했고, 미국이 원했던 대로 신자유주의의 소용돌이에 휘말려 들어가게 됐다. 오늘날 한국사회의 사회적 양극화는 여기에서 시작됐다.

김영삼과 김대중은 섬에서 태어났다는 것 말고는 공통점이 별로 없었다. 김영삼은 영남의 맹주였고, 김대중은 호남의 맹주였다. 김영삼은 '단칼의 승부사'였고 김대중은 '고뇌하는 햄릿'이었다. 김영삼은 하나회 숙청, 금융실명제로 국내 정치를 투명하게 만들었고, 김대중은 햇볕정책으로 남북 관계를 진전시켰다. 김영삼은 보기 드문 '눌변'이었고 김대중은 보기 드문 '달변'이었다. 김영삼은 통이 컸고, 김대중은 따지기를 좋아했다.(그래서 김영삼 주변에 사람이 많이 모였다. 그는 김대중에 대한 콤플렉스를 사람으로 극복했다.) 두 사람의 공통점이 있다면 '자신의 운명에 대한 확신'일 것이다.

김영삼과 김대중은 30여 년 동안 서로 경쟁하며 한국의 정치를 주도했다. 그들은 권위주의 정권에 맞서 싸우며 한국 민주주의운동사에 큰 발자취를 남겼다. 그것이 개인의 욕망을 채우기 위한 것이었다고 해도 두 지도자의 족적이 20세기 한국역사에 길이 남을 것은 분명하다.

그러나 김영삼과 김대중의 경쟁은 영남과 호남의 분열과 대립을 심화시켰다. 게다가 한 세대 동안 두 거물이 한국정치를 장악하다 보니 그 뒤를 이을 지도자들이 성장하지 못했다. 김영삼과 김대중 이후 등장한 대통령들이 리더십을 발휘하지 못하고 고전하는 것도 그 영향이다. 두 거물의 빈자리가 너무 큰 것이다. 어찌 보면 김영삼 정부, 김대중 정부까지가 권위주의시대였는지도 모른다. 두 정치 거물이 한국 현대사에 남긴 빛과 그림자는 모두 컸다.

참고자료

김대중. 2011. 『김대중 자서전』. 삼인.
김영삼. 2000. 『김영삼 회고록』. 백산서당.
이동형. 2011. 『김대중 vs 김영삼』. 왕의서재.

미국은
'보이지 않는 손'인가?

　　1905년 러일전쟁 직후 일본의 총리대신 가쓰라와 미국의 육군장관 태프트는 밀약을 맺었다(가쓰라-태프트 밀약). 미국이 필리핀을 지배하고, 일본은 한국을 지배한다는 내용이었다. 미국은 러시아의 남하를 막기 위해 일본이 한국을 관리해야 한다고 보았다. 결국 한국은 일본의 식민지가 됐다.

　　1919년 식민지 한국에서 3·1운동이 일어났다. 일제의 무단통치 10년 동안 억눌렸던 울분이 터져 나왔다. 하지만 당시 한국이 독립할 가능성은 낮았다. 일본이 제1차 세계대전의 승전국이었기 때문에 미국이 제시한 민족자결주의가 식민지 한국에는 남의 이야기일 뿐이었다. 그런데 그것이 전부가 아니었다. 당시 미국은 1917년에 터진 러시아혁명에 촉각을 세우고 있었다. 그리고 일본이 한국에서 물러나면 한국이 공산화

될 것이라 예측했다. 따라서 미국은 일본이 한국을 '안정적'으로 관리해 주기를 바라고 있었다.

제2차 세계대전 이후, 세계는 냉전체제에 들어갔다. 미국 중심의 자본주의 진영과 소련 중심의 공산주의 진영이 대립했다. 당시 미국은 태평양을 '붉은 호수(Red Lake)'가 아닌 '미국의 호수'로 유지하려고 했다. 그러려면 일본의 공산화를 막아야 했고, 그러려면 한국을 지켜야 했다. 따라서 한국은 냉전의 최전선이었고, 정치·경제·군사적으로 미국의 영향력에서 자유로울 수 없었다. 한국 현대사의 굵직굵직한 사건의 배후에는 미국이 있었다.

1960년, 이승만 정부의 3·15부정선거를 계기로 4·19혁명이 일어났다. 마산에서 시작된 부정선거 규탄시위는 고려대학교 학생들의 시위를 거치며 서울 시내 전역으로 확산됐다. 4월 19일 오전 9시, 경무대(청와대) 앞에 수만 명의 군중이 모여 대통령과의 면담을 요구했다. 여기에서 경찰이 발포하여 수십 명이 희생됐다(피의 화요일). 이날 저녁, 주한 미국대사 매카나기는 이승만 대통령을 만나 학생시위를 옹호하고 사태해결을 촉구했다.

이승만 정부는 21일에 계엄령을 선포했다. 그러나 시위진압명령을 받은 군인들마저도 학생들을 옹호했다. 이미 혁명은 거스를 수 없는 거대한 물결이었다. 25일에는 대학교수단이 '학생들의 피에 보답하라'며 시위에 나섰다. 이에 매카나기는 이승만에게 대통령직 하야를 요구했다. 사회혼란이 계속될 경우 공산주의 진영과의 대결구도에 차질이 올 수 있기 때문이었다.

경무대에서 나오는 매카나기를 향해 시위 군중은 박수갈채를 보냈다. 시위 군중은 미국의 속뜻을 알고 있었다. 결국 26일 이승만은 하야를 발표했고, 5월 29일 하와이로 망명했다.

이미 4·19혁명 이전부터 이승만은 미국의 눈 밖에 나 있었다. 6·25전쟁 말기, 이승만이 휴전을 반대하며 반공포로를 석방하자 미국은 이승만을 권력에서 축출하려는 계획을 세웠다(에버레디플랜, 1953). 이 계획은 한국에서 이승만을 대체할 만한 인물이 없다는 이유로 무산됐지만 이승만과 미국이 불편한 관계였음을 보여준다. 그리고 7년 뒤 한국에서 혁명이 일어나자 미국은 이승만에게 등을 돌렸다.

대통령직에서 물러나 하와이로 떠나는 이승만. 여기에는 미국의 입김이 작용했다.

군사정변으로 권력을 잡은 박정희는 부족한 정통성을 경제개발로 메우려 했다. 문제는 돈이었다. 이에 중앙정보부장 김종필을 일본에 보내 비밀협상을 추진했다(김종필-오히라 회담). 한국과 일본이 수교를 맺고, 일본의 식민지배에 대한 대가로 돈을 받아 경제개발에 투자하려고 한 것이다. 그런데 한일수교에는 미국의 요구가 들어 있었다. 소련 - 중국 - 북한의 공산주의 진영에 맞서 한국 - 일본 - 미국을 하나로 묶으려는 의도였다. 이른바 '동북아 3각 안보체제'였다.

한일수교 계획이 언론에 보도되자 대학가를 중심으로 거센 반발이 일어났다(6·3사태, 1964). 돈 몇 푼에 민족의 자존심을 팔 수 없다는 것이었다. 이때의 시위 주동자가 이명박(고려대 4학년)이었다. 이에 박정희는 계엄령을 선포했고, 미국은 시위진압을 위해 한국군 2개 사단의 동원을 승인했다. 그리고 1965년에 한국과 일본은 국교를 맺었다.

1970년대 후반, 박정희와 미국은 불편한 관계였다. 1977년 미국 내 반전 분위기를 타고 출범한 카터 정부는 주한미군 철수를 추진하며 한국의 인권문제를 거론했다. 이에 박정희는 미군 철수에 대비하여 핵무기 개발에 나섰고, 미국은 집요하게 방해했다. 1979년 6월에 카터가 한국을 방문했을 때 관계는 더욱 악화됐고, 10월에 박정희가 야당 총재 김영삼을 국회의원직에서 제명하자 갈등은 절정에 이르렀다. 그리고 22일 뒤 박정희는 중앙정보부장 김재규에 의해 암살됐고, 유신체제는 무너졌다 (10·26사태). 이 사건의 배후에 미국이 있다는 의혹이 일었다.

박정희의 18년 통치가 무너진 공백 상태에서 전두환·노태우를 비롯한 신군부가 권력을 장악했다. 전국에서 민주화 요구가 일어났고, 신군부는 계엄령을 선포하고 전라도 광주를 표적으로 삼았다. 특전사 공수부대와 제20사단이 광주에 투입되어 시민들을 진압했고, 수백 명의 희생자가 나왔다(5·18광주민주화운동). 당시는 전쟁 중이 아닐 때에도 한국군대를 이동시킬 수 있는 권한을 미국이 갖고 있었다. 미국은 유력 정치지도자 '3김씨'(김영삼, 김대중, 김종필)보다 미국에 대해 고분고분한 전두환을 지지했고, 그의 광주학살을 승인했다. 미국은 한국에서 민주화보다 '안정'이 필요했다.

전두환 정부의 임기가 끝나가고, 대통령 선거가 있는 1987년이 밝아왔다. 이제는 국민이 대통령을 직접 뽑아야 한다는 여론이 확산됐다. 대통령 직선제 개헌운동이 전국으로 퍼졌다. 하지만 전두환은 헌법을 고치지 않고 후임자(노태우)에게 대통령직을 물려주겠다고 선언했다(4·13호헌조치). 국민의 저항은 더욱 거세졌고, 희생자도 나왔다. 이에 전두환 정부는 여론에 굴복하고 대통령 직선제 개헌을 수용했다(6·29선언).

6·29선언은 한국국민들의 전리품이었지만, 미국의 작품이기도 했다. 6월 22일, 미국은 '한국군 지휘관들은 국방에만 전념하고 한국인들이 받

아들일 수 있는 방식으로 정국이 진행되게 하자'는 성명을 발표했다. 한국정부가 시위진압에 군대를 동원하지 못하게 막은 것이다. 1980년 광주에서 벌어진 참상에 미국은 큰 부담을 느끼고 있었다.

또한 미국 민주당 대통령 후보였던 잭슨은 한국정부가 민주화 요구를 진압할 경우 1988년에 개최될 서울올림픽을 보이콧하겠다고 압박했다. 서울올림픽에 정치생명을 걸었던 전두환으로서는 큰 부담이었다. 결국 미국의 압력은 6·29선언을 낳게 했다. 미국의 한 정치인은 의회청문회에서 '6·29선언은 미국 외교사에서 최대의 성과'라고 말했다.

4·19혁명, 한일국교 정상화, 10·26사태, 5·18광주민주화운동, 6·29선언의 배후에는 모두 미국이 있었다. 또한 1997년 한국이 국제통화기금(IMF)의 관리를 받게 되는 과정에도 미국의 기획이 있었다는 정황이 드러나고 있다.

한국의 전근대사를 인식하는 데 있어서는 중국 대륙의 정세가 중요하다. 마찬가지로 현대사에서 미국이라는 변수를 놓치지 말아야 한다. 한국사의 내적 요인과 외적 요인을 균형 있게 봐야 한다.

참고자료

강만길 외. 1983. 『4월 혁명론』. 한길사.
김창수. 1991. 『한미관계의 재인식』 2. 두리.
브루스 커밍스. 2001. 『브루스 커밍스의 한국현대사』. 김동노 옮김. 창작과비평사.
정해구 외. 1990. 『광주민중항쟁연구』. 사계절.
MBC 〈이제는 말할 수 있다 40회—이승만을 제거하라, 에버레디 플랜〉. 2001.7.27. 방송.
≪동아일보≫. 2013.8.7. "카터 美대통령 '주한미군 철수'…한미안보 최대위기".
≪한국일보≫. 2010.4.17 . "美, 4.19혁명 당시 이승만 사퇴에 직접 개입".

한국사 교과서
파동을 보며

    2004년 교육부 국정감사에서 보수 여당의 한 국회의원이 '고교 한국근현대사 교과서가 친북적이고 좌파적으로 기술됐다'고 주장했다. 이때부터 보수세력은 한국사 교과서의 서술을 비판하며 사회적 이슈로 부각시켜왔다. 2008년에는 뉴라이트 계열의 학자들이 모여 『대안교과서 한국근현대사』를 펴냈다. 그들은 머리말에서 "대한민국이라는 나라가 태어나는 역사적 과정에 특별한 애정을 쏟았다"라고 말했다. 종래의 한국사 교과서가 대한민국에 대한 애정이 없었다는 것이다.

    2013년에는 『대안교과서 한국근현대사』와 비슷한 역사인식을 담은 한국사 교과서(교학사 출간)가 교육부 검정을 통과해 논쟁이 절정에 이르렀다. 이에 진보세력은 공격에 나섰다. 교학사 한국사 교과서가 친일·독재를 미화했다는 것이었다. 여기에 언론이 논란을 더욱 부추기고 정치권이 가세하여 '교과서 정국'이 형성됐다. 또한 여러 텔레비전 토론프로그램에 두 진영의 교과서 필자들이 나와 격론을 벌였다. 주로 상대 진영이 쓴 교과서의 내용을 비판하고 그에 반격하는 형국이었다.

이 논쟁은 처음부터 정치적이었다. 한국사회에서 보수세력과 진보세력의 갈등은 근현대사에 대한 인식의 차이에 뿌리를 두고 있기 때문이다. 보수세력이 한국 근현대사를 식민지근대화와 산업화의 과정으로 보는 반면, 진보세력은 한국 근현대사를 반제국주의 투쟁과 반독재 민주화 운동의 역사로 본다. 그리고 이것은 북한에 대한 시각 차이로 이어진다.

2013년 한국사 교과서 논쟁은 보수 - 진보 이념 대결의 결정판이었다. 그들의 머릿속에 그 교과서로 가르치고 공부해야 할 교사와 학생은 전혀 없었다.

교과서에 대한 엄숙주의부터 덜어내자

나는 1980년대 후반에 고등학생이었다. 당시 국정 사회교과서에 '중국의 만리장성은 달에서도 보인다'는 내용이 있었다. 이 문제를 두고 나는 같은 반 친구와 논쟁을 벌였다. 그 친구의 주장은 높이 몇 미터짜리 건축물이 몇 십만km 떨어진 행성에서 어떻게 맨눈으로 보이겠냐는 것이었다. 듣고 보니 일리가 있었지만, 논쟁은 내 승리로 끝났다. 이유는 간단했다. 교과서에 그렇게 나와 있으니까(최근에 중국과학원의 과학자들은 이 속설이 거짓임을 밝혔다).

예전 같지는 않지만 아직도 한국사회는 교과서에 대한 맹신과 경건함을 갖고 있다. 그 어떤 자료보다 교과서의 내용을 신뢰한다. 학자, 작가들은 자신이 쓴 글이 교과서에 실리는 것에 큰 의미를 둔다. 운동선수,

연예인 등 유명인이 교과서에 실리면 언론의 기삿거리가 된다. 교과서는 바이블에 가깝다. 역사 교과서가 특히 그렇다.

그러나 교과서 필자로서 고백하건데 교과서는 바이블이 아니다. 교과서도 사람이 쓴 책이고, 수많은 참고서 가운데 하나일 뿐이다. 교과서는 다만 교육과정의 방향을 알려주는 나침반과 같을 뿐이다. 교과서에도 본의 아니게 내용이 틀리거나 필자 개인의 주관이 들어가는 일이 있다. 그래서 교과서가 세상에 나왔다고 집필작업이 끝나는 것이 아니라, 1년 내내 각 교과전문가들의 지적사항을 접수하여 해마다 수정을 거듭한다. 따라서 교과서가 '무균질의 책'일 것이라는 기대는 접어야 한다.

400여 쪽에 이르는 역사 교과서의 구석구석에 돋보기를 들이대면 틀린 내용은 나오게 마련이다. 끊임없이 다듬고 또 다듬어서 그 오류를 최소화시키는 것이 중요하다. 이것은 보수진영과 진보진영 모두에 해당한다. 상대 진영이 아무리 얄미워도 그들의 지적이 타당하면 과감하게 받아들여야 한다. 교차점검은 교과서의 완성도를 높이는 가장 좋은 방법이다.

근현대사 서술의 이념문제

2013년 한국사 교과서 논쟁의 핵심은 근현대사 서술이었다. 논쟁은 교학사 한국사 교과서의 대표 저자인 권희영 교수가 불을 붙였다. 그것은 선전포고였다. 종래의 한국사 교과서가 '친소 반미', '자유민주주의 부정', '대한민국 체제 부정' 등의 내용을 담고 있다는 주장을 했다. 그는 한 강연회에서 교학사 한국사 교과서를 제외한 나머지 7종 교과서의 기본적인 목표가 '인민민주주의혁명'이라고까지 주장했다.

학자로서 종래의 교과서에 이런저런 문제가 있어 새로운 시각을 담은 교과서를 써보겠다고 나서는 것은 반가운 일이다. 아닌 게 아니라 보수적인 시각에서 보면 종래의 교과서에 다소 불편하게 느껴질 만한 내용이 분명 있을 것이다. 다시 한 번 말하지만 교과서도 사람이 쓰는 책이기 때문이다.

기존 교과서에 어떤 문제가 있다면 그것을 보완하고 더욱 좋은 책을 만들어서 교육부 검정을 통과한 후 교육현장에 있는 교사들의 선택을 받으면 된다. 그것이 검정교과서 제도의 개념이고, 본래 취지이다. 평소에 자유시장경제 원리를 강조하는 보수진영의 이념과도 맞는다. 어린 학생들이 공부할 교과서를 쓰는데 마치 출사표라도 던지듯이 선전포고할 필요까지는 없다.

보수진영의 선전포고에 진보진영은 반격에 나섰다. 인터넷을 중심으로 교학사 한국사 교과서에 대한 융단폭격이 이루어졌다. 교학사 한국사 교과서가 친일행위와 이승만, 박정희의 독재를 미화했다는 것이다. 교과서 내용에 대한 학문적 비판은 얼마든지 가능하겠지만 상식 밖의 행태도 나타났다. 《한겨레》는 실제 내용과 다른 기사를 실어 여론을 왜곡했고, 그 영향으로 교학사에는 협박성 전화가 쇄도했다(3개월 뒤 《한겨레》는 정정보도를 냈고, 관련 보도팀을 교체했다).

내 마음에 들지 않더라도 어떤 교과서가 교육부의 검정을 통과했다면 일단 그것을 받아들이고 교사들의 판단에 맡기는 게 순리일 것이다. 교학사 한국사 교과서의 내용을 옹호하자는 게 아니라 교육의 주체인 교사들을 믿고 맡기자 것이다. 대한민국의 교사들이 그 정도의 판단력은 갖추고 있기 때문이다. 2013년 한국사 교과서 논쟁에서는 교육의 주체인 교사들이 빠져 있었다. 아니 교사들이 철저히 무시당했다. 교육정책을 추진하는 과정에서 교사들은 항상 철없는 어린아이일 뿐이다.

또한 백보 양보해서 교과서에 다소 '위험'한 내용이 들어 있다고 해서 학생들이 혼란에 빠질 수 있다고 생각한다면 그것도 착각이다. 거의 모든 지식과 정보가 공개된 시대에 사는 요즘 학생들이 그렇게 순진하지 않다.

이혼소송 재판에서 양측의 주장을 그대로 합치면 진실이 된다고 한다. 보수진영과 진보진영의 의견대립도 그럴 것이다. 이승만과 박정희는 건국과 근대화의 아버지인가, 인권과 민주주의를 말살한 독재자인가? 이것은 '엄마가 좋냐, 아빠가 좋냐'는 질문과 같다. 보수진영과 진보진영은 보고 싶은 것만 보지 말고 '불편한 진실'을 받아들여야 한다. 상대 진영의 말 가운데 '쓴 약'은 없는지 고민해야 한다. '사실'과 '가치'를 냉정하게 구분하고 생산적인 토론을 해야 한다. 끝이 안 보이고 소모적인 논쟁을 이제 끝내야 한다.

국정교과서는 답이 아니다

한국사 교과서 논쟁으로 온 나라가 시끄러워지자 정부와 여당은 한국사 교과서를 국정교과서로 발행하자고 주장한다. 1974년 박정희 정부가 시행하기 시작하여 2011년에 폐지됐던 국정 한국사 교과서를 부활시키자는 것이다. 결론부터 말하면 국정 한국사 교과서는 재앙이다.

한국사 교과서의 국정화는 국가가 역사해석을 독점하여 그것을 모든 시민에게 강요하는 것이다. 정권이 바뀔 때마다 교과서의 내용이 춤을 출 것이고, 반대세력의 저항으로 사회는 지금보다 오히려 더 시끄러워질 것이다.

또한 한국이 한국사를 국정교과서로 만들면 일본의 극우 교과서를 비판할 명분이 약해진다. 역사 교과서를 국정으로 만드는 나라가 무슨 말이 많으냐고 일본 우익세력이 따지고 들면 할 말이 없다는 얘기이다. 이것은 국격의 문제이다. 현재 역사 교과서를 국정으로 편찬하는 나라는 러시아, 베트남, 북한밖에 없다고 한다. 대체로 전체주의 성향이 강한 나라들이다. 평

2013년판 고교 한국사 교과서.

소에 자유민주주의, 자유시장경제를 강조하는 현 정부와 여당이 국정교과서의 부활을 들고 나오는 것은 앞뒤가 맞지 않는다.

국정교과서에는 관존민비의 관념이 들어 있다. 민간 출판사보다 국가가 직접 발행하면 교과서의 질이 올라갈 것이라고 생각하는 것이다. 교과서 제작 과정을 전혀 모르고 하는 말이다. 검정교과서 제도에서는 검정을 통과하기 위해, 다른 출판사와의 경쟁에서 이기기 위해 필자와 편집부가 심혈을 기울여야 한다. 1년 동안 주말, 휴일, 방학을 반납하고 매달려야 한다. 그것은 피를 말리는 작업이다.

그러나 국정교과서 제도에서는 그럴 필요가 없다. 일단 써놓으면 그만이기 때문이다. 실제로 옛 국정교과서와 현행 검정교과서를 비교해보면 내용의 풍부함, 문장의 완성도, 편집의 짜임새 등 모든 면에서 차이가 나는 것을 쉽게 확인할 수 있다. 오죽하면 보수 경향의 신문들조차 국정교과서를 반대하겠는가?

제2부

전통의 발명과 변이

아리랑은
20세기 작품인가?

2000년대 초반 여름, 학생들과 함께 강원도 정선에 갔다. 산과 산을 이어 빨랫줄을 걸었다는 우스갯소리가 있을 만큼 정선은 강원도에서도 오지였다. 조선시대에 인구를 조사해야 하는 관리들이 정선에는 가보지도 않고 강릉에서 정선으로 가는 배에 실려 들어가는 소금의 양으로 인구를 추산하여 상부에 허위 보고를 했다는 이야기도 있다.

당시 정선여행에서 나는 인상 깊은 문화체험을 했다. 정선군청에서 기획하여 공연하는 〈정선아리랑 창극〉이었다. 서양의 뮤지컬처럼 색상의 톤이 강렬하지는 않지만, 감미료가 들어가지 않은 담백함이 은은하게 다가왔다. 30여 분 분량의 짧은 이야기 속에 정선아리랑의 기원과 그에 얽힌 애환을 넉넉히 담아내고 있었다. 마치 첩첩산중에서 또 다른 세상을 발견한 듯했던 그 느낌은 지금도 잊을 수 없다.

아리랑의 고향은 강원도

아리랑의 가락은 태백산맥을 중심으로 강원도 산악지방에서 발생한 신가(神歌)이거나 화전민의 노동요에서 탄생했다고 추측된다. 여기에 조선 건국을 반대하는 고려의 충신들이 강원도 정선에 들어와 살며 읊은 시가 만나 정선아리랑이 만들어졌다고 한다. 정선아리랑의 노랫말에 개성 만수산이 등장하는 이유이다.

정선아리랑의 노랫말은 700수가 넘는 것으로 알려져 있다. 그 가운데 아우라지를 배경으로 한 '애정편'이 유명하다. 사랑하는 처녀, 총각이 아우라지를 사이에 두고 양쪽에 살았다. 두 사람은 싸리골로 동백을 따러 가자고 약속했으나 밤새 내린 폭우로 강물이 불어 나룻배가 뜰 수 없었다. 머피의 법칙은 시대를 초월하는가? 애틋한 사랑을 해본 사람이라면 그 안타까움을 이해할 것이다.

이렇게 탄생한 아리랑은 19세기에 중요한 계기를 맞는다. 흥선대원군이 경복궁을 중건할 때 전국에서 징발된 부역꾼들을 위문하기 위해 연예 집단이 동원됐다. 흥선대원군이 음악애호가였던 것도 작용했을 것이다. 안성의 놀이패 바우덕이, 정선의 소리꾼 고덕명과 김천유, 그냥 노래가 좋아서 몰려든 소리꾼 등이 한데 엉켜 '전국노래자랑'이 벌어졌다. 자연스럽게 각 지방의 민요가 오고갔고, 그 가운데 강원도 정선아리랑이 주목을 받아 전국에 알려졌다. 개항 이후 지역 간 이동이 늘어나면서 아리랑은 더욱 퍼져나갔다. 이후 다양한 가락과 노랫말을 가진 아리랑이 각 지방에 나타났다.

아리랑은 번식력이 강하다. "아리랑 아리랑 아라리요" 같은 후렴구를 뼈대로 이런저런 노랫말과 가락을 붙이면 새로운 아리랑이 만들어졌다.

새로운 아리랑 가락을 만드는 주체는 농부, 나무꾼, 뱃사공, 심마니, 여염집 아낙네 등 이름 없는 민중이었다. 그들은 아리랑에 고단한 삶의 애환을 담아냈다. 일제강점기에 아리랑은 독립운동가로 변이되어 불렸다. 오늘날 전국에는 수백여 개의 아리랑이 있다.

정선아리랑, 진도아리랑, 밀양아리랑을 3대 아리랑이라고 한다. 그러나 정선아리랑과 달리 진도아리랑과 밀양아리랑의 역사는 매우 짧다. 영화 〈서편제〉를 더욱 감칠맛 나게 했던 진도아리랑은 20세기 초 진도 출신의 대금연주자 박종기가 만들었다. 일본으로 음반을 제작하러 가는 길에 만들었다고 한다. 기존의 전라도 민요에 아리랑의 후렴구를 접합시킨 것이니 편곡이라고 해야 정확할 것이다. 이후 진도아리랑은 판소리꾼들이 부르면서 전라도를 대표하는 민요가 됐다.

밀양아리랑은 밀양의 풍류객 박남포가 만들었다고 한다. 그는 「이별의 부산정거장」, 「굳세어라 금순아」 등을 만든 작곡가 박시춘의 아버지이다. 박남포는 권번을 운영했기 때문에 밀양아리랑은 기생들에 의해 화류계에서 유행했다. 따라서 노랫말이 직설적이다. 진도아리랑이 토속민요를 바탕으로 만들어진 데 비해, 밀양아리랑은 새로 창작된 민요이다. 17세기를 배경으로 한 KBS 사극 〈추노〉(2010)에 밀양아리랑이 자주 나왔는데 이것은 작가의 오류이다. 하긴 고등학교 역사부도에도 진도아리랑과 밀양아리랑이 조선시대의 민요로 나온다.

20세기 초에는 이렇게 전래 민요를 변형하거나 새로 창작한 신민요가 유행했다. 듣기에 민요 같기도 하고, 현대가요 같기도 하다. 신민요는 전근대와 근대가 만난 퓨전음악이다. 「경복궁타령」, 「도라지타령」, 「노들강변」, 「천안삼거리」, 「봄이 왔네」, 「능수버들」 등이 대표적이다. 예전에 명절 때마다 김세레나가 TV에서 자주 불렀던 「새타령」도 신민요이다.

아리랑을 민족의 노래로 승화시킨 영화 〈아리랑〉

아리랑 아리랑 아라리요, 아리랑 고개를 넘어간다.
나를 버리고 가시는 님은, 십리도 못 가서 발병난다.

이 노래를 모르면 한국인이 아니다. 김치, 태권도, 씨름, 한글, 한복 등
과 함께 한국문화를 대표하는 상징물이다. 남북한이 단일팀으로 출전하
는 국제 스포츠 경기에서 부르는 비공식 국가이기도 하다. 그런데 이 노
래는 원래 1926년 나운규의 영화 〈아리랑〉의 주제가였다. 나운규의 요
청으로 바이올린 연주가 김영환이 당시 유행하던 경기아리랑(일명 본조
아리랑)의 선율을 다듬어 「신아리랑」이라는 이름으로 내놓은 곡이다. 노
랫말은 나운규가 고쳐 썼다.

영화 〈아리랑〉은 대박을 터뜨렸다. 영화 개봉 두 달 전에 있었던 마지
막 황제 순종의 장례식은 조선인들의 눈물샘을 이미 자극해놓고 있었다.
또한 개봉 첫날부터 주제가 「신아리랑」의 노랫말이 문제가 되어 총독부
의 탄압을 받는데, 이것이 오히려 대중의 이목을 집중시켰다. 서울 시
민들이 종로 단성사로 몰려들었고, 2년 6개월간 전국을 순회상영하며 영
화 〈아리랑〉은 식민지 한국인의 심금을 울렸다. 무성영화의 대사를 읽
던 변사가 화장실에 볼 일을 보러가서 영화가 끊기는 것도 그 감동을 막
지는 못했다. 극중 인물 영진(나운규 분)이 일본 순사의 앞잡이를 낫으로
찔러 죽이고 밧줄에 묶여 끌려가는 장면에서는 관객들이 눈물을 흘리며
주제가 「신아리랑」을 함께 불렀다. 심지어 '조선독립만세'를 외치는 사
람도 있었다. 식민지 치하의 울분과 맞물려 「신아리랑」이 민족의 노래
로 탄생하는 순간이었다. 그리고 1930년대에 성장한 레코드 산업과 라

디오방송으로 「신아리랑」은 널리 보급됐다.

지난 1993년 MBC 다큐멘터리 〈잃어버린 역사를 찾아서〉에는 산소 호흡기에 의지하여 연명하고 있는 86세의 님 웨일즈가 나왔다. 의식이 희미한 그녀가 독립운동가 김산과의 만남을 회상하며 아리랑을 부르는 장면은 무척 감동적이었다. 숨이 가쁜 상태에서 불러 정확한 멜로디는 파악하기 어려웠지만, 그녀가 부른 아리랑은 분명히 「신아리랑」이었다(님 웨일즈는 책 『아리랑』을 써서 한국의 민요 아리랑을 서양에 소개했다).

1930년대 초반에 영화 〈아리랑〉이 만주에서 개봉됐고, 일제 식민통치를 피해 만주로 쫓겨 가는 한국인들은 「신아리랑」을 부르며 떠났다. 1938년 김원봉이 조직한 항일운동부대인 조선의용대의 홍보동영상에도 「신아리랑」이 배경음악으로 나온다. 「신아리랑」은 이미 아리랑의 대명사가 되어 있었다.

북한의 김일성은 회고록에서 나운규를 '양심적인 예술인'으로, 영화 〈아리랑〉을 '민족적 향기가 강한 영화'라고 평가했다. 그도 1930년대 만주에서 항일무장투쟁을 하면서 「신아리랑」을 들었을 것이다. 그래서인지 북한은 수백 개의 아리랑 가운데 「신아리랑」에 정통성을 두고 있다.

1940년대 대한민국임시정부의 한국광복군을 비롯하여 중국 땅의 한국인 독립투사들이 결의를 다지며 부른 「광복군아리랑」은 익살맞은 「밀양아리랑」의 가락을 빌렸다. 「밀양아리랑」은 씩씩하고 경쾌하여 군가로 적합했기 때문이다. 경남 밀양 출신의 김원봉과 고향 친구이며 의열단, 조선의용대를 함께 이끌었던 윤세주가 「밀양아리랑」의 가락에 노랫말을 붙였다고 한다. 당시 조선의용대에는 밀양 출신 인물 10여 명이 활동하고 있었다. 윤세주는 조선의용대원들이 회식을 할 때 「밀양아리랑」을 부르기도 하고, 변사 역할도 하면서 분위기를 띄웠다고 한다.

분단시대의 아리랑

서울 돈암동에서 정릉으로 넘어가는 고개는 아리랑 고개로 알려져 있다. 영화 〈아리랑〉이 여기에서 촬영됐다고 한다. 그래서 지금 이곳에는 영화 관련 조형물들이 들어서 있다. 또한 아리랑 고개는 한국민족이 넘어왔던 고난의 고개였다. 식민지 압제, 굶주림을 견디며 넘어야 했던 보릿고개, 독재권력에 의한 자유와 인권의 말살, 민족의 분단 등 한국 근현대사의 굴곡이 그것이다.

1990년 동독과 서독이 하나가 될 때, 무너지는 베를린 장벽을 배경으로 독일의 록밴드 스콜피온스가 「Wind Of Change」를 부르던 장면은 무척 감동적이었다. 한반도 휴전선의 철조망이 철거되고 남북한이 하나가 되어 부를 노래는 「아리랑」이 될 것이다. 아리랑은 한국민족의 또 다른 이름이기 때문이다.

참고자료

김연갑. 1988. 『아리랑』. 집문당.
김연갑. 2001.2.5. "민족의 노래 아리랑 편곡자는 김영환". 《한겨레》.
김연갑. 2002. 『북한아리랑 연구』. 청송.
이용식. 2008. 「만들어진 전통－일제 강점기 기간 '아리랑'의 근대화, 민족화, 유행화 과정」. 『한국 근대 민속의 이해』. 민속원.
천정환. 2005. 『끝나지 않는 신드롬』. 푸른역사.
최은숙. 2009. 「일제 강점기 민요전통의 계승과 변이」. 『한국 민속문화의 근대적 변용』. 민속원.

* 이 글은 2013년 6월 17일 《오마이뉴스》에 실린 지은이의 기사를 수정, 편집한 것입니다.

✔ 너도 나도 한마디, 아리랑의 어원 논쟁

'아리랑'의 어원에 대해서는 1930년대 이후 지금까지 온갖 억측이 난무하고 있다. 박혁거세의 부인인 '알영', 처녀·총각을 뜻하는 '알랑', 전설의 주인공 '아랑'을 추모하면서 아낙네들이 부른 노래 '아랑가', 한사군의 하나인 '낙랑', 고향을 뜻하는 여진어 '아린', 아프다는 뜻의 '아리다', 고구려인들이 한강을 일컫던 '아리수', 대원군이 경복궁을 중건할 때 백성들이 원납전을 내기 싫어 유행했다는 '아이롱(我耳聾, 나는 귀가 먹었다)', 역시 경복궁을 중건할 때 동원된 부역꾼들이 고향을 떠난 외로움과 사랑하는 아내, 연인과 떨어져 있음을 한탄하면서 '나는 님을 이별하네'라고 부른 '아이랑(我離娘)', 예로부터 집을 새로 지을 때 써 붙인 '아랑위(兒郎偉)', 고려왕조의 충신들이 정선에 숨어 살며 애달픈 마음을 시로 읊었다는 (누가 내 마음을) '알리오', 메(山)+'아리(소리)' 등이 그 후보에 올라 있다.

이 논쟁에 의견을 낸 분들은 이병주, 양주동, 이병도, 이능화, 서정범, 이규태, 김연갑 등 설명이 필요 없는 권위자들이다. 비록 문헌상의 고증이 아닌 추리에 가까운 주장들이지만, 이런 지적 상상을 통해 사유의 폭을 넓힐 수 있는 장을 제공해준 것만으로도 의미가 있다. 공부하는 즐거움이 이런 것 아니겠는가?

세상을 살다 보면 사물을 관찰할 때 지식과 추론을 배제한 '직관'이 진실에 가까울 때가 있다. 결국 아리랑의 어원은 '별 의미 없이 노래의 흥을 돋우는 후렴'일 것이다. 우리가 노래를 부르다가 가사를 잊었을 때 본능적으로 '아아 아아 아~', '랄라라 라라라~' 같은 애드리브로 리듬과 멜로디를 맞추어가는 것과 비슷하다. 이런 후렴구에는 가장 원초적이고, 발음하기 쉬운 'ㅏ', 'ㅣ', 'ㄹ', 'ㅇ'이 공통적으로 들어간다. 고려가요 〈청산별곡〉에 나오는 "얄리얄리 얄라셩 얄라리 얄라"가 좋은 예이다. 진실은 평범하고 싱거운 것인지도 모른다.

판소리는
언제 태어났을까?

    1993년 판소리를 소재로 한 영화 〈서편제〉는 공전의 대박을 터뜨렸다. 개봉관 한 곳에 관객 백만 명이 몰려든 것은 한국 영화사에서 '사건'이었다. 동유럽 사회주의권이 무너진 뒤 '우리의 것'을 되찾자는 복고풍이 문화예술계에 불었고, 대통령을 비롯한 사회 각 분야의 주요 인사들이 관람한 것이 흥행몰이에 도움을 주었다.

    당시 소설 『즐거운 사라』로 때 아닌 필화를 겪고 있던 마광수 교수는 〈서편제〉에 대해 가부장제적 이데올로기가 들어 있는 영화라고 혹평했다. 수양딸의 눈을 일부러 멀게 하고 그 '한'을 '소리의 완성'으로 승화시킨다는 이야기 구성이 지나치게 전근대적이고 폭력적이라는 지적이었다. 물론 당시 대중은 그것을 '감동'으로 받아들이고 있었기 때문에 마광수의 비판은 큰 반향을 일으키지 못했다. 지금 생각해보면 '전통의 재발견'이라는 거대담론에 파묻혀 한 인간의 존재를 너무 가볍게 처리했던 게 사실이다.

어쨌든 영화 〈서편제〉를 계기로 평소 칙칙하게 느껴지던 판소리가 대중에게 친근하게 다가왔다. 서편제니 동편제니 하는 전문 판소리 용어가 일반인들의 입에 오르내렸고, 판소리 명창이 TV광고에 출연했다. 김영삼 정부가 대책 없는 세계화를 화두로 들고 나오던 시절, 판소리 가락은 듣는 이의 심금을 울렸다.

판소리는 조선 후기의 산물

어림짐작으로 왕산악, 우륵이 활동하던 시대부터 판소리가 존재했을 것도 같지만 실제로 나타난 시기는 조선 후기인 17~18세기이다. 조선 후기에는 사회경제적인 변화가 일어나고 있었다. 모내기의 보급으로 농업 생산력이 향상됐고, 상공업의 발달로 부를 축적한 사람들이 등장했다. 이른바 '자본주의 맹아론'이 '서양 근대에 대한 열등감'에서 나온 과장임을 감안하더라도 확실히 조선 후기에는 종래 없었던 변화가 나타나고 있었다.

경제적인 여유가 생긴 부유층은 자연스럽게 놀이문화를 추구했다. 이러한 문화적 흐름을 주도한 것은 중인 계층이었다. 중인을 중심으로 한 신흥부유층은 풍류를 즐길 때 기생이나 판소리꾼을 초대했다. 점차 판소리는 여러 계층으로부터 사랑을 받았다. 양반 사대부들 사이에서도 판소리꾼을 불러 노래를 듣는 것이 유행했고, 급기야 궁궐에서도 판소리 공연이 열렸다.

'판소리'는 20세기에 만들어진 용어이다. 많은 청중이 모인 놀이판에서 긴 설화를 노래로 부르는 음악 양식을 의미한다. 긴 이야기를 소리꾼이 소리, 아니리(말), 발림(몸짓) 등으로 이끌어가는 솔로 오페라이다. 판소리는 몸에 고통을 새기는 예술이다. 서양의 창법과 달리 판소리는 소리꾼의 성대를 혹사시키고 거친 소리를 뽑아냄으로써 듣는 이의 심금을 울린다. 다듬어지지 않은 듯한 소리의 날이 폐부를 파고든다. 로버트 플랜트, 제니스 조플린, 전인권, 임재범의 노래를 들을 때 비슷한 느낌을 받는다.

판소리의 노랫말은 옛 문헌이나 민간에서 전해 내려오던 여러 근원설화가 변형되고 합쳐져서 만들어진 것이다. 여기에는 인간 삶의 희로애락이 해학적으로 표현되어 있다. 그런데 문제는 그 근원설화에 붙여진 음악이 어디에서 왔냐는 것이다. 이에 대해서는 논란이 있지만 기본적으로 판소리가 무속음악의 영향을 받았다는 데에 의견이 모이고 있다. 실제로 초기 판소리꾼들이 무속인 집안에서 나왔고, 판소리의 장단과 발성법이 무속음악의 그것과 비슷하다. 대표적 판소리인 〈춘향가〉가 사랑하는 이 도령을 기다리다 안타깝게 죽은 춘향의 원혼을 달래주는 굿이었다는 사실도 이를 뒷받침해준다. 우리가 흔히 알고 있는 해피엔딩의 〈춘향전〉은 판소리 〈춘향가〉가 인기를 끌면서 그 영향으로 나타난 판소리계 소설이다.

철학자 김용옥 선생은 폐쇄적 산악지형인 영남 지방에서 보수적 유학이 발달한 데 비해 평야가 많아 시야가 트인 호남 지방에서는 판소리가 발달했다고 말한다. 자연환경이 인간의 활동에 미치는 영향력을 강조한 것인데 어디 그뿐이겠는가? 그 밖에도 다양한 인문사회적 요인들이 함께 작용했을 것이다. 이유야 어찌됐건 판소리가 전라도 지방에서 발생한 것은 사실인 것 같다. 영조 때 유진한이라는 선비가 전라도 지방을 여행하며 〈춘향가〉를 듣고 그것을 한시로 옮겨놓았다는 기록이 있다. 당시 유진한이 들은 〈춘향가〉가 판소리의 형태를 갖춘 노래였는지는 알 수 없다.

판소리의 역사는 명창들의 계보

판소리에는 악보가 없다. 판소리는 '입으로 전하고 마음으로 가르친다'는 이른바 '구전심수'의 방식으로 전승되어왔다. 궂은 날에 명창들의 무덤에서 '내 소리 받아가거라'라는 소리가 들린다는 이야기는 바로 판소리의 구전성을 상징한다. 따라서 판소리의 역사는 곧 명창들의 계보이기도 하다. 그러다 보니 판소리의 역사에는 다소 무협지 같은 요소가 들어 있다.

판소리의 역사에서 가장 먼저 등장하는 소리꾼은 하한담, 최선달, 우춘대이다. 원래 판소리가 하층민들의 문화였기 때문에 그 기록이 별로 남아 있지 않아 이들의 구체적인 활동상은 알 수 없다. 다만 우춘대에 관해서는 '판소리 한 곡을 부르면 술동이 앞에 비단 천 필이 쌓였다'는 과장 섞인 시가 남아 있어 당시의 인기를 짐작할 수 있다. 이들은 대략 18세기 숙종 대에서 영조 대에 활동했던 것으로 보인다.

19세기에 들어서자 판소리는 양반을 청중으로 끌어들이며 전성기를 맞았다. 19세기 전반기를 대표하는 권삼득, 모흥갑, 김성옥, 송흥록, 염계달, 고수관, 신만엽, 김제철, 황해천, 주덕기, 방만춘, 송광록 등은 각지방의 민요선율을 판소리에 도입하여 양반들의 감성을 자극했다. 이들 가운데 최고참 격인 권삼득은 양반의 자제로, 글공부는 안하고 판소리에만 매달리다 집안 어른들에 의해 목이 잘려 죽을 위기를 맞는다. 죽기 전

마지막 소원으로 판소리 한 자락을 부르게 되는데, 그 소리로 문중 어른들을 감동시켜 살아났다고 한다. 대신 족보에서 제명당하고 쫓겨나 방랑객으로 살았다. 그는 〈홍보가〉를 잘 불렀다. 한때 TV 광고에 인용됐던 "제비 몰러 나간다"는 〈홍보가〉에 나오는 노랫말이다. 그의 소리는 절벽에서 떨어지는 폭포에 비유될 만큼 호탕하고 씩씩했다고 한다.

여기서 재미있는 것은 보수적인 양반들이 소리꾼들을 천시했지만 판소리를 듣고 감동을 받았다는 점이다. 양반들도 평소 판소리를 즐겨 듣고 있었던 것이다. 따라서 판소리를 서민문화로 규정하고 있는 한국사 교과서의 서술은 바로잡아야 한다.

송흥록과 송광록은 판소리의 메카인 전라도 남원 출신의 형제이다. 송흥록은 무덤 속에서 귀신으로부터 소리를 배웠다는 전설이 있을 만큼 득음에 대한 집념이 강했다. 동생 송광록은 형의 소리에 북을 쳐주는 고수로 활동하다가 청중들의 주목을 받지 못하자 제주도로 건너가 독학하여 명창이 됐다. 보컬리스트의 그늘에 가려 악기연주자가 찬밥 신세를 당하는 풍토는 예나 지금이나 마찬가지인 모양이다.

19세기 후반에는 박유전, 박만순, 이날치, 김세종, 송우룡, 정창업, 정춘풍, 장자백 등이 선배 명창들의 음악을 더욱 발전시켰다. 그중에서 송흥록의 제자 박만순과 박유전의 제자 이날치의 활동이 두드러졌다. 박만순, 이날치의 소리가 끝나면 청중이 삼삼오오 빠져나가 다음 순서를 기다리는 소리꾼들은 맥이 풀렸다고 한다. 박만순의 소리는 주로 지식인들이 좋아했던 것에 비해 이날치의 소리는 여러 계층의 인기를 끌었다. 이들은 왕실에서 판소리 공연을 하고 벼슬까지 받았다.

흔히 송흥록을 동편제의 시조, 박유전을 서편제의 시조라고 한다. 하지만 판소리를 동편제와 서편제로 나누는 것은 의미가 없는지도 모른다.

영화 〈서편제〉에 나오는 대사는 음악의 본질을 일깨워준다. "동편제는 무겁고 맺음새가 분명하다면 서편제는 애절하고 정한이 많다고들 하지. 하지만 한을 넘어서게 되면 동편제도 없고 서편제도 없고 득음의 경지만 있을 뿐이다."

전북 고창 읍성의 정문을 들어서다 보면 오른쪽의 초가집에서 구성진 판소리 가락이 스피커에서 흘러나온다. 판소리의 아버지로 불리는 신재효의 고택이다. 신재효가 만년을 보낸 집으로, 지금은 아담한 사랑채만 복원되어 있다. 고창의 향리이며 천석꾼이었던 그는 넉넉한 경제력을 바탕으로 판소리꾼들을 후원하고 판소리를 이론적으로 정리했다. 김세종을 소리 선생으로 초빙했으며, 박만순, 이날치, 정창업 등을 후원했다.

또한 당시로서는 파격적으로 진채선, 허금파 등 여성 명창을 길러내기도 했다. 만년에 그는 향리직에서 물러나 구전되어오던 판소리 12마당 가운데 〈춘향가〉, 〈심청가〉, 〈흥보가〉, 〈수궁가〉, 〈적벽가〉, 〈변강쇠가〉를 골라 개작, 정리하는 업적을 남겼다. 구전되는 과정에서 왜곡된 어휘도 바로잡았다. 이런 작업이 없었다면 오늘날까지 판소리가 명맥을 유지하고 있었을지 의문이다. 다만 판소리에 유교적 경직성이 덧씌워져 하층민의 자유분방하고 감칠맛 나는 요소가 사라진 것은 아쉬움으로 남는다.

흥선대원군은 판소리 애호가였다. 그의 집에는 명창들의 발길이 끊이지 않았다. 말도 많고 탈도 많았던 경복궁이 완공되자 경회루에서 축하연이 벌어졌다. 이때 신재효는 연인이자 제자인 진채선을 이 행사에 보내 〈춘향가〉를 부르게 했다. 그녀의 소리는 흥선대원군을 매혹시켰다. 축하연이 끝나고 진채선이 고향으로 돌아가려 했으나 흥선대원군은 그녀를 애첩으로 묶어두었다. 진채선이 신재효에게 돌아간 것은 4년이 지나 홍선대원군이 운현궁으로 하야한 뒤의 일이다. 세대를 뛰어넘는 사랑을 했던 신재효가 돌아온 연인을 어떻게 대했는지는 알 수 없다. 갑신정변이 일어나던 해에 신재효가 세상을 떠났고, 진채선은 삼년상을 치른 뒤 자취를 감추고 여생을 쓸쓸히 보냈다고 한다.

19세기 중반 조선에서 활동했던 천주교 선교사 마리 다블리는 판소리에 대한 기록을 남겼다. 당시 다른 서양 선교사들과 마찬가지로 다블리도 조선의 문화를 야만적인 것으로 묘사했지만 판소리에 대해서는 호평을 했다. 판소리꾼을 유럽의 음유시인에 비유하며, 판소리를 단순하면서 순수하고, 솔직하고, 자연스러운 연극으로 평가했다. 그는 판소리가 유럽의 연극보다 우수하다고 결론을 내렸다. 유럽이 근대화되면서 잃어버렸던 그들의 옛 정취를 판소리에서 느꼈던 것 같다.

달도 차면 기운다. 19세기에 절정을 이루었던 판소리는 20세기부터 다른 분야와 마찬가지로 급격한 환경의 변화를 겪었다. 개화기에 들어온 서양 음악이 퍼져나갔고, 왕조의 멸망으로 판소리가 설 자리는 더욱 좁아졌다. 이때 판소리는 연극의 요소를 도입하여 '창극'이라는 새로운 전통으로 다시 태어났다. 판소리는 고수의 북장단에 맞추어 부르는 독창이었으나, 창극은 무대를 꾸미고 여러 인물이 등장하여 연기하며 노래를 나누어 부르는 형식이었다. 판소리가 창극으로 발전할 수 있었던 데에는 중국의 경극과 일본 가부키의 영향이 컸다. 그리고 서양식 극장인 원각사, 협률사, 단성사 등도 생겼다. 이때부터 무대와 객석이 분리됐다.

원각사는 대한제국 황실의 돈주머니를 관리했던 이용익이 현재 서울 광화문의 새문안교회 자리에 지은 로마식 원형극장이었다. 원래는 신연극을 공연하기 위해 지었으나 주로 〈춘향가〉, 〈심청가〉, 〈흥보가〉, 〈적벽가〉, 〈수궁가〉 등의 판소리를 창극으로 공연했다. 당시 원각사에서는

명창 김창환, 송만갑, 박기홍, 정정렬, 이동백 등
이 활동하고 있었다.

그 가운데 큰할아버지 송흥록, 할아버지 송광
록, 아버지 송우룡의 대를 잇고, 박만순으로부터
소리를 배운 송만갑이 주목된다. 송만갑은 전국
을 떠돌며 명창으로 이름을 날리다가 1902년에
서울로 올라와 궁정에서 약 10년 동안 활동하며
벼슬을 받았다. 그는 변화된 시대 상황에 맞추어
판소리가 대중과 호흡해야 한다고 생각했다. "소
리꾼은 포목상과 같아서 비단을 달라는 사람에게
비단을 주고, 무명을 달라는 사람에게 무명을 주
어야 한다"라고 그는 주장했다. 대중적인 창극 공
연에 출연했을 뿐 아니라 음반, 라디오방송을 통

명창 송만갑. 그는 전통을 재창조할 줄 아
는 인물이었고, 인품까지 겸비하여 많은
제자들이 따랐다.

해 당대 최고의 판소리 예술을 대중에게 들려주었다. 그의 이런 활동은
판소리의 명가 송씨 문중의 법통을 중시하던 아버지 송우룡과의 갈등을
불렀고, 그는 결국 집안에서 쫓겨났다.

1933년 당대의 명창들이 조선성악연구회를 만들자 송만갑은 교육부
장을 맡아 많은 명창들을 길러냈다. 김정문, 박봉래, 장판개, 박중근, 김
초향, 김추월, 이화중선, 배설향, 신금홍, 김연수, 박녹주, 김소희, 박초
월, 한승호 등이 그들이다. 내 할아버지가 1920년생이니 이들은 우리의
일상에서 그리 멀지 않은 시기에 활동한 인물들이다.

여기서 눈에 띄는 것은 김초향, 이화중선, 박녹주, 김소희 등 진채선의
맥을 잇는 여류 명창들의 활약이다. 원래 남성들의 전유물이었던 판소
리를 20세기 후반에는 여류 명창들이 주도했다. 소리꾼의 길은 남성에

게도 고된 일인데, 여성들에게는 더욱 험난한 역정이었을 것이다. 전라도 남원의 권번에서 일하며 고초를 겪은 이화중선의 어린 시절 이야기는 당시 여류 명창들의 애환을 보여준다. 영화 〈서편제〉의 여주인공으로 출연한 오정해는 김소희의 제자이다.

판소리는 전통예술의 진원지

20세기에 들어와 판소리는 창극이라는 새로운 장르를 낳았지만 쇠락의 길을 걸었다. 이에 정부는 1964년에 판소리를 중요무형문화재로 지정했고, 1970년대 이후부터는 지식인, 학생들이 판소리를 비롯한 전통문화에 대해 관심을 갖게 됐다. 원래 하층민들의 예술이었던 판소리가 엘리트 계층의 문화가 된 것이다. 이러한 과정에서 전통은 권력화되기도 한다.

평소 자동차 운전을 하며 오디오로 판소리를 듣다 보면 동승자들의 반응은 '노랫말을 알아들을 수 없다'는 것이다. 솔직히 나도 판소리에서 풍겨 나오는 짙은 남도 분위기가 좋아서 가끔 들을 뿐이지, 듣고 있는 노래가 〈춘향가〉인지 〈심청가〉인지 당최 구분하기가 쉽지 않다. 한국인 특유의 해학과 유머가 가득한 판소리가 현대인들에게 다가가기 위해서는 이 문제부터 해결해야 한다.

또한 판소리에 덧씌워진 신비주의도 걷어내야 한다. '득음'을 위해 폭포나 동굴에 들어가 목에서 피가 날 때까지 훈련을 했다든지, 심지어 똥물을 마셨다는 등의 이야기는 판소리를 신비화하다 못해 희화화하여 오히려 대중에게 거리감을 줄 뿐이다. 그리고 명창들을 지나치게 영웅화하는 것도 판소리의 대중화에 도움이 되지 않는 것 같다. 아무리 뛰어난 명창이라 해도 사람의 노래를 듣고 새가 날아들었다는 이야기를 믿을 사람이 과연 몇 명이나 있겠는가? 전설 속의 명창들도 당시의 사회경제적 조건 속에서 치열하게 살다 간 인간들이었다.

그동안 판소리의 재도약을 위한 논의와 노력이 있어왔다. 하지만 19세기를 풍미했던 판소리의 영광을 오늘날에 재현하는 것은 불가능하다. 예술도 시대의 반영이다. 판소리가 19세기에 번성했던 것은 당시의 사회경제적 조건들이 판소리의 예술적 특성과 맞았기 때문이다. 판소리가 쇠락한 원인을 무분별한 서양 음악의 수용으로 돌리는 것은 대중을 너무 우습게 보는 것이고, 우리 시대의 역사성을 스스로 부정하는 것이다. 대중이 서양 음악을 즐겨 듣는 것은 서양 음악의 표현기법이 그만큼 다양하고 풍요롭기 때문이다.

전통은 골동품과 다르다. 전통은 시대조건에 맞는 변이를 통해 생명력을 유지한다. 전통도 생물체처럼 적자생존에 의해 진화한다고 주장하면 너무 과격한가?

19세기 말 판소리는 기악독주곡인 산조를 낳았다. 따라서 산조를 '노랫말 없는 판소리'라고 한다. 가야금산조, 거문고산조, 해금산조, 아쟁산조 등이 등장했고, 최근에는 김수철과 김도균이 전기기타로 산조를 연주하고 있다. 또한 20세기 전반기 판소리에서 나왔던 창극은 20세기 후반기에 '마당놀이(마당극)'로 다시 진화했다. 1981년 서울 정동 문화체육관에서 〈허생전〉으로 시작한 마당놀이는 선풍적인 인기몰이를 해왔다. 어쩌면 KBS 〈개그콘서트〉도 판소리에 그 뿌리를 두고 있는지 모른다.

그렇다면 정통 판소리는 도태되고 말아야 하는 것인가? 그렇지 않다. 서양의 클래식 음악은 대중으로부터 화려한 조명을 받지는 못하지만 묵묵히 본래의 자리를 지키며 다른 장르의 음악에 자양분을 공급하고 있다. 판소리도 전통예술의 진원지 역할을 계속할 것이다.

참고자료

고창군 문화관광과 자료집. 『판소리를 찾아 떠나는 여행』.

김기형 외. 2003. 『한국의 판소리문화』. .박이정.

김호연. 2008. 『한국근대 대중공연예술의 생성과 그 변용 양상』. 한국문화사.

소재영 외. 1998. 『한국의 민속문학과 예술』. 집문당.

유민영. 2009. 「근현대 판소리 연희자의 고난과 영광」. ≪한국사 시민강좌≫. 제45집. 일조각.

정노식. 1994. 『조선창극사』. 동문선.

조현범. 2002. 『문명과 야만-타자의 시선으로 본 19세기 조선』. 책세상.

최동현. 2004. 『판소리 이야기』. 작가.

≪시사 프라임≫. 2011.8. "한의 정서 응집된 소리예술, 판소리".

≪KoreaDaily뉴스≫. 2011.2.10. "마당놀이 30년, 잘 놀았습니다 - 윤문식".

사물놀이는
언제 태어났을까?

    역사상 가장 위대한 록밴드라고 불리는 레드 제플린의 음악 가운데 「Moby Dick」이라는 연주곡이 있다. 지미 페이지의 묵직한 기타리프에 이어 전설적인 드러머 존 본햄의 솔로 드럼 연주가 펼쳐진다. 마치 거대한 파도가 밀려오는 듯한 그의 연주는 지금까지도 드럼 지망생들에게 선망의 대상이 되고 있다. 그런데 그 드럼 연주를 처음 들었을 때, 멋있기는 한데 왠지 2%가 부족한 느낌이었다.

    그 이유가 무엇인지 나는 훗날에 깨달았다. 한국에는 '사물놀이'라는 타악기의 정수가 있기 때문이었다. 언제부턴가 사물놀이의 호쾌한 리듬과 속도에 익숙해져 있어 웬만한 타악기 연주에는 감흥을 느끼지 못한 것이다. 가려운 곳을 골라서 박박 긁어주는 듯한, 묵은 체증을 뚫어 주는 듯한, 타악기 연주의 극한을 달리는 듯한 그 호쾌함은 외국의 어떤 타악기 연주에서도 느끼기 어렵다(록밴드의 드럼은 1명, 사물놀이는 4명이 연주하기 때문에 사물놀이가 더 풍성한 소리를 만들어낸다. 내가 존 본햄의 연주와 사물놀이를 비교한 것은 개인의 실력을 비교한 것이 아니다. 레드 제플린의 팬들이 오해하지 않기를 바란다).

사물놀이의 모태, '풍물굿'

사물놀이는 흔히 농악이라고 불리는 '풍물굿'에서 나왔다. 지역과 목적에 따라 형태의 차이가 있지만 "農者天下之大本"이라고 쓰인 큼지막한 깃발을 선두로 하고 장구, 북, 징, 꽹과리, 소고, 나발 등을 연주하는 농악수들이 상모를 돌리며 요란하게 깃발 뒤를 따르는 풍물굿은 가장 한국적인 민속종합예술이다.

풍물굿이 정확히 언제부터 시작됐는지는 알 수 없다. 우리의 독특한 음주, 가무 문화를 삼국시대 이전의 제천행사에 연결시켜 설명하는 것처럼, 풍물굿을 이러한 관점에서 보기도 한다. 타악기가 가장 원초적인 악기라는 점을 생각하면 현재의 꽹과리, 징, 장구, 북과 비슷한 악기가 당시에도 있었을 것이고, 신명나는 축제였던 제천행사에 그것을 당연히 이용했을 것이다. 그러나 그런 악기들이 존재했다고 해서 풍물굿의 기원을 제천행사로 단정 짓는 것은 아무래도 성급하다.

풍물굿에는 세 가지 기원설이 있다. 첫째, 농경사회의 각 촌락마다 있었던 두레를 중심으로 파종과 추수를 신에게 축원하고 그해 농가의 평안을 비는 음악이었다는 설이다. 둘째, 왕조시대의 군사제도였던 농병일치제에서 농민을 훈련시키고 유사시에 징집할 때 사용했던 군악이었다는 설이다. 셋째, 사찰을 건립, 중수 할 때 화주승들이 농악기를 들고 민가에 들러 돈과 곡식을 얻으며 연주한 음악이었다는 설이다. 이 가운데 풍농안택(豐農安宅)의 농사기원설이 설득력을 얻고 있다.

풍물굿의 형태가 완성된 것은 모내기가 널리 퍼지고 두레가 정착되는 조선 후기이다. 시골에서 농사일을 한 번이라도 해본 사람이라면 그 지루함의 고통을 이해할 것이다. 해가 뜰 때부터 질 때까지 지속되는 자기와의 싸움을 매일 계속해야 한다는 것은 사람의 영혼을 마르게 한다. 이에 농부들은 노래를 부르며 느긋하게 일을 했다. 징, 꽹과리, 장구, 북 등을 치며 노래를 부르면 노동의 지루함을 잊을 수 있었다. 흥선대원군이 경복궁을 중건할 때 팔도의 풍물패를 불러다가 일꾼들을 위로했다는 것을 보면 일할 때 노래를 곁들였던 방식은 당시에 꽤나 일반화됐던 것 같다. 우리가 아득한 옛날에 생겼을 것이라고 믿기 쉬운 풍물굿의 기원도 조선 후기 이상을 거슬러 올라가지 못한다.

풍물굿은 연주자와 구경꾼이 함께 호흡하는 양방향 예술이었다. 구경꾼이 풍물굿에 끼어들어 춤을 추었고, 연주자도 그것을 받아들일 준비가 되어 있었다. 풍물굿의 생명은 연주 기량보다 흥과 신명에 있었고, 베테랑 연주자와 초보 연주자가 뒤섞여 있었다. 풍물굿이 끝나면 마을의 노인들이 연주자들에게 술상을 대접했다. 풍물굿은 다양한 사람이 함께 어우러져 즐기는 축제요, 모든 사람을 아우르는 용광로였다.

풍물굿은 마을 장터를 누비며 재주를 선보이던 남사당패에 의해 더욱 발전했다. 유랑예인 집단이었던 남사당패는 마을에 들어와 판을 벌이고 재능이 있는 사람에게 기술을 가르치기도 했다. 이렇게 풍물굿이 발전하여 풍물굿의 최고 수준인 '판굿'이 완성됐다. 풍물굿이 순수 예술공연의 형태로 자리를 잡은 것이다. 이렇게 한국의 전통사회 속에도 수준 높은 공연문화가 존재했다. 한국 근대사의 굴곡과 단절 속에서 우리가 '우리의 것'을 지키지 못한 것이다.

사물놀이가 태어나다

　풍물굿은 사물놀이를 낳았다. 사물놀이가 탄생하는 과정에서 항상 언급되는 인물이 있다. '벽돌과 빛의 예술가'로 유명한 건축가 김수근이다. 국회의사당, 종로 세운상가, 한국일보 사옥 등을 설계하며 승승장구하던 그는 1967년에 설계한 국립 부여박물관이 왜색 논쟁에 휘말리면서 인생의 중대한 고비를 맞는다. 국립 부여박물관이 일본의 신사(神社)와 모양이 비슷하다는 논란이었는데, 일본에서 공부하고 건축실무를 익힌 전력까지 더해졌다. 사실 여부는 전문가들이 판단할 문제겠지만 한국의 근현대사를 살았던 엘리트들의 태생적 한계였을 것이다.

　그런데 국립 부여박물관의 왜색 논쟁은 김수근의 인생을 새로운 방향으로 이끌었다. 3년의 공백기에 들어간 그는 미술사학자 최순우로부터 '한국의 미'를 배웠고, 그 결과물로 서울 창덕궁 옆에 공간사옥(1971)을 완성한다. 그리고 1977년에는 공간사옥 안에 '공간사랑'이라는 작은 공연장을 두어 연극, 무용, 음악회, 시낭송회, 미술전시회를 열며 문화, 예술의 발전에 기여를 한다. 공옥진, 김소희, 문일지, 황병기 등 이 시대 최고의 예술인들이 공간사랑에서 공연을 했다.

　'2세대 토착화'라는 개념이 있다. 식민지였던 국가가 독립을 하면 서구적 근대교육을 받은 엘리트들이 귀국하여 신생 독립국의 사회지도층을 형성한다. 따라서 이들 국가는 건국 초기에 서구지향성을 띤다. 그러나 토착교육을 받고 성장한 그 다음 세대는 자기 문화의 정체성을 찾게 되고, 더 나아가 민족주의적 색채가 점차 강해진다는 설명이다. 실제로 일제 말에 교육을 받고 자란 노년층보다 젊은 학생들이 전통문화에 대해 깊이 이해하고 있는 것을 볼 수 있다. 1970 년대에 대학가에 탈춤이 유행한 것이나 1980년대에 대학 풍물패가 보급된 것이 대표적이다.

공간사옥

김덕수(장구), 이광수(북), 김용배(꽹과리), 최종실(징) 등 네 명의 광대가 공간사랑에 나타난 것은 1978년 5월의 일이다. 드디어 사물놀이가 탄생하는 순간이었다. 이들은 남사당패 집안에서 '끼'를 물려받은 광대들로서 운명적인 만남을 가졌다. 오늘날 사물놀이의 대명사로 인식되고 있는 김덕수는 다섯 살에 법고놀이의 명인이었던 아버지 김문학의 권유로 남사당패에 가입하여 전국을 돌아다니며 공연장에서 실전 훈련을 받는다. 이 과정에서 그는 처절한 예인의 정신을 배웠다고 한다. 그리고 7살의 나이로 전국농악경연대회에서 대통령상을 수상할 만큼 천부적인 재능을 보였다.

사물놀이는 풍물굿의 핵심인 장구, 북, 꽹과리, 징을 실내 공연장으로 끌어들여 현대적인 감각에 맞게 창조해낸 새로운 예술 장르이다. 사람의 마음을 뜨겁게 달구는 가죽소리(장구, 북)와 사람의 마음을 차갑게 식히는 쇳소리(꽹과리, 징)가 만난 것이다. 이것에 민속학자 심우성이 '사물놀이'라는 이름을 붙여주었고(마침 옆에 있던 명창 김소희도 여기에 동의했다), 지금은 백과사전에도 나와 있는 고유명사가 됐다.

사물놀이는 앉아서 연주하고, 발림이나 춤사위가 없고, 박자가 점점

사물놀이
(자료: 위키피디아, ⓒAsfreeas)

빨라지는 구성을 갖는다는 점이 풍물굿과 다르다. 김덕수는 이것을 '시각성을 배제한 청각 중심의 타악기 앙상블'이라고 표현하고 있다. '전통은 지킴이 아니라 창조를 위한 열림'이라는 그의 문화적 신념이 반영된 것이다. 전통문화에 대한 열린 의식과 몇몇 선구자들의 천재성이 결합하여 사물놀이가 탄생했다.

1978년 사물놀이의 탄생은 음악사에서 큰 의미가 있다. 첫째, 사물놀이는 조상들이 물려준 풍물굿의 전통을 계승했다. 식민지와 산업화를 겪으면서 풍물굿은 구시대의 낡은 유물로 치부되어 철저히 파괴됐고, 여기에 서양 음악의 범람은 치명타가 됐다. 이렇게 사라져가던 풍물굿이 사물놀이라는 현대적 양식으로 부활한 것이다. 둘째, 민족 음악의 특수성을 세계 음악의 보편성으로 발전시킨 점은 전통 국악의 새로운 가능성을 제시했다. 일본 다이코(大鼓)의 명인 하야시 에데스는 사물놀이에 대한 느낌을 이렇게 표현했다. "처음 듣는 소리인데 그리웠다. 알지도 못하면서 야단법석을 떨었다. 그 소리에 칼을 대면 선혈이 튀어오를 것 같다. 이처럼 북받쳐 오르는 소리를 들은 것은 처음이다. 나는 사물놀이를 계속 질투하고 있다."

"전통은 지킴이 아니라 창조를 위한 열림이다"

이미 사물놀이는 한국문화를 대표하는 상징이 됐다. 기존의 풍물굿을 전통이라는 이름으로 지키는 데에 급급했다면 오늘날 사물놀이의 신화는 불가능했을 것이다. 1980년대 중반 미국의 한 공연장에서 각국의 음악인들이 연주를 한 일이 있었다. 그곳에서 일본 출신의 세계적인 록밴드인 라우드니스가 정상급의 연주를 선보였는데, 당시 공연에서 미국인들을 감동시킨 것은 한국의 사물놀이패였다. 그 이유를 묻는 기자의 질문에 "저런 록밴드는 미국에 수백, 수천 개가 있다. 그러나 한국의 사물놀이는 정말로 신선하고 충격적이었다"라며 한 미국인 평론가가 대답을 했다. '가장 한국적인 것이 가장 세계적인 것'이라는 말은 공익광고에나 나오는 립 서비스가 아니다.

사물놀이의 역사는 불과 40여 년밖에 되지 않는다. 사물놀이가 최근에 만들어졌다고 해서 실망할 필요는 없다. 전통은 시대의 변화에 맞게 끊임없이 만들고 가꾸어가는 진행형이기 때문이다. 언젠가 TV 토크쇼에 출현한 록뮤지션 신중현이 명곡 「미인」의 메인테마를 흥얼거리자 패널로 출연한 김덕수가 즉석에서 '얼쑤!' 하고 추임새를 넣는 장면을 무척 인상 깊게 보았다. 고수끼리는 통하는 것이 있는 모양이다. 잘 알려진 대로 신중현의 「미인」은 각설이타령의 음계를 응용하여 만든 한국형 록 음악이다. '한국적 미'를 바탕으로 시대가 요구하는 새로운 영역을 개척하는 그들은 진정한 전통의 수호자이다.

변화할 줄 모르고 과거의 모습만을 고집한다면 그것은 전통이 아니라 골동품일 것이다. 세상에 나온 지 한 세대가 지난 사물놀이도 이젠 변화가 필요하다. 단조로운 리듬과 사운드는 일반인들에게 이미 너무 익숙해져 있다. 장르가 다른 음악의 요소를 받아들이는 것도 필요할 것 같다. MBC 〈나는 가수다〉에서 김덕수 사물놀이패와 록밴드 자우림이 함께 연주하는 모습도 신선했다. 이벤트성으로 끝나지 말고 새로운 전통을 만들어가는 계기가 됐으면 좋겠다. 아마 당사자들이 먼저 느끼고 있을 것이다.

참고자료

김우진. 2007. 「우리 음악의 미학, 소리를 말하다」. ≪문화재 사랑≫, 80호. 문화재청.
김헌선. 1995. 『사물놀이 이야기』. 풀빛.
심우성. 2007. 『전통문화를 찾아서』. 동문선 현대신서.
주강현. 2007. 『100가지 민족문화 상징사전』. 한겨레아이들.
최래옥. 1992. 『우리민속의 멋과 얼』. 동흥문화사.
KBS 〈인물현대사―김수근〉. 2005.2.18. 방송.
MBC 〈TV특강 인생은 아름다워―김덕수의 세계 속 사물놀이〉. 2008.7.9. 방송.

✓ 20세기에 발명된 신무용, 부채춤

한국의 대중에게 가장 친숙한 전통무용은 부채춤일 것이다. 각종 국내외 행사에서 빠지지 않고 공연되는 것은 물론 대통령이 외국을 방문할 때에도 부채춤은 한국문화의 전도사 역할을 하고 있다. 그만큼 한국문화의 상징이 된 것이다. 부채춤처럼 현란함과 단아함이 공존하는 예술도 흔치 않으리라.

그런데 부채춤 역시 20세기의 작품이다. 1954년 11월, 서울시 공관에서 평양 출신 무용가 김백봉이 처음 발표한 신무용이다. 당시 언론은 "한국무용사의 여명기", "한국무용에서 뚜렷한 전진"이라고 극찬했다.

김백봉은 14살에 일본 도쿄로 건너가 전설적인 무용가 최승희의 제자가 됐다. 김백봉은 스승 최승희 밑에서 먹고 자면서 무용을 배웠다. 빨래를 비롯한 온갖 허드렛일을 하며 예술가의 길을 다졌다고 한다.

김백봉은 최승희의 시동생인 안제승(전 경희대 교수)과 결혼했다. 부채춤을 제안한 것도 무용이론가인 남편 안제승이었다(1934년 최승희는 일본에서 이미 부채춤을 선보였다). 한국의 전래 무교(巫敎) 행사에서 무속인이 부채를 들고 추는 춤에서 영감을 얻었다고 한다. 부채춤의 반주음악으로는 많이 쓰이는 〈창부타령〉도 무가(巫歌)에서 나온 것이다.

석굴암은
민족문화일까?

고대 그리스 세계를 통일한 알렉산드로스는 기원전 334년 봄, 3만 5000명의 군대를 이끌고 동방원정에 나섰다. 이듬해 알렉산드로스는 서아시아의 제국 페르시아의 대군을 무찔렀고, 이집트까지 장악했다. 이 과정에서 그리스 문화와 아시아 문화가 만나 헬레니즘 문화가 나타났다.

기원전 326년, 알렉산드로스는 인도 북부 인더스 강 유역의 간다라 지방(지금의 파키스탄)에 이르렀다. 당시 인도의 불교에서는 불상을 만들지 않았다. 석가모니의 사리를 모신 탑이 있을 뿐이었다. 석가모니를 형상화하는 것을 신성모독이라고 생각했다(초기 기독교에서도 이런 현상이 있었다). 따라서 초기 불교에서는 불탑이 예배의 중심에 있었다.

이에 비해 고대 그리스의 조각은 인간을 있는 그대로 표현했다. 심지어 신마저도 인간의 모습으로 조각했다. 알렉산드로스의 원정으로 그리스의 조각예술이 간다라 지방에 전해지면서 불상이 만들어지기 시작했다. 그래서 오늘날 간다라 지방에서는 불상뿐 아니라 제우스, 아테나, 헤라클레스 등 그리스의 조각상도 발굴되고 있다.

1세기 경, 불교는 불상시대에 들어갔다. 석가모니가 세상을 떠난 지 500여 년이 지난 뒤였다. 1~3세기는 간다라 미술의 전성기였다. 특히 쿠샨왕조의 카니슈카 왕 때에 불상 조각이 활기를 띠었다. 불교를 전파하는 데에 불상을 활용했고, 불상에 색도 칠했다. 재미있는 것은 초기 불상의 얼굴 생김새는 그리스인을 닮았고, 인도인 모습도 있었다는 점이다.

굽타왕조시대인 4~5세기에 이르러 불상에서 그리스적 요소가 거의 사라지고 인도식 불상의 형태가 완성됐다. 그 유명한 아잔타석굴이 이 시대에 완성됐다. 인도에서는 더위를 피해 수행하려고 암벽을 파서 석굴사원을 만들었다. 모두 29개의 석굴로 이루어진 아잔타석굴에서는 2세기에서 7세기에 걸쳐 불상과 탑, 벽화가 제작됐다. 5세기 이후에는 대승불교가 발달하면서 불상예배가 성행했다.

인도의 석굴사원은 중앙아시아의 실크로드를 거쳐 중국에 전해졌다. 둔황석굴, 윈강석굴, 룽먼석굴 등이 그 과정에서 만들어진 것들이다. 국가가 정책적으로 대형 불상을 세우기도 했고, 점차 인도 양식에서 벗어나 중국 고유의 양식을 만들어갔다.

8세기 중반, 석굴사원은 한반도 동남쪽 토함산 기슭까지 들어왔다. 통일신라 경덕왕 때, 재상 김대성이 전생의 부모를 위해 석굴암을 지었다고 전해진다(원래 이름은 석불사이다). 석굴암은 암벽에 동굴을 판 게 아니고 돌로 방을 만들어 석굴처럼 보이는 것이다. 인도, 중국과 달리 한반도는 단단한 화강암 지형이라 암벽에 굴을 파기가 어려웠기 때문이다.

석굴암은 인도, 중국의 석굴사원에 비해 그 규모는 작지만 예술성과

헬레니즘 조각(왼쪽 위), 간다라 불상(오른쪽 위), 룽먼 석굴 불상(왼쪽 아래), 석굴암(오른쪽 아래)의 모습.

과학성에서 높은 평가를 받고 있다. 콘크리트나 중장비 없이 화강암을 다듬어 그것을 끼워 맞추어 만든 돔과 그 안의 본존불상은 그야말로 압권이다. 보는 이에게 전율을 느끼게 한다(석굴암의 본존불도 색을 칠했던 흔적이 남아 있다).

석굴암 건축은 신라인이 고도의 수학적 능력을 가지고 있었기 때문에 가능했다. 미술사학자 강우방 선생은 석굴암 건축에 '루트(√)'의 개념이 들어가 있다는 사실을 발견하고 밤잠을 이루지 못했다고 한다. 유홍준 선생은 한국의 문화유산이 모두 사라져도 석굴암은 지켜야 한다고 단언한다.

석굴암을 민족문화의 틀 속에 가두는 것은 국수주의 이데올로기의 횡포이다. 우리 것의 진정한 가치를 모르는 것이다. 석굴암은 고대 그리스, 인도, 실크로드, 중국 그리고 신라의 문화가 융합된 인류문명의 결정체이다. 한국인들이 석굴암 앞에 섰을 때 헬레니즘의 향기를 느낄 수 있기를 바란다.

참고자료

강우방. 2003. 『한국미의 재발견-불교조각』. 솔.
이주형. 2003. 『간다라 미술』. 사계절.
최상훈 외. 2011. 『고등학교 세계사』. 교학사.

고려청자는
고려의 발명품일까?

고려의 상징이 되어버린 청자는 원래 중국의 발명품이었다. 중국에서는 이미 한(漢) 대부터 청자를 만들었고, 송 대(960~1279)에 이르러 그 꽃을 피웠다. 중국역사에서 송 대는 상업과 소비문화가 발달한 시대였다. 상업의 발달은 도자기 생산을 촉진했다. 또한, 송 대에는 석탄을 연료로 사용하면서 높은 온도에서 질 좋은 도자기를 생산하게 됐다.

국내 경제의 성장은 대외교역으로 이어졌다. 송의 수출품은 170여 종이었는데, 대표 품목은 도자기였다(도자기를 영어로 'china'라고 표기한다). 송의 도자기는 동아시아뿐 아니라 인도, 서아시아, 동아프리카까지 수출됐다. 당시에 이렇게 형성된 교역로를 '도자기의 길(세라믹 로드)'이라고 한다.

지리적으로 중국과 가까운 고려(918~1392)는 송 도자기의 영향을 직접 받았다. 고려에서 청자를 처음 만들기 시작한 것도 중국인 도공들이었다. 당시에 도자기 제작기술은 첨단기술이었기 때문에 고려 조정은 이들에게 넉넉한 대접을 했다. 고려에 과거제도를 도입한 인물로 유명한 쌍기가 이 사업을 주도했다. 고려청자는 황해도, 경기도, 충청도, 전라도로 이어지는 서·남해안 지역에서 생산됐다. 또한 세월이 흐르면서 청자뿐 아니라 백자도 생산하기 시작했다(청자보다 백자 만들기가 더 어렵다).

중국에서 불교 선종이 들어오고, 차 문화가 유행하면서 도자기의 수요가 늘어났다. 고려에서는 왕실 행사에 차가 등장했고, 승려나 문인을 비롯한 상류층이 차를 마셨다. 차와 도자기는 뗄 수 없는 관계였다. 물론 일반 백성들에게 차와 도자기는 사치품이었다. 백성들은 주로 구리 그릇을 사용했다고 한다.

12세기에 고려청자의 예술성은 절정을 이루었다. 송 청자의 요소가 줄어들고 고려청자의 개성이 드러나기 시작했다. 고려청자의 생명은 비색(翡色)에 있다. 비색은 회색 톤이 들어간 맑고 푸른색이라고 하지만, 그것은 인간의 언어로 표현할 수 있는 영역이 아니다. 당시 중국인들도 고려청자의 비색을 천하제일이라고 인정할 정도였다.

도자기는 가마에서 불로 굽기 전에 유약을 칠한다. 유약은 나무를 태우고 남은 재를 물에 탄 것이다. 결국 어떤 나무를 태워서 유약을 만드느냐가 핵심기술이었다. 고려청자는 유약에 들어가는 망간 성분이 송 청자보다 5배 많다고 한다. 여기에서 고려청자와 송 청자의 결정적 차이가 났다.

고려인들은 비색 청자에 상감기법을 도입했다. 상감기법은 도자기 몸체에 색이 다르거나 성분이 다른 물질을 집어 넣어 무늬를 만들어내는 공예기법이다. 물론 상감기법도 고려의 독창적 기술은 아니고 동서양에서 오래 전부터 사용해왔다.

도자기는 흙의 예술이다. 고려청자는 인간이 흙으로 빚어낼 수 있는 예술의 절정일 것이다. 고려인들은 송 청자를 받아들여 끊임없는 노력으로 신비의 색을 창조해냈다. 오늘날 한국인이 외국에서 먼저 발명한 반도체, 휴대전화 등을 더욱 연구 개발하여 세계시장을 주름잡는 것도 우연이 아닐 것이다.

참고자료

강경숙. 1998. 「청자 · 분청사기 · 백자」. ≪한국사 시민강좌≫, 제23집. 일조각.
미야자키 마사카츠. 2001. 『하룻밤에 읽는 중국사』. 중앙M&B.
최준식. 2010. 「청자」. 네이버캐스트.
한국역사연구회. 2005. 『고려시대 사람들은 어떻게 살았을까』. 청년사.

한글은
어떻게 태어났을까?

조선 초기 역사를 읽다 보면 태조, 정종, 태종 때에는 정치적으로 어수선하다가 세종 때 갑자기 정세가 안정되고 민족문화가 꽃을 피운다. 그런데 연표를 살펴보면 고개가 갸우뚱해진다. 1392년에 조선이 건국되고, 1397년에 세종이 태어났으며, 1418년에 세종은 왕위에 올랐다. 세종이 아무리 걸출한 인물이라고 해도 겨우 30여 년 만에 세상이 그렇게 바뀔 수 있을까?

잘 알려진 대로 세종 때에는 한국역사에서 보기 드물게 과학기술이 발달했다. 측우기, 자격루, 앙부일구, 화포, 신기전, 칠정산 등이 유명하다. 그런데 이런 성과는 중국 원(元)의 영향을 받은 것이었다. 원은 유라시아 대륙에 걸친 대제국으로서 활발한 동서 문화교류를 통해 선진문명을 이루었고, 한반도에도 영향을 주었다. 이때 들어온 원의 문물은 고려 말에서 조선 초의 정치적 혼란을 지나 체제가 안정되어가는 세종 때에 이르러 정착됐다.

세종의 최대 업적인 훈민정음 창제도 원의 파스파 문자에서 영향을 받은 것으로 보인다. 파스파 문자는 승려 파스파가 원 세조 쿠빌라이의 명을 받아 만든 몽골어용 문자이다. 파스파 문자는 훈민정음처럼 소리글자이고, 고려 후기부터 조선 전기 사이에 학자들이 사용했다(세종은 언어학자였다). 전문가가 아니더라도 파스파 문자와 훈민정음의 모양이 비슷하다는 것을 한눈에 알 수 있다.

모방 없는 창조는 없다. 세종도 새로운 문자를 만들 때 주변국의 여러 문자를 참고했을 것이다. 그리고 그것을 토대로 한국말을 가장 정확하고 효율적으로 표기할 수 있는 새로운 문자를 만들어냈을 것이다. 훈민정음은 열린 문명교류를 통해 탄생할 수 있었다. 어느 날 갑자기 하늘에서 뚝 떨어진 것이 아니었다.

훈민정음이 있기 전에는 국가가 백성에게 정책을 알리는 데에 어려움이 많았다. 한문으로 쓴 방문(榜文)을 관리들이 일일이 읽으며 백성에게 설명해주는 것도 한계가 있었다. 이런 행정적 불편을 해결하기 위해서는 '어리석은 백성'도 읽을 수 있는 쉬운 문자가 필요했다. 『조선왕조실록』에서 "지혜로운 자는 아침나절이 되기 전에 이해할 수 있고, 어리석은 자도 열흘 만에 배울 수 있다"라고 했듯이 훈민정음 창제로 백성도 문자생활을 할 수 있게 됐다. 19세기 조선에서 활동했던 선교사 헐버트는 훈민정음을 세계에서 가장 과학적인 문자라고 극찬했고, 자신도 배운지 며칠 만에 읽고 쓰기가 가능했다고 말했다. 그런데 백성이 한자를 읽지 못해서 나타나는 행정적 불편은 세종 이전에도 있었다. 왜 하필 15세기 세종 때에 와서 훈민정음이 창제됐을까?

1428년(세종 10년), 진주에 사는 김화라는 자가 아버지를 살해했다. 이 사건은 유교를 통치이념으로 삼고 있던 조선사회에 큰 파장을 일으켜 『조선왕조실록』에서도 비중 있게 다루고 있다. 김화를 능지처참에 처한 후 세종은 "계집이 남편을 죽이고 종이 주인을 죽이는 것은 가끔

파스파문자

있지만 자식이 아비를 죽이기에 이르니, 이는 내가 덕이 없는 탓이다"라고 말했다.

영민했던 세종은 강력한 처벌만으로 근본적인 해결이 어렵다는 것을 알고 있었다. 이에 세종은 유교윤리를 보급하기 위한 작업에 들어갔다. 모범이 될 만한 효자, 열녀의 행실을 모아 책으로 펴냈다. 이것이 『삼강행실도』이다. 그림을 집어 넣어 이해를 도왔지만, 한문으로 쓴 『삼강행실도』를 어리석은 백성이 제대로 읽기는 어려웠다. 훈민정음은 이런 상황에서 만들어졌다. 물론 김화 사건 이전부터 세종은 이미 새로운 문자의 필요성을 느끼고 있었을 것이다. 김화 사건은 세종이 행동에 나서게 한 계기가 됐을 것이다.

세종이 집권한 시대를 태평성대로만 이해하기 쉬운데, 실제로는 그렇지 않았다. 하층민들이 신분차별, 무리한 부역동원 등에 불만을 품고 폭동을 일으키는 일이 빈발했다. 함경도 지방의 천민들이 한성에 올라와 민가에 불을 지르는 사건도 있었다. 세종이 왕위에 오른 1418년은 조선왕조가 건국된 지 겨우 26년이 지난 때였다.

국가가 백성을 교육한다는 것은 백성을 그 체제에 맞게 길들이는 것이

다. 백성을 어느 정도 가르쳐놓고 통치하는 편이 더욱 효율적이기 때문이다. 훈민정음(訓民正音)은 '백성을 가르치는 바른 소리'라는 뜻이다. 훈민정음은 백성을 훈육, 순치, 교화하기 위한 수단이었던 것이다. 훈민정음이 창제되고 나서 가장 먼저 작성된 글이 조선 건국을 정당화한 『용비어천가』라는 사실도 이를 뒷받침한다.

훈민정음의 등장은 국가권력과 백성이 서로 의사소통할 수 있는 통로가 생긴 것을 의미했다. 연산군 때 폭정을 비판한 훈민정음 투서가 발견됐고, 임진왜란 때에는 선조가 왜군에게 잡힌 조선인 포로에게 훈민정음 교서를 쓰기도 했다. 선조가 쓴 교서에는 왜군을 돕지 않고 탈출해 돌아오면 죄를 묻지 않겠다고 회유하는 내용이 담겨 있다.

훈민정음은 한자의 발음기호 기능도 갖고 있었다. 한자는 청동기, 철기 시대에 한반도로 들어와 약 1000년 동안 사용되면서 그 음이 변해갔다. 가령 '고구려', '강감찬'의 원래 발음은 '고구리', '강한찬'이었다고 한다. 이에 세종은 한자에 정확한 발음기호를 달아 세월이 흘러도 변하지 않게 고정시키고 싶었다. 그 발음기호가 소리글자인 훈민정음이다. 國의 발음기호를 [국]이라고 표기하는 식이다. 훈민정음의 '정음(正音: 바른 소리)'은 한자음을 정확히 기록한다는 의미이다. 결국 '훈민정음'이라는 명칭에 훈민정음의 창제 목적이 고스란히 들어 있는 셈이다.

훈민정음은 창제 이후 '언문(諺文)'이라고 불렸다. 당시에는 한자가 주류 문자였기 때문에 언문에는 비주류 문자라는 의미가 들어 있었던 것 같다. 하지만 조선의 22대 국왕 정조가 언문으로 쓴 편지가 발견된 것을 보아 훈민정음을 크게 천시하지는 않았던 듯하다. 훈민정음은 여성들이 많이 썼기 때문에 '암클'로 불리기도 했다. 왕실이나 사대부 집안의 여성들이 훈민정음을 사용했다. 한편, 백성들은 훈민정음으로 사회적 의사

표현을 하기도 했다.

훈민정음은 근대에 들어 민족의 문자로 다시 태어났다. 1894년 갑오개혁 때 훈민정음을 '국문(國文)'으로 규정하고 공문서를 훈민정음으로 기록하게 했다. 1896년 미국에서 귀국한 서재필은 훈민정음으로 ≪독립신문≫을 발행했다. 이때 ≪독립신문≫의 교열작업을 했던 인물이 주시경이다. 망국의 시기에 주시경은 훈민정음으로 민족의 정체성을 지키려고 했다. 1910년대 초, 주시경은 훈민정음을 '한글'이라 부르기 시작했다. '한글'은 '큰 글'이라는 뜻이다.

1914년 주시경은 38세의 나이로 세상을 떠났지만, 그의 제자들은 한글을 민족의 문자로 가꾸어갔다. 1921년 조선어연구회는 가갸날(지금의 한글날)을 제정하고, 잡지 ≪한글≫을 발행했다. 조선어연구회는 조선어학회로 발전했다. 조선어학회는 '한글맞춤법통일안'을 발표했고(1933) 『우리말 큰 사전』을 비밀리에 발행하려다가 일제의 탄압으로 중단할 수밖에 없었다(조선어학회 사건, 1942). 좌파와 우파의 지지를 고루 받던 조선어학회는 광복 이후 한글학회로 이어졌고, 『우리말 큰 사전』도 완성시켰다. 한글이 민족의 문자로 태어난 데에는 선각자들의 피와 땀과 눈물이 있었다. 분단시대에 '남북한 통일한글사전'이 나와야 하는 한 이유이다.

오늘날 한국이 정보화 강국이 될 수 있었던 데에도 한글의 힘이 컸다. 훈민정음의 과학성, 간결성, 효율성이 정보화시대의 요구에 들어맞았다. 휴대전화를 이용해 한 손으로 문자메시지를 가볍게 주고받는 일상의 풍경에서 한글의 위력을 실감한다. 세종대왕님은 한국민족에게 둘도 없는 선물을 주고 가셨다.

이른바 '세계화'의 물결 속에 한국사회에 영어가 난무하고 하고 있다.

아직 한글도 다 배우지 않은 어린 아이들에게 영어 알파벳을 가르친다고 난리이다. 한글을 홀대한다는 우려가 나올 만하다. 2014년부터 한글날이 공휴일로 부활한 것도 그 표현일 것이다. 그러나 나는 크게 걱정하지 않는다. 한글의 우수성과 경쟁력을 믿기 때문이다. 우리 모두 자신감을 갖자.

참고자료

『조선왕조실록』.
박영준 외. 2002. 『우리말의 수수께끼』. 김영사.
오종록. 2008. 「세종 때 과학기술이 발달한 까닭은 무엇인가」. 『질문하는 한국사』. 서해문집.
오종록. 2008. 「세종은 왜 한글을 만들었을까」. 『질문하는 한국사』. 서해문집.
이우성. 1982. 『한국의 역사상』. 창작과비평사.
정광. 2012. 『훈민정음과 파스파 문자』. 역락.
최경봉. 2005. 『우리말의 탄생』. 책과함께.

태극기는
어떻게 탄생했을까?

국기는 국가(國歌)와 더불어 한 나라를 나타내는 상징물이다. 역사적으로 가장 오래된 국기는 1219년 교황이 하사한 깃발에서 유래한 덴마크의 국기라고 한다. 국기가 본격적으로 사용되기 시작한 것은 근대민족국가 형성기이다. 국민을 하나로 결집하기 위해서는 국가의 이념을 상징하는 표상물이 필요했기 때문이다.

영국 국기는 흔히 유니언잭(Union Jack)으로 불린다. 1603년 스코틀랜드의 제임스 6세가 잉글랜드의 왕위를 물려받아 제임스 1세가 되면서 스코틀랜드와 잉글랜드는 연합을 이루었다. 여기에 아일랜드까지 합세하면서 세 나라의 국기가 합쳐져 오늘날의 유니언잭이 만들어졌다(1801).

삼색기로 불리는 프랑스 국기는 프랑스혁명이 한창이던 1790년에 만들어졌다. 처음에는 빨간색·흰색·파란색으로 이루어졌다가 1794년에 파

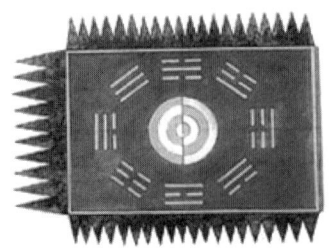

조선 왕실에서 사용한 의장용 깃발. 팔괘
와 태극이 한국민족의 상징이었음을 보여
준다.

박영효가 제작한 태극기.

란색·흰색·빨간색으로 바뀌어 오늘날에 이르고
있다. 파란색·빨간색은 파리 시, 흰색은 국왕을
상징한다.

전통적으로 중국인은 용을 좋아했다. 중국의
마지막 왕조인 청은 황룡기를 사용했다. 그러나
청이 제국주의 세력의 침략을 받고 쇠퇴해가자
혁명지도자 쑨원은 삼민주의를 상징하는 청천백
일기를 만들었다. 청천백일기는 현재 타이완의
국기로 사용되고 있다.

일본의 국기인 일장기는 언제 만들어졌는지
알 수 없다. 일장기의 붉은 동그라미는 태양을
의미한다('日本'은 '해의 뿌리'라는 뜻이다). 미일수
호통상조약을 비준하기 위해 미국에 간 일본의
사절단이 사용했고(1860), 메이지유신 뒤인 1870
년에 일본의 정식 국기가 됐다. 개항 이후 서양
제국과 접촉하면서 근대적 국기의 필요성을 느
꼈던 것이다. 이 무렵 일본군은 일장기에 햇살무늬를 그려 넣은 욱일승
천기를 만들었다. 오늘날까지도 욱일승천기는 아시아인에게 일본 제국
주의 침략의 상징으로 각인되어 있다.

한국의 국기인 태극기도 19세기 개항 이후에 만들어졌다. 태극무늬는
오랜 옛날부터 한국인에게 친숙했다. 신라시대의 절터에서도 볼 수 있
고, 조선시대 왕실의 깃발에도 나온다. 유학사상에서 태극은 우주만물
의 근원이며 음양의 원리를 의미한다. 태극기에서 태극무늬 옆에 있는 4
괘는 원래 8괘였다. 8괘는 유학의 경전 『주역』에서 말하는 하늘, 땅, 물,

불 등 여덟 가지 자연현상을 의미한다.

1876년 강화도조약 당시 일본은 "운요호가 조선의 해안을 지날 때 세 돛대에 모두 일본 국기를 게양했는데 어찌 화포를 쏘았는가?"라고 트집을 잡았다(1875년 운요호 사건 때 운요호가 실제로 국기를 달고 있었는지는 확실하지 않다). 국기가 달린 배에 대한 포격을 일본에 대한 포격이라고 주장한 것이다. 조선은 이 사건을 계기로 국기의 중요성을 알게 됐다.

1882년 5월, 조선이 미국과 수호통상조약을 맺을 때 국기 제작문제가 제기됐다. 당시 조미수호통상조약을 중재한 청은 조선에 '조선은 청의 속국'이라며 청의 국기인 '황룡기'와 비슷한 '청운홍룡기'를 게양하도록 요구했다. 그러나 미국의 전권특사 슈펠트는 이것이 조선을 독립국으로 인정하려는 자신의 생각에 위배된다며 새로운 국기를 만들라고 권유했다. 이에 김홍집은 역관 이응준에게 조선의 국기를 만들라고 지시했다. 그런데 이때 나온 태극기는 완전히 새로운 발명품이 아니었다. 조선 왕실에서 사용해오던 어기(御旗)를 개량한 것이었다. 이렇게 최초의 태극기가 탄생하여 조미수호통상조약 때 미국의 성조기와 나란히 게양됐다.

같은 해 9월, 박영효가 수신사로 일본에 갈 때에도 태극기를 사용했다. 임오군란 때 피해를 입은 일본에 사과를 하러 간 것이었다. 박영효는 "무릇 외국에 사신으로 나가는 사람이 예의상 국기가 없을 수 없는데 … 새로 만든 국기를 묵고 있는 여관의 깃대에 달았다"고 말했다. 이때 박영효가 사용한 태극기는 이응준의 태극기와 괘의 좌·우 위치가 달랐다. 박영효는 일본으로 가는 배 안에서 영국인 선장 제임스와 의논해 태극기의 8괘를 4괘로 단순화했다고 한다. 이 태극기가 1883년 3월에 조선의 공식 국기가 됐다.

이후 일제강점기에 태극기는 민족운동의 정신적 구심체가 됐다. 항일

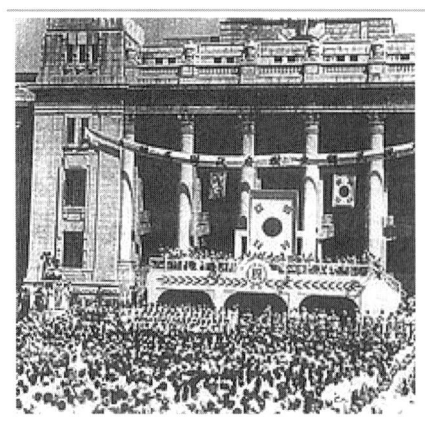
대한민국 수립 선포식. 태극기가 단상 중앙에 걸려 있다.

의병운동에도, 3·1운동에도, 청산리전투에도 태극기가 있었고, 대한민국임시정부도 태극기를 사용했다. 여기서 주목할 것은 일제강점기 사회주의 계열의 독립투사들도 태극기를 사용했고, 광복 이후 북한에서도 태극기를 사용했다는 점이다.

38도선 이남과 이북이 단독정부 수립으로 치닫고 있던 1948년 7월, 북한은 태극기 대신 새로운 국기를 공식적으로 사용하기 시작했다. 당시 북한 내에서도 태극기를 버리는 것에 대해 반발이 있었다. 현재 북한의 국기를 북한에서는 '공화국기', 남한에서는 '인공기'라고 부르고 있다.

분단 이후 남한과 북한은 민족의 정통성을 놓고 체제경쟁을 했다. 이런 상황에서 남한이 수백 년의 고도 서울을 차지하고 있는 것은 상징적 의미가 크다. 6·25전쟁 때 북한군이 3일 만에 서울을 점령하고 나서 흥분하여 며칠 동안 축제를 벌인 것도 이와 무관치 않을 것이다.

남한이 태극기를 일관되게 국기로 사용하고 있는 것도 마찬가지이다. 국기의 역사만 놓고 본다면 남한은 부모가 사는 본가이고, 북한은 철없이 집을 나간 자식이다. 태극기가 갖는 또 다른 의미이다.

참고자료

김은식. 2013. 『국기로 보는 세계사』. 페퍼민트.
최상훈 외. 2013. 『고등학교 세계사』. 교학사.

태권도는
태견을 계승했을까?

1970~1980년대에 국경일이나 명절 때 TV에서 종종 방영하던 한국영화가 있었다. 작품의 제목은 기억이 나지 않는데, 배경은 고려시대의 만주 벌판이었던 듯하다. 한국·중국·일본의 무술 고수들이 '민족'의 자존심을 걸고 우열을 가리는 내용이었다. 중국, 일본의 무술에 맞서 '고려의 태권도'가 승리하는 것으로 영화는 마무리가 됐다. 당시 초등학생이었던 나는 '고려의 태권도'라는 극중 대사에서 정체를 알 수 없는 비장함과 전율을 느꼈다. 분장이나 촬영기술은 엉성했으나 작품이 전달하고자 했던 강렬한 민족주의 정서를 느끼기에는 충분했다. 그런데 대학에 들어온 뒤, 태권도가 20세기에 만들어졌다는 사실을 처음 들었을 때 매우 당혹스러웠다.

해방 이후 일본 유학생들이 도장을 열다

여전히 많은 한국인들은 태권도가 전통 태견을 계승한 한국민족의 고유 무술이라는 통념을 무의식적으로 받아들이고 있다. 세계적으로 권위를 인정받는 『브리태니커 백과사전』에서도 '태권도의 연원은 고대 부족국가의 제천행사였던 영고, 동맹, 무천 때 행해졌던 제전경기로, 이로부터 형성된 전통무술인 태견에서 찾을 수 있다'고 서술되어 있다.

태견은 고려시대에 무사들의 무예였고, 조선시대에는 무과의 시험과목이었다. 하지만 조선 후기의 태견은 이미 무예의 성격이 사라지고 서민들의 오락거리로 전락하여 그 명맥을 유지했다. 조선이 식민지가 된 뒤에는 일제의 탄압으로 급격히 쇠퇴했다. 태견판을 여는 것 자체가 금지됐으며, 태견꾼은 보이는 대로 잡혀갔다. 심지어 어린아이들이 놀이로 벌이는 태견도 금지됐다. 그 대신 서양의 근대 스포츠를 비롯하여 일본의 무예인 가라테, 유도, 검도가 들어와 젊은이들 사이에 파고들었고 태견은 잊혀져갔다. 태견의 역사에서 식민지시대는 단절과 망각의 시간이었다.

태권도의 역사는 1945년 광복 이후에 시작됐다. 태권도 탄생의 모체가 된 '5대 도장'은 일본에서 가라테를 배워온 유학생들이 만들었다. 이원국의 청도관, 전상섭의 조선연무관, 황기의 무덕관, 윤병인의 YMCA권법부, 노병직의 송무관이 그것이다. 이들은 무시무시한 무림의 고수들이 아니라 생계수단이나 취미로 도장을 열었을 뿐이었다. 신비주의적 해석을 경계한다. 따라서 태권도는 일본 가라테의 영향을 받으며 탄생했다고 볼 수 있다.

광복 직후 가라테 5대 도장

도장	창설자	창설 일자와 소재지	창설자의 이력
청도관	이원국	1946년 2월 27일 창설, 서울 옥천동 소재	-1926년(19세), 일본으로 건너가 주오대학에서 법학을 전공 -훗날 송무관의 창설자인 노병직과 일본 공수도의 본관인 송도관에 입문하여 일본 가라테의 아버지인 후나고시 기진으로부터 가라테를 배움
조선연무관 (지도관)	전상섭	1946년 3월 3일 창설, 서울 소공동 소재	-일본에 유학하여 가라테를 배움 -1943년에 귀국하여 유도학교 조선연무관에서 유도와 가라테를 가르침
무덕관	황기	1947년경 창설 추정, 서울 용산 철도국 소재	-1935년 남만주 철도국에 입사해 국술을 수련했다고 '주장'함 -승급심사 때 청도관 관장과 송무관 관장이 참여함
YMCA권법부 (창무관)	윤병인	1946년 창설, 서울 종로 YMCA 소재	-만주에서 중국무술인 주안파(팔극권)를 배움 -직전 일본으로 건너가 가라테를 배워 니혼대학 가라테부 주장을 맡음 -조선연무관에서 전상섭과 함께 수련함
송무관	노병직	1946년 창설, 황해도 개성 소재, 6·25전쟁 이후 서울로 옮김	-일본 유학 시절, 청도관 창설자 이원국과 함께 후나고시 기진으로부터 가라테를 배움 -도장의 이름은 스승인 후나고시 기진의 송도관에서 빌려옴

태권도의 산파, 최홍희

19세기 후반, 일본에 의해 강제 개항을 당한 이후 한국은 서양의 근대 문물을 받아들였다. 당시 한국의 옛 전통은 된장 냄새가 나는 낡은 유물이자 청산해야 할 대상이었다. 그리고 일본은 서양의 근대 문물이 들어오는 주요 통로였다. 엄밀히 말해 한국은 '일본화된 서양 문물'을 받아들였던 것이다. 이러한 시대에 일본 유학을 다녀온 엘리트들이 청산의 대상이었던 조선의 전통 태껸에 생계를 맡겼을 가능성은 낮다.

광복 직후까지도 '태권'이라는 용어는 없었다. 그 대신 '5대 도장'의 무술을 '공수(空手)', '당수(唐手)'로 불렀다. 그리고 '공수', '당수'의 일본어

발음이 바로 '가라테'이다. 몇몇 일본 유학생 출신 사범들은 자신들의 공수, 당수에 전통 태견을 접목했다고 주장하기도 했다. 그러나 이는 반일 정서가 강했던 광복 직후의 사회 분위기를 고려한 것이었다.

　1950년대에는 '5대 도장'을 모체로 당수(가라테) 도장들이 생겨났다. 최홍희·남태희의 오도관, 홍정표·박철희의 강덕원, 이교윤의 한무관, 이용우의 정도관 등이 그것이다. 당수 도장의 춘추전국시대가 열렸다. 이 가운데 태권도의 산파로 불리는 최홍희는 함경북도 명천 출신으로, 기골이 장대한 무인의 이미지와는 거리가 멀고 오히려 '꽃미남'에 가까웠다. 실제로 그는 어린 시절부터 몸이 허약했는데 이것이 무예를 연마하게 된 계기가 됐다고 한다. 그는 1937년에 일본으로 유학을 가서 가라테를 배웠으며, 그의 오른팔이었던 남태희도 청도관에 입문하여 이원국 관장으로부터 당수를 배웠다. 최홍희, 남태희의 오도관은 군대에 당수를 보급시켰다.

　'태권'이라는 용어는 1950년대에 처음 등장했다. 이와 관련하여 자주 인용되는 에피소드가 있다. 1952년, 제1군단 참모장 최홍희는 이승만 대통령 앞에서 당수(가라테) 시범단의 시범을 보였다. 이날 남태희 대위는 대통령 앞에서 맨주먹으로 기왓장 13장을 격파하는 괴력을 선보였다. 감동을 받은 대통령은 무술의 이름이 무엇이냐고 물었고, '당수'라는 대답이 돌아왔다. 그러자 대통령은 역정을 내며 "저게 예로부터 내려오는 '태견'이야, '태견'!"이라고 '결론'을 내린다. 그리고 그 '태견'을 전 군대에 보급하라고 지시했다. 원래 에피소드에는 과장과 생략, 그리고 어느 정도의 해학이 들어가기 마련이지만 '태권'이라는 용어가 탄생하는 데에 대통령의 입김이 작용한 것은 사실인 듯하다. 이와 비슷한 예가 또 있다. 같은 해인 1952년 진도를 방문한 이승만 대통령은 진돗개를 세계적인 개로 길러내라고 지시했다. 광복 이후 잊혀져가던 진돗개는 대통령의 말 한마디로 일약 전국적인 스타가 된다. 진돗개가 육지로 마구 반출됐고, 결국 1962년 정부는 관련법을 만들어 진돗개를 보호하기에 이르렀다.

이승만이 가라테를 보고 '태껸'이라고 외친 데에는 아마도 1949년 그의 생일 파티에서 송덕기가 선보였던 태껸 시범의 영향이 컸을 것이다. 송덕기는 민속놀이로 전락해 있던 태껸을 무예로 부활시킨 인물이다. 오랫동안 미국에서 생활한 이승만은 한국 고유문화에 대한 야릇한 향수가 있었을 것이다. 여기에 광복 직후 한국사회에 팽배한 반일 민족주의 정서가 더해졌을 것이다. 당시는 학교 수업시간에 교사가 '이순신 장군'이라는 말만 꺼내도 학생들이 눈물을 글썽거릴 만큼 감격의 시대였다.

아무튼 대통령의 지시에 다급해진 최홍희는 새로운 무술 이름 찾기에 몰두했다. 그리고 '태껸'과 비슷한 '태권'이라는 용어를 만들어냈고, 1955년에 '태권'을 공식용어로 채택했다. 훗날 최홍희는 "당수, 공법, 권법, 태껸 등으로 불리던 명칭을 '태권'이라는 이름으로 통일시킨 것은 내 일생을 통해 가장 뜻 깊은 일"이라고 회고했다. 실제로 이것은 최홍희의 탁월한 선택이었다. 서양 기독교의 유일신을 '하나님'으로 번역한 것이 토속신앙의 하느님과 연계되면서 폭발력을 발휘했듯이 '태껸'의 음역인 '태권'도 같은 효과를 냈다. 자연스럽게 태껸과 태권에 연속성이 부여된 것이다. 언어의 위력을 새삼 느낀다.

그러니까 앞에서 말한 한국영화에 나오는 '고려의 태권도'라는 표현은 작가의 실수이다. 언젠가 MBC 사극 〈대장금〉에 출연한 여성 중견 탤런트가 극중 남편을 구박하는 장면에서 "쇼를 해라, 쇼를…"이라는 즉흥 대사를 썼다가 시청자들에게 발각됐던 일이 있었다. 이처럼 현대에 만들어진 용어가 시대를 소급해 사용되는 경우는 우리 주위에 의외로 많다.

언어는 개념의 틀이다. 그동안 공수, 당수로 불리던 무술을 '태권'으로 바꾸어 공식화하면서 태권도는 새로운 전통으로 탄생했다. 1964년에 태권도는 전국체전의 정식 종목으로 채택됐고, 1960년대 말 베트남전쟁에 파병하는 장병들에게 태권도를 교육시키면서 일반 대중에게 알려졌다. '태권도'라는 용어가 널리 알려진 것도 이 무렵이다. 그리고 1971년에는 박정희 대통령의 휘호를 하사받아 '국기(國技)'로 지정됐으며, 2000년 시드니올림픽의 정식 종목으로 채택되어 오늘날에는 세계인의 스포츠로 발전했다.

경기화로 다시 태어나다

태권도는 품세만을 다루던 규칙에 겨루기를 도입하면서 세계적인 스포츠로 발전했다. 태권도의 경기화에 대한 반대도 많았다. 최홍희는 "경기화는 태권도 기술의 3대 요소인 형, 격파, 대련 가운데 대련만으로 승부를 결정하게 됨으로써 불합리하다"라고 비판했다. 초기 태권도(가라테)의 본래 형태와 무도정신이 왜곡되고, 스포츠로 세속화되는 것을 우려한 것이다. 초기 태권도를 개척한 그로서는 인지상정이었을 것이다.

태권도의 경기화를 처음 시도한 인물은 국기원 부원장을 지낸 이종우이다. 태권도의 경기화를 추진한 이유를 묻는 질문에 그는 "간단해요. 혼자 하는 무술은 힘들고 고달프거든. 상대가 있어야 서로 경쟁력이 생기고 기술이 발전합니다. … 스포츠 전체를 볼 때 수기(手技)로 권투가 있기 때문에 우리는 족기(足技)로 발전해야 한다고 판단했어요"라고 답하고 있다.

원래 가라테에는 겨루기가 없었다. 발차기 중심의 겨루기 기술은 태권도와 가라테의 결정적 차이가 됐다. 즉 경기화를 통해 태권도가 발기술 중심의 무술이 됐고, 그것을 통해 가라테의 그늘을 벗어나 '새로운 전통'으로 태어났다. 외래 무술인 가라테를 한국 현실과 대중의 기호에 맞게 발전시켜 새로운 무술인 태권도를 '창조'한 것이다. 따라서 누가 뭐래도 태권도는 한국의 전통 무술이다. 다만 연륜이 기대보다 짧을 뿐이다.

태권도가 태견을 계승했다고 주장하는 이들은 태견과 태권도가 공통적으로 '발기술' 중심의 무술이라는 점을 들어 자신들의 주장을 뒷받침하려고 한다. 그 공통점은 단순한 우연이 아니라 한국인의 유전자에 내재된 '문화적 집단기억'에서 나온 현상이라는 것이다. 나름대로 진지하고 의미가 있는 설명이다.

그러나 그것은 충분히 우연일 수 있다. 어차피 인간의 무술은 손이 아니면 발을 쓰는 행위이기 때문이다. 더욱이 오늘날 태견인들이 태견과 태권도의 연계성을 부정하고 있다는 점에서 이 논쟁은 무의미하다.

최홍희의 어록에도 태권도가 가라테의 영향을 받았다는 사실을 인정하는 대목이 보인다. 1960년 중반, 최홍희는 베트남에 파병되는 태권도 교관단장에게 "일본 가라테 기술을 배우면서 한국 태권도라고 하는 자체가 모순되고 염치없는 짓이니 민족적 긍지를 위해 지금까지의 가라테 형은 일절 폐지하고 새로이 제정한 고유의 기술과 틀을 베트남 땅에 반드시 보급하겠다"라고 말했다.

UFO가 존재한다는 증거는 없다. 하지만 사람들은 UFO가 있다고 믿고 싶어 한다. 역사현상을 극적인 인과관계로 설명하고 싶은 충동도 같은 심리이다. 지나친 인과론은 역사를 소설로 만들 위험이 있다. 고대 트로이 유적을 발굴하여 유명해진 하인리히 슐레이만은 자서전에서 호메로스의 시에 나오는 트로이를 찾아 발굴하는 것이 자신의 어릴 적 꿈이었다고 말했다. 성공한 사업가가 순수한 동심을 간직하며 꿈을 이루어냈다는 이 이야기는 트로이 유적 발굴의 감동과 맞물려 극적인 분위기를 연출하며 자주 인용되고 있다. 그러나 이것도 역시 슐레이만이 유적 발굴 뒤에 만들어낸 신화에 불과하다.

마징가와 태권브이 사이

1970년대에 로봇 만화영화는 전국의 어린이들을 사로잡았다. 오늘날 40~50대 한국 남성들에게 그것은 아련한 추억으로 남아 있다. 〈마징가〉, 〈그레이트 마징가〉, 〈그랜다이저〉, 〈짱가〉 그리고 일본의 만화 주인공에 대적하는 한국의 자존심 〈로보트 태권브이〉가 그 만화영화들이다. 그런데 한국의 〈로보트 태권브이〉가 일본의 〈마징가〉를 모방했다는 사실을 아는 이는 많지 않다. 〈로보트 태권브이〉를 제작한 김청기 감독은 '작가적 양심상 있을 수 없는 부끄러운 한계였다'고 고백했다. 그렇다면 '태권브이와 마징가' 그리고 '태권도와 가라테' 사이에 어떤 함수관계가 있지 않을까?

한국인들은 '최초'에 대한 집착이 있다. 자랑스러운 민족문화는 항상 최초이어야 하고, 독창적이어야 한다. 한국 현대사에서 서민들의 고단한 삶을 위로해주었던 트로트 가요도 일본음악이어서는 안 되고 반드시 한국 고유의 음악이어야만 한다. 높은 순도를 요구한다.

그런데 여기서 인정해야만 하는 것은 좋든 싫든 일본은 이미 한국의 일부가 되어 있다는 현실이다. 언젠가 한국과 일본의 축구 국가대항전에서 한국 응원단이 응원가를 목이 터져라 불렀는데 옆에 있던 일본 응원단이 어리둥절해 했다고 한다. 한국 응원단이 부른 그 응원가가 일본의 만화영화 주제가였단다.

이제는 한국사회의 문화의식도 국력에 걸맞게 조금은 너그러워졌으면 좋겠다. 경주 석굴암이 헬레니즘의 영향을 받았다고 해서, 고려청자와 팔만대장경의 기원이 중국에 있다고 해서 그 문화사적 가치가 떨어지는 것은 아니다. 오히려 그것은 인류사적 보편성이 녹아 있는 결정체이기 때문에 더욱 소중하다.

문화는 물처럼 흐른다. 문화의 발전 과정을 민족이나 국가의 틀 안에 가두어버리는 일은 가능하지도 않을뿐더러, 문화의식을 황폐화시킨다. 이제는 '최초'와 '독창'에 대한 압박감에서 조금만 벗어나자.

태권도가 신라시대 화랑의 무예가 아니라고 실망할 필요도 없다. 왜 전통의 뿌리를 먼 옛날에서만 찾으려고 하는가? 우리 시대에 새로운 전통을 만들어보려는 적극적 사고도 필요한 것 아닌가? '묵어야 장맛'이라지만 어차피 모든 일에는 시작이 있기 마련이다. 먼 훗날, 이 땅의 후손들은 20세기의 태권도인들을 새로운 민족문화를 창조해낸 위대한 조상으로 기억할 것이다.

참고자료

강원식 · 이경명. 2002. 『우리 태권도의 역사』. 상아기획.

구효송. 2006. 「발차기전에 웬 국기에 대한 맹세?」. 《한겨레21》, 599호.

김용옥. 1990. 『태권도철학의 구성원리』. 통나무.

신창화. 2005. 「가라데 기원설 대두의 정치적 배경」. 『목하 최영렬 박사 회갑기념 헌정 논문집』. 상아기획.

양영조. 2005. 「태견과 태권 사이에는」. 『우리는 지난 100년 동안 어떻게 살았을까?』. 역사비평사.

이경명. 1997. 『태권도』. 대원사.

이창후. 2003. 『태권도 현대사와 새로운 논쟁들』. 상아기획.

택견 전국전수관. 2004. 「춤추듯 겨루는 상생의 활갯짓」. 《문화와 나》.

《신동아》. 2002.4. "이종우 국기원 부원장의 '태권도 과거' 충격적 고백".

《오마이뉴스》. 2007.4.25. "마징가 닮은 태권V, 부끄러운 한계야".

청학동은
언제 만들어졌을까?

한반도의 그 많은 산 가운데 지리산은 한국인에게 특별한 의미로 다가온다. 대학생들에게 가장 가보고 싶은 산을 묻는 한 설문조사에서 지리산이 백두산과 금강산을 제치고 1위를 차지했다는 통계도 있다. 소설 『토지』, 『태백산맥』, 『남부군』 등의 영향이 있었을 것이고, 한국 현대사의 처절함이 배어 있는 지리산의 이미지가 대학생들의 감성을 자극했을 것이다.

지리산은 전북 남원, 전남 구례, 경남 하동, 산청, 함양에 걸쳐 있다. 산이라기보다 산맥에 가깝다. 산의 범위가 넓으니 골짜기가 많고, 골짜기의 물이 모여 하천을 이루고, 충적 분지가 만들어졌다. 따라서 지리산은 많은 인구를 부양할 수 있었다. 조선 후기, 이중환은 『택리지』에 "지리산은 흙이 두텁고 비옥해서 사람 살기에 알맞다. 산 안에 백 리나 되는

긴 골짜기가 있다. 밖은 좁아도 안은 넓어 사람이 발견하지 못하는 곳이 있고, 나라에 조세도 바치지 않는다"라고 적었다. 최치원을 필두로 현실을 도피하려는 지식인들과 지배계급의 횡포에서 벗어나려는 민중들이 지리산을 선택한 이유도 여기에 있었다. 지리산은 현실의 아픔을 품은 역사의 산이다.

영원한 이상향, 청학동

동양과 서양을 막론하고 이상향은 존재했다. 서양의 '아틀란티스', '유토피아', 동양의 '무릉도원'이 그것이다. 그 가운데 중국 남북조시대 도연명이 그려낸 무릉도원은 이후 동양적 이상세계의 모델이 됐다. 당(唐)에 유학을 떠나 빈공과에서 장원급제를 했던 최치원도 도연명의 글을 읽었을 것이다. 신라에 귀국하여 현실 개혁에 실패하고 말년을 지리산에서 은둔하며 보낸 것도 이와 무관하지 않을 것이다.

온갖 정치적 풍파에 시달린 지식인뿐 아니라 외침과 가혹한 수탈로 생존의 위기를 느낀 민중은 도가적인 이상세계를 그려나갔다. 오복(五福)이 고루 갖추어졌다는 오복동, 제주도에서 바다에 나가 돌아오지 않는 아들이나 남편이 살고 있다는 이어도, 난리가 없고 살기가 넉넉하다는 청학동 등이 그것이다. 고달픈 현실에서 벗어나 도피하고 싶은 은둔처로 이상화된 곳들이다. 삶의 고단함은 이상향을 낳았다.

지리산은 은둔해서 살기 좋은 자연조건 때문에 청학동이라는 이상향을 낳았다. 거란, 여진, 몽골, 왜구의 침입에 시달리던 고려시대의 일일 것이다. '청학동의 입구에는 큰 폭포가 있다. 폭포를 지나면 돌문이 나온다. 기어서 10리쯤 들어가면 주위가 40여 리 되는 넓고 평탄한 지역이 펼

처진다. 신선이 놀만하고 청학(靑鶴)이 산다. 돌샘에서는 약수가 넘친다. 마을 뒤쪽에는 삼신봉이 구름 위로 솟아있다. 깎아지른 듯한 절벽이 병풍처럼 둘러서 있다. 땅은 기름져 농사가 잘 된다. 흉년, 난리, 질병도 없다. 샘물을 마시면 오래 살 수 있다. 자손을 낳으면 인재가 나와 나라를 다스릴 수 있다.' 이야기 구조가 도연명이 그린 무릉도원과 비슷하다.

서양의 아틀란티스가 금과 은으로 뒤덮여 있고 전리품과 교역품이 넘쳐나는 화려한 이상향인데 비해 한국의 청학동은 소박하다. 외침과 착취에 시달리지 않고, 병들지 않고, 밥을 먹는 것으로 만족한다.

청학동을 찾아 나선 사람들

고단한 현실에서 벗어나고자 또는 지적인 호기심으로 많은 사람이 청학동을 찾아 지리산 계곡을 헤매고 다녔다. 이인로, 김종직, 김일손 등이 그 주인공들이다. 학창 시절 수업시간에 한 번쯤은 들어봤을 당대 최고의 유학자들이다. 일찍이 공자는 "군자는 천하에 도가 있으면 몸을 드러내고, 도가 없으면 몸을 숨긴다"라고 말했다.

최치원이 지리산에서 죽어 신선이 되고 300여 년이 흐른 뒤, 이인로는 청학동을 찾아 지리산 계곡을 헤맸다. 이인로는 고려 무신정권 밑에서 고뇌하던 지식인들 가운데 한 사람이었다. 권력에 적극 협조하며 한 시대를 풍미했던 이규보에 비해 이인로는 우유부단했던 것 같다. 소에 짐을 싣고 지리산으로 떠났는데, 청학동을 찾지 못하고 그냥 돌아온다. 이인로는 지리산에서 돌아와 권력과 손을 잡는다.

사화와 당쟁에 지친 조선시대의 선비들은 여행을 통해 풍류를 즐기고, 현실에 대한 불만을 토로하며 위안을 얻었다. 16세기에는 선비들의 유람이 하나의 문화로 자리를 잡았다. 대표적인 영남 사림파이자 스승과 제자인 김종직과 김일손은 지리산을 찾아가 고려시대의 이인로가 왜 청학동을 찾지 못했는지 모르겠다고 적고 있다. 김종직은 피아골, 김일손은 불일폭포 일대를 청학동이라고 보았다. 김일손은 한 스님의 말을 인용해 청학은 몸이 푸르고 목은 붉고 다리가 긴 새로서 매년 6월에 나타난다고 했다.

하지만 당대 최고의 유학자들이 청학동이 실제로 존재한다고 믿지는 않았을 것이다. 그래서 김일손은 "청학동은 세상 말만 전해 내려오는 공상적인 상상 세계는 아닐까"라고 말했다. 청학동이 어딘가에 실체로 존재하는 것이 아니라 각 시대마다 고달픈 삶을 사는 사람들이 그려가는 이상향이라는 것을 그들은 알았을 것이다. 신비주의를 거부하는 유교적 합리주의자들에게 청학동은 관념적 유희의 대상일 뿐이었다.

1945년 광복 이후 지리산은 현실에서 벗어날 수 있는 은둔처가 아니었다. 여수·순천 반란 사건(10·19사태)을 일으킨 좌익세력은 토벌군에 밀려 지리산으로 숨어들었다. 지리산을 근거지로 유격대 활동이 시작된 것이다. 지리산은 좌우 이데올로기의 격전장이 되어 낮과 밤의 주인이 달랐다. 영문도 모른 채 서로 죽고 죽이는 광기에 지친 주민들은 마을을 떠나기 시작했다. 피의 광기는 6·25전쟁이 끝난 뒤인 1954년까지 이어졌다. 이후 세상에 평온이 찾아오자 전남 광양, 전북 부안, 순창 등에서 정감록과 유불선합일갱정유도(이하 '갱정유도')를 믿는 종교인들이 지리산 진주암 터에 들어와 지금의 청학동을 세웠다.

20세기에 탄생하는 '현세적 청학동'

19세기 중엽부터 아시아, 아프리카에서는 많은 신흥종교들이 발생했다. 이들은 서구 제국주의 문화에 대응한 토착종교의 성격을 띠었다. 조선사회에서도 1860년에 동학이 발생한 이래 새로운 종교들이 뒤를 이었다. 광복 이후에 등장한 신흥종교만도 무려 500개를 넘는다고 한다.

조선왕조를 지배한 성리학은 고도의 지식을 요구하는 철학이기 때문에 일반 민중이 수용하기 어려웠다. 성리학은 초자연적 신(神)의 관념을 배척하고 고도의 합리성과 극단적 주지주의를 추구했다. 이는 억압과 착취에 신음하는 민중의 종교적 욕구를 채워줄 수 없었다. 여기에 조선왕조 말기에 심화된 계급모순이 일제의 식민지배라는 민족모순과 결합하면서 민중의 삶은 벼랑 끝으로 내몰렸다.

갱정유도의 창시자 강대성은 3·1운동에 참여했다가 검거되어 옥살이를 했다. 1922년 그는 망해가는 나라와 도탄에 빠진 민중을 구할 생각으로 득도를 위한 수련에 들어갔다. 귀와 눈을 막고 밥을 굶어가며 정진하던 중 어느 날, 천지를 뒤흔드는 뇌성과 자욱한 안개가 뒤덮이면서 그는 도통을 이룬다.

1944년에는 한국이 식민지에서 해방되는 날짜를 맞추었고, 1950년에는 '나라에 큰 변고가 있을 것'(6·25전쟁)이라며 서울에 올라와 대통령에게 면담을 요청했다. 1953년 5월에는 각국의 대통령과 대사들과의 면담을 요청했으나 역시 거절을 당했다. 이어 갱정유도의 교리을 영어로 번역하여 미국 대통령과 상하원 의장, 유엔사무총장에게 우편으로 보냈다.

이에 미국정부와 유엔은 한국정부에 갱정유도라는 종교에 대해 문의를 했고, 정부는 경찰에 조사를 지시했다. 그런데 강대성의 일부 제자들이 무고하여 강대성을 비롯한 교단 간부들이 경찰에 연행됐다. 대한민국 체제를 무너뜨리려고 했다는 혐의였다. 이때 당한 구타로 강대성은 세상을 떠났다(대화중흥국 사건, 1954). 이 사건은 2년 뒤 대법원으로부터 무죄판결을 받았다. 요즘 같으면 한 종교단체의 돌출행동으로 웃어넘길 소동이었지만, 암울한 시대에 치러야 할 대가는 컸다.

강대성이 세상을 떠나면서 한때 신도 수 50만 명에 이르던 갱정유도의 교세는 급격히 기울었다. 일부 신도들은 갱정유도를 떠났고, 믿음이 강한 신도들은 각자 수도의 길을 갔다. 그들 가운데 일부가 지리산에 들어와 지금의 청학동을 만들었다.

청학동은 사라진 전설인가?

지금의 청학동이 진짜 청학동인지 아닌지는 중요하지 않다. 한국인의 영원한 이상향인 청학동을 상상하는 것만으로도 마음은 따뜻해진다. 청학동이 어딘가에 존재한다면 그곳에 사는 청학은 마테를링크의 동화에 나오는 파랑새일 것이다. 청학동이 현대에 만들어졌다고 실망할 필요도 없다. 그것에 의미를 부여하고 전통으로 만들어가면 된다.

청학동 주민들은 한복을 입고 생활한다. 외출할 때에는 두루마기를 입고 갓을 쓴다. 머리카락을 자르지 않고 기르다가 성인이 되면 남자는 상투를 틀고, 여자는 쪽을 짓는다. 최근에 들어 주거형태가 현대화되고 있지만 옛 초가집을 원칙으로 고수하고 있다. 생업도 쌀농사, 벌꿀 채취 외에 밀려오는 관광객을 상대로 하는 상업으로 확대되고 있다. 자동차를 비롯한 현대문명의 혜택도 보고 있다.

오늘날의 청학동이 현대문명에 '오염'되어 있다고 생각할 필요는 없다. '상상 속의 청학동'은 여전히 아름답게 존재하기 때문이다. 정작 자신은 현대식 아파트에서 안락한 생활을 누리면서 청학동 주민들에게 아궁이에 불을 지펴서 밥을 지어먹고, 등잔불 밑에서 천자문을 읽으라고 강요한다면 너무 이중적이고 가혹하지 않은가? 청학동도 사람이 사는 곳이다.

참고자료

김양식. 1998. 『지리산에 가련다』. 한울.
노길명. 2005. 『한국의 종교운동』. 고려대학교 출판부.
박태순. 1983. 『국토와 민중』. 한길사.
윤용복. 2004. 「갱정유도의 역사와 사상」. 한국학술진흥재단 연구지원 논문.
이규태. 1992. 『이내 가슴엔 수심도 많네』. 동아출판사.
이림천. 1998. 『청학동 가는 길』. 정신세계사.
이중환. 2005. 『국역 택리지』. 평화출판사.
하혜숙. 1993. 「지리산 지역의 이상향에 대한 연구」. 경상대학교 교육대학원 석사학위 논문.
한재훈. 2007. 「갱정유도의 민족의식과 그 종교적 승화」. ≪한민족문화연구≫, 제21집.

사극 속의 석유등잔,
괜찮을까?

    서울 한남동에서 용인 죽전으로 용감하게 이사 온 단국대학교를 지나 43번 국도를 타고 광주 방향으로 10분 정도 달리면 길 오른편에 '한국등잔박물관'이라고 쓰여 있는 이정표가 보인다. 이정표를 따라 마을에 들어서서 정몽주의 무덤을 지나면 원통형의 단아한 건물이 나타난다. 수원 화성의 모양을 참고했다고 한다.

    산부인과 의사인 김동휘 선생이 수십 년 동안 전국을 돌며 모은 등잔과 각종 민속품들이 전시실을 채우고 있다. 1970~1980년대만 해도 등잔 값이 싸서 비교적 수집하기 쉬웠는데 최근에는 가격이 많이 올랐다고 한다. 한국등잔박물관이 전국의 등잔 값을 올려놓은 것 아니냐고 농담을 던졌더니 관계자들이 웃고 말았다. 전문직 의사가 전통 민속품에 쏟은 열정에서 시대를 앞서가는 그의 문화적 소양을 느낄 수 있다. 품위 있고

개항 이전의 등잔(왼쪽)과 석유등잔(오른쪽)

그윽하게 나이를 먹어가는 것은 비단 나만의 꿈이 아닐 것이다.

석유가 보급되기 전, 조선에서 돈이 좀 있는 사람들은 조명기구로 초를 사용했고 그렇지 못한 사람들은 그릇 모양의 종지에 참기름, 콩기름, 아주까리 기름, 돼지기름, 생선기름 등을 붓고 심지를 띄워 불을 붙여 사용했다. 삼국시대의 고분에서도 이러한 형태의 등잔이 나오는 것으로 보아 그 역사는 꽤 오래된 모양이다.

그런데 보통 등잔이라고 하면 흰색의 사기 재질에, 구멍이 뚫린 뚜껑이 덮여 있고, 그 구멍으로 심지가 나와 있는 '석유등잔'을 생각한다. 여기에 불을 붙인 것이 바로 '호롱불'이다. 대부분의 사람이 그 석유등잔을 까마득하게 먼 옛날에 사용했을 민속품으로 생각하고 거기에서 정겨움을 느낀다. 또한 사극의 소품으로도 자주 등장한다.

하지만 석유등잔은 오랫동안 우리 옆을 밝혀준 것이 아니다. 그 이름에서도 알 수 있듯이 '석유'등잔은 개항(1876) 때 석유가 조선으로 처음 수입되면서 제작된 조명기구이다(1880년에 개화지식인 이동인이 석유를 처음 들여왔다는 설도 있다).

고대인들은 석유를 '죽은 고래의 피' 또는 '악마의 배설물'로 생각했다. 성경에서는 석유를 노아의 방주에 방수용으로 썼다고 기록했고, 기원전 메소포타미아 지방의 수메르인은 아스팔트를 재료로 한 조각상을 만들었으며, 바빌로니아인도 아스팔트를 건축용 접착제로 사용했다. 또 고대 이집트에서는 미이라를 싸는 천에 아스팔트를 사용했다고 한다. 이처럼 전근대에 석유는 극히 제한된 용도로 사용됐다.

18세기 이후 미국에서는 조명기구의 연료로 고래기름을 사용했다. 그러나 남획으로 고래의 수가 줄어들면서 고래기름 값이 오르자, 1859년 미국 펜실베이니아 주 암유회사의 에드윈 드레이크는 조명기구용 연료를 구하기 위해 땅을 파다가 석유를 발견했다. 그가 석유를 최초로 발견한 것은 아니지만 유전 개발을 통해 석유 대량공급시대의 문을 열었다.

19세기 말 개항기, 조선에는 청, 일본, 영국, 러시아로부터 200여 품목의 물건이 수입됐다. 이때 봇짐장수들이 집집마다 석유, 성냥, 구리무(화장품) 등의 수입품을 팔고 다니면서 석유는 가정의 필수품이 됐다. '석유(石油)'는 말 그대로 '돌을 짜서 만든 기름'이라는 뜻이다. 처음에는 청 상인들이 러시아산 석유를 사다가 팔았는데, 그을음과 냄새가 적고 불빛이 밝아서 인기가 좋았다. 또 소비자들이 러시아산 석유보다 질이 더 좋은 미국산 석유를 찾게 되자 타운젠트 사가 캘리포니아산 석유를 독점으로 수입해서 팔았다.

그런데 석유는 인화성이 강해서 뚜껑이 필요했고, 이에 외국 상인들이 석유등잔을 만들어 보급시켰다. 이렇게 해서 석유등잔은 지방의 산골마을까지 퍼져나갔고 생활필수품이 됐다. 당시의 생활상에 대해 황현은 『매천야록』에 "석유가 나오면서 산이나 들에 기름 짜는 열매는 번성하지 않게 됐고, 온 나라 안에 석유로 연등하지 않는 자가 없게 됐다"라고 쓰고 있다. 따라서 15세기를 배경으로 한 영화 〈신기전〉(2008), 춘향전을 각색한 영화 〈방자전〉(2010) 등에 석유등잔이 나오는 것은 제작진의 실수이다.

내 고향에는 내가 7살이던 1977년에 전기가 들어왔다. 그 이전에는 남포등이나 석유등잔을 사용했다. 서울 토박이인 아내에게 그때의 추억을 얘기하면 믿기 어렵다는 반응을 보인다. 석유등잔이 아주 먼 옛날에나 사용했을 물건일 거라는 착각과 자신이 살았던 동시대에 그런 물건을 사용했다는 사실이 겹치면서 생소하게 느끼는 것이다. 한국은 '비동시성의 동시성'을 지녔다는 사실을 실감했다.

참고자료

대한석유협회 홈페이지.
김윤희·이욱·홍준화. 2004. 『조선의 최후』. 다른세상.
이이화. 1999. 「성냥과 석유를 처음 쓰던 시절」. 『우리 역사의 7가지 풍경』. 역사비평사.
한국정신문화연구원. 1991. 『한국민족문화대백과사전』 7.

* 이 글은 2013년 6월 13일 ≪오마이뉴스≫에 실린 지은이의 기사를 수정, 편집한 것입니다.

두루마기와 마고자는
언제부터 입었을까?

조선시대 사극을 보면 양반, 선비들이 갓을 쓰고 소매가 치렁치렁한 흰색 외투를 입고 다닌다. 그 외투가 도포이다. 도포는 신분을 상징했다. 겨드랑이 아래에서부터 세 갈래로 갈라진 도포 자락을 휘날리며 거리를 활보하는 것은 양반의 특권이었다. 격식을 강조했던 양반들은 외출할 때뿐 아니라 집 안에서도 도포를 입었다. 도포는 추위를 막는 옷이었을 뿐 아니라 의례용 겉옷이었다.

도포의 유래는 정확히 알 수 없다. 중국의 도교인들이 입었던 옷이었다고도 하고, 불가의 승복(僧服)에서 나왔다고도 하고, 무관들이 입던 겉옷인 직령에서 나왔다고도 한다. 도포가 등장한 시기는 대략 임진왜란 전후로 보고 있다.

도포는 양반들의 전유물이었지만, 점차 일부 하층민들도 입기 시작했

2005년 APEC 당시 두루마기를 입은 각국 정상들.

다. 다산 정약용은 이런 현실을 개탄했다고 한다. 실학의 집대성자로 추앙되며 근대지향적인 인물일 거라는 통념과는 달리 그 역시 봉건적 양반사대부였다.

고종 21년(1884), 복식개혁이 단행되어 도포 착용이 금지됐다. 도포를 두루마기가 대체했다. 치렁치렁한 옷자락은 짧아졌고, 소매는 좁아졌으며, 색깔도 흰색 대신 검은색을 장려했다. 세 갈래로 갈라졌던 옷자락도 다 이어 통으로 만들었다. 두루마기라는 말도 사방이 '두루 막혔다'는 의미이다. 개항 이후 급변하는 시대상황에 맞추어 복잡한 옷을 실용화한 것이었다. 사실 두루마기는 복식개혁 이전에도 있었지만 일제강점기에 전국적으로 보급됐다. 지난 2005년 부산에서 열린 APEC 회의에서는 세계 각국 정상들이 두루마기를 입고 언론에 나타났다. 그들에게 두루마기는 한국을 대표하는 옷으로 각인됐을 것이다.

오늘날 한복 구성에서 빠질 수 없는 것이 저고리 위에 입는 마고자이다. 그래서 '덧저고리'라고도 부른다. 마고자는 원래 만주인들이 방한용으로 입던 옷이다. 임오군란 때 청으로 끌려갔던 흥선대원군이 억류생활을 마치고 돌아올 때 입고 들어와 국내에 보급됐다. 원래는 남성용 옷이었으나 여성들도 입게 됐다. 이후 그 모양이 변해 오늘날에는 저고리와 비슷하게 됐다.

조끼도 이 무렵에 들어왔다. 조끼는 원래 서양에서 군복을 착용할 때 입는 호신용 복장이었다. 미국에서는 베스트(Vest), 영국에서는 웨이스트 코트(Waist Coat), 프랑스에서는 지레(Gilet)라고 하는데, 일본에서 조끼라 부르던 것을 우리가 쓰고 있는 것이다. 조끼는 한복에 주머니가 없는 단점을 보완했다. 오늘날 마고자와 함께 입는 조끼도 사실은 서양 옷에서 빌려온 것이다.

윤오영 선생은 수필 「마고자」에서 "전통적인 안목과 솜씨가 있으면 남의 문화가 아무리 거세게 밀려들어도 이를 고쳐서 새로운 제 문화를 이룩한다"라고 했다. 학창시절에는 교과서에 실려 있는 글이라 그냥 하나마나한 소리로 받아들였던 이 글귀가 언제부터인가 머릿속에 맴돈다. 외래문화의 홍수 속에서 사는 우리에게 울림을 주는 말이다. 학창시절의 추억도 떠올릴 겸 윤오영 선생의 글로 마무리한다.

귤이 회수를 건너면 탱자가 된다는 말이 있다. 예전엔 남의 문물이 해동(한반도)에 들어오면 해동 문물로 변했다. 그러나 그것은 탱자가 아니라 진주였다. 그런데 근래에는 반드시 그렇지만은 않은 것 같다. 남의 것이 들어오면 탱자가 될 뿐 아니라, 내 귤까지 탱자가 되고 마는 것 같아 안타까울 때가 있다.

참고자료

역사문제연구소. 1999. 『우리 역사의 7가지 풍경』. 역사비평사.
최남선. 2007. 『조선의 상식』. 두리미디어.
한국정신문화연구원. 1991. 『한국민족문화대백과사전』.
≪부산일보≫. 1997.1.11. " '패션이야기' 조끼⋯호신용 복장 유래".

한국인은 언제부터
배추김치를 먹었을까?

사람이 생물학적 삶을 유지하기 위해서는 끊임없이 먹어야 한다. 사람이 사는 것을 '먹고 산다'고 표현하는 것에서 '입는 것'과 '자는 것'보다 '먹는 것'이 우위에 있음을 알 수 있다. 이틀만 굶어본 사람이라면 동물에게 먹는 것은 영혼 그 자체임을 알 것이다.

역사는 인간 삶의 기록 가운데 의미 있는 이야기들을 모아놓은 것이다. 따라서 인간의 역사에서 '먹을거리의 역사'만큼 중요한 것도 없다. 먹지 않고 전쟁을 할 수 있겠는가? 먹지 않고 장성을 쌓을 수 있겠는가? 먹지 않고 예술작품을 만들 수 있겠는가? 그 모든 것이 먹는 것의 하위 개념일 뿐이다. 그런데 우리는 '먹을거리의 역사'에 대해 아는 것이 별로 없다. 최근 들어 몇몇 연구자들에 의해 '먹을거리의 역사'가 대중에게 소개되고 있는 것은 반가운 일이다.

김치의 대명사, 배추김치

근대 이후 식생활이 서구화됐다고 하지만, 한국인에게 쌀밥과 김치의 위상은 견고하다. 한국인은 아무리 비싼 스테이크를 먹어도 2%가 부족하다. 쌀밥과 김치가 먹고 싶은 것이다. 김치도 반드시 배추김치여야만 하는 사람이 많다. 된장찌개나 김치찌개가 더해지면 금상첨화이다. 여기에는 세대차이도 별로 없는 것 같다. 그렇다면 한국인은 언제부터 이런 음식들을 먹기 시작했을까?

쌀은 3000~4000년 전에 중국 대륙에서 한반도에 전해졌다. 한민족의 역사는 쌀의 역사요, 한국인에게 쌀은 삶 그 자체였다. 쌀에는 한국민중의 고난이 배어 있다. '쌀 민족주의'라는 개념도 가능하다. 따라서 외국으로부터 쌀을 수입해오는 일은 민감하다.

이에 비해 오늘날 한국인들이 매일 먹고 있는 배추김치의 역사는 의외로 짧다. 한민족은 이미 상고시대부터 순무, 가지, 죽순 등을 소금이나 장에 절여 먹었다. 일종의 장아찌였을 것이다. 고려시대에 들어오면서 마늘, 파 등의 향신료를 넣기 시작했다. 잘 알려진 대로 남아메리카가 원산지인 고추는 조선 후기인 17세기에 일본을 통해 들어왔다. 고추의 매운 맛은 당시 조선인들에게 무척 강렬하게 다가왔던 것 같다. 과장이 섞인 표현이겠지만, 소주에 고춧가루를 타서 마신 사람들이 죽기도 했다고 한다.

이후 고추는 재배가 쉽고 생산량이 많아 종래의 향신료(산초, 초피)를 대체해갔다. 그러나 고추가 도입됐다고 해서 바로 붉은 배추김치가 만들어진 것은 아니다. 붉고 매운 고춧가루와 먼저 만난 것은 배추가 아니라 무, 순무, 오이 등이었다. 깍두기나 나박김치를 주로 만들어 먹었다.

더구나 양반 집안에서는 고춧가루가 들어간 빨간 음식이 점잖지 못하다는 이유로 잘 먹지 않았다. 삶이 고단한 서민이 매운 맛을 즐겼던 것이다.

속이 꽉 찬 통배추가 김치의 주재료가 된 것은 19세기의 일이다. 고려시대에도 배추를 재배했으나 모양이 앙상하여 김치의 재료로 쓰지는 않았다. 오늘날 한국인들이 흔히 먹는 속이 꽉 찬 통배추는 19세기 중엽 중국 산둥 지방에서 들어왔다. 20세기에 들어와 정부 차원의 육종연구가 진행되면서 통배추는 전국으로 보급됐다. 오늘날 한국인의 밥상을 점령하고 있는 붉은색 배추김치의 역사는 길어야 100년이다. 전통은 만들어가는 것이다.

복날의 간판스타, 삼계탕

한국의 조상들은 무더운 복날에 보신탕, 육개장, 팥죽, 닭찜 등을 먹었다. 영양식을 먹으며 부족해진 몸의 기력을 회복하고자 했다. 여기에는 '열로 열을 다스린다'는 한국인 특유의 식습관과 음양오행의 의미가 들어 있다. 그 가운데에서 여전히 복날 음식으로 자리를 지키고 있는 것은 보신탕뿐이다. 그리고 20세기에 들어와 새롭게 삼계탕이 등장했다. 복날에 보신탕을 먹지 못하는 사람들이 그 대용으로 먹는 경우가 많다.

물론 전근대에도 닭고기에 찹쌀, 밤, 대추 등을 넣고 삶아 먹었다. 그러나 당시에는 다른 가축과 마찬가지로 닭을 잡아먹는 일이 오늘날처럼 흔치 않았다. 닭은 달걀을 낳기 위한 가축이었기 때문이다. 백년손님이라는 사위에게나 잡아준다는 씨암탉은 그래서 귀한 존재였다. 따라서 닭고기 대신 꿩고기를 요리에 많이 이용했다. 그러다가 한일합병 이후 조선총독부는 전국의 농촌 가정에 닭 기르기를 권장했다. 그 정책의 효과가 있었던지 1924년에는 전국에서 1000만 마리의 닭을 잡았다고 한다. 닭고기를 이용한 음식이 늘어난 것이다. 이 시기의 닭 요리는 주로 백숙이었다.

삼계탕이 본격적으로 음식점 메뉴로 등장한 것은 1950년대이다. 삼계탕에는 말 그대로 인삼이 들어가야 한다. 값비싼 약재였던 인삼이 6·25전쟁 이후 생산이 확산되어 대중화됐고, 닭 요리를 판매하는 식당들이 인삼의 의학적 효능을 마케팅 전략으로 강조했다. 1960~1970년대에 서울을 중심으로 삼계탕집이 확산되어 현재에 이르고 있다. 참고로 북한에는 지금도 인삼이 들어가지 않는 '닭곰'이라는 음식이 있다고 한다. 음식의 진화가 일제강점기에서 멈춘 것이다.

잔칫상의 감초, 잡채

한국인에게 잔칫상에서 빠지면 서운한 음식이 잡채이다. 쇠고기, 양파, 오이, 당근, 숙주나물, 표고버섯, 도라지 등을 기름에 볶아 당면에 무치는 잡채는 맛도 일품이지만 그 시각적 효과만으로도 잔치 분위기를 돋운다. 보고만 있어도 괜히 흥이 나는 음식이다.

잡채가 기록에 처음 등장하는 것은 17세기 광해군 때라고 한다. 그런데 당시의 잡채에는 당면이 들어 있지 않았다. 잡채라는 말 그대로 여러 가지 채소를 섞어놓은 종합 샐러드였다. 오늘날 잡채의 핵심이라고 할 수 있는 당면은 20세기 초에 중국 화교들이 들여왔다. 아편전쟁에서 참패한 중국군대를 당나라 군대라고 하듯이 중국에서 만든 국수를 당면이라고 부르기 시작했다. 1912년 한국에 당면공장이 들어섰고 이후 당면 소비가 크게 늘어났다. 당면은 가난하고 배고픈 서민들의 배를 채워주었다.

당면은 녹두 가루에 고구마, 감자 가루를 섞어 만든다. 따라서 밀가루 국수에 비해 달고 쫀득쫀득하다. 여러 가지 재료를 섞어 요리하는 잡채의 특성상 또 다른 형태로 진화할 가능성이 많다. 그나저나 용어 정리부터 해야 할 것 같다. '당면잡채'? '잡채당면'?

음식은 창조되고 진화한다

김치, 삼계탕, 잡채 외에도 평소 우리가 즐겨먹는 음식 가운데에는 최근에 개발됐거나 진화하고 있는 것들이 많다. 호두과자, 부대찌개, 제육볶음, 고추장 떡볶이 등을 비롯하여 여기에서 언급하지 않은 것도 많을 것이다. 전통을 골동품이 아닌 변이와 재창조라고 정의한다면 그 대표는 음식이다. 김밥 체인점의 메뉴판에 적혀 있는 라면, 김밥의 종류는 참으로 다양하다. 기껏해야 최근 10여 년 사이에 나타난 현상이다. 2000년대에 처음 등장한 음식을 조사해서 기록해놓는다면 이 또한 소중한 역사 기록이 될 것이다.

참고자료

김찬별. 2008. 『한국음식, 그 맛있는 탄생』. 로크미디어.
윤덕노. 2010. 『왜 장모님은 씨암탉을 잡아주실까』. 청보리.
장인용. 2011. 『식전』. 뿌리와이파리.
≪경향신문≫. 2011.4.20. "주영하의 음식 100년 - '보양의 상징' 삼계탕".

옛날 임금님도
전주비빔밥을 드셨을까?

한국학중앙연구원 주영하 교수의 연구에 따르면 MBC 사극 〈대장금〉에 등장하는 음식 가운데 70%는 일제강점기에 처음 만들어진 것들이라고 한다. 오래 됐을 거라고 우리가 믿고 있는 음식 가운데 상당수가 20세기에 만들어진 전통이라는 것이다.

언제부터인가 전주비빔밥은 김치, 갈비 등과 함께 한국을 대표하는 음식이 됐다. 대형 백화점의 식당가에 빠짐없이 전주비빔밥집이 들어서 있고, 국제선 항공기를 타고 구름 속에서 먹는 음식이 됐다. 또한 전주를 비롯한 전라도는 '맛의 고장'으로 그 이미지를 굳히고 있다. 전라도가 아닌 지방에서도 '전라도'라는 글귀가 들어간 식당 간판을 어렵지 않게 볼 수 있다. 아닌 게 아니라 전라도 지역의 음식이 더욱 맛깔스러운 게 사실이다.

1937년에 최남선이 조선총독부 기관지 ≪매일신보≫에 연재했던 글들을 광복 후에 묶어서 만든 책이 『조선상식문답』(1946)이다. 한국의 역사, 지리, 풍속 등을 정리하고 있는 이 책에서 최남선은 전국 각 지방의 대표 토속음식으로 "… 전주의 콩나물, 진주의 비빔밥 …"을 들고 있다. 최남선이 누구인가? 한국 근대를 대표하는 역사학자이자 문인이요, 3·1운동 때 기미독립선언문을 쓴 인물이다. 그 당시에도 전주비빔밥이 지금과 같은 명성이 있었다면 최남선이 언급하지 않았을 리가 없다. 실제로 당시에 전주를 대표하는 음식은 비빔밥이 아니라 콩나물국밥이었다.

조선 실학의 대부인 이익은 "비벼서 먹는 것은 아무리 먹어도 질리지 않는다"라고 했다. 옛 조상들도 비빔밥을 꽤나 즐겨 먹었던 모양이다. 그러나 비빔밥의 기원에 대해서는 확인할 수 없는 설들이 난무하고 있다. 고려시대 몽골의 침입으로 국왕이 피난을 가서 먹었다는 설, 동학농민군이 전쟁의 와중에 먹기 시작했다는 설, 제사음식을 한데 비벼서 여러 사람이 함께 먹었다는 설 등이 그것이다. 그런데 이런 주장의 바탕에는 기본적으로 '남은 음식을 한데 모아 비벼서 간편하게 먹었다'는 이야기가 깔려 있다. 비빔밥이 뭐 별건가? 요즈음에도 각 가정에서 먹고 남은 밥과 반찬을 큰 그릇에 넣고 비벼 먹는 것은 자연스러운 일이다.

문제는 비빔밥이 언제부터 하나의 외식 요리가 되어 특정 지역을 대표하는 토속음식으로 자리를 잡았냐는 것이다. 조선 후기에는 채소를 넣고 비비는 평양비빔밥을 비롯하여 숭어회, 갈치회, 준치회에 겨자를 넣은 비빔밥, 새우알 비빔밥 등이 있었다. 19세기 말에는 밥에 고기, 간납(얇게 썬 고기나 생선에 밀가루를 묻히고 달걀옷을 입혀 기름에 지진 음식), 각종 나물, 다시마 등을 섞고 깨소금, 기름을 넣어 비빈 후 고기 완자를 얹어 비빔밥을 만들었다. 오늘날 비빔밥의 필수 요소인 고추장은 아직 들어가지 않았다.

고추장은 19세기 말 이후 근대적 외식업이 발달하면서 비빔밥에 들어가기 시작했다. 비빔밥이 상품화되기 시작한 것이다. 밥과 여러 재료들을 미리 비비지 않고 손님들이 직접 비비면서 간을 맞추는 수단으로 고추장을 썼다. 아무래도 미리 비벼놓으면 지저분하게 보여 상품성이 떨어지기 때문이다. 일제강점기 경상도 명물이었던 진주비빔밥도 손님이 밥과 재료에 고추장을 넣어 직접 비벼 먹었다고 한다.

일제강점기에도 전주비빔밥을 팔던 음식점이 있었으나 오늘날과 같은 전국적 명성을 얻은 것은 1970년대의 일이다. 그 원인은 특별한 것이 아니라 다른 비빔밥보다 전주비빔밥의 맛이 더 좋았기 때문이다. 1980년대에 들어 전주비빔밥 업체들은 공격적인 마케팅을 구사했다. 지역사회를 벗어나 서울에 지점을 연 것이다. 여기에 신군부가 기획한 '국풍81'은 전주비빔밥의 입지를 굳히는 데에 결정적 기여를 했다는 것이 주영하 교수의 결론이다. 각 시, 도에서 그 지역을 대표하는 음식을 선정하게 했고, 팔도의 음식을 맛볼 수 있는 축제를 서울 여의도에서 열었다. 서울의 설렁탕, 함흥의 냉면, 전주의 비빔밥 등이 주목을 받으면서 전주비빔밥은 비빔밥의 대명사가 됐다.

2010년 6월, 경남 진주를 지역구로 둔 한 국회의원이 한국관광공사 사장을 상대로 국정감사를 하고 있었다. 그는 "진주비빔밥과 전주비빔밥의 차이를 아느냐?"는 돌발적인 질문을 던졌다. 대답을 못하고 쩔쩔매는 공사 사장에게 질타가 이어졌다. 3개월 후 공사 사장은 주한외교사절을 이끌고 진주로 여행을 떠났다. 여기에서 국정감사를 했던 그 국회의원은 가이드를 자청해 진주비빔밥의 유래를 설명했다.

진주비빔밥은 임진왜란 때 진주성의 관군과 주민들이 왜군과의 혈전을 앞
두고 함께 밥을 비벼 나누어 먹었던 데에서 유래했습니다. 성 안의 사람들
을 다 먹이려니 따뜻한 밥은 언감생심이었고, 고명으로 얹는 고기도 조리하
지 않은 육회였으며, 함께 내는 국물도 육회를 뜨고 난 소의 내장을 끓인 선
짓국이었습니다.

애국심과 애향심이 깃든 비장한 설명이 끝나고 진주비빔밥이 나왔다.
그런데 정작 밥상에 국물로 올라온 것은 선짓국이 아니라 전주비빔밥에
나오는 콩나물국이었다. 머쓱해진 국회의원은 재치 있게 "진주비빔밥이
야말로 어떤 음식과도 잘 어울립니다"라고 마무리를 지었다. 상품화에
실패하여 전주비빔밥에 옥좌를 넘겨준 진주비빔밥의 애환이 얽힌 에피
소드였다. 실제로 진주가 고향인 동료 교사에게 물어보아도 진주비빔밥
이라는 말조차 들어본 일이 없다고 한다. 솔직히 비빔밥에는 텁텁한 선
짓국보다 개운한 콩나물국이 잘 어울린다. 사람들의 입맛은 정직하다.
음식은 몸에 좋고 맛만 좋으면 그만 아닌가?

진주비빔밥의 명성이 후발주자인 전주비빔밥에 흡수된 데에는 두 도
시의 지명이 서로 비슷한 것도 한 원인이 된 것 같다. 맛과 마케팅 전략
으로 전주비빔밥이 뜨고 나니 비슷한 이름을 가진 진주비빔밥은 귀로 듣
기에 구별이 잘 되지 않을 뿐 아니라 전주비빔밥의 아류라는 느낌까지
들었던 것은 아닐까?

참고자료

주영하, 2008.4. 「더우푸의 역사조작, 비빔밥의 글로벌 진화」. ≪신동아≫.
주영하, 2011. 『음식인문학』. 휴머니스트.
≪문화일보≫, 2010.10.13. "진주비빔밥 최고 양념은 맛깔스러운 '스토리텔링'".
≪동아일보≫, 2011.2.18. "윤덕노의 음식이야기 7−비빔밥".

북청 물장수는
어느 시대에 활동했을까?

새벽마다 고요히 꿈길을 밟고 와서

머리맡에 찬물을 쇄아 퍼붓고는

그만 가슴을 디디면서 멀리 사라지는

북청 물장수 … (이하 생략)

　인터넷 검색창에 '북청 물장수'를 치면 맨 먼저 이 시가 나온다. 함경도 출신의 시인 김동환이 북청 물장수의 억척스러운 삶을 낭만적으로 그린 작품이다. 그 낭만과 애틋함은 고단한 일상에 대한 찬미인가, 문학적 허영인가? 김동환의 친일행각과 후손들의 진심 어린 사죄 등이 겹치면서 그의 시는 여러 가지를 생각하게 한다.

　유럽에서는 중세 도시가 성장하면서 13세기경에 물장수가 등장했다.

도시가 팽창하자 하천에서 멀리 떨어진 곳에 사는 사람들이 물을 구하는 데에 불편을 겪게 된 것이다. 물장수들은 밤나무로 만든 물통 두 개를 긴 막대의 양쪽에 걸쳐 어깨에 앞뒤로 메고 "물이요"라고 외치며 물을 팔았다. 돈이 되는 곳에는 이권이 있는 법! 물장수들은 샘물을 독점판매하여 시민들과 마찰을 빚기도 했다.

조선에서 물장수가 등장한 것은 대략 18세기 말 즈음이다. 가뭄이 들면 서울 시내의 우물이 대부분 말라 계곡물이나 하천 물을 길어다 먹어야 했다.

조선 후기에는 상공업이 발달했고, 농업생산력의 향상으로 농촌에서 일자리를 잃은 농민들이 도시로 이주하고 있었다. 1789년 서울의 인구는 18만 9000명으로 단위면적당 인구밀도가 8860명이었다(당시 서울의 행정구역은 4대문 안쪽이었다). 당시 전국의 평균 인구밀도 33.5명에 비해 서울의 인구밀도는 매우 높았다. 중세 유럽의 도시와 마찬가지로 서울에서도 인구증가에 따른 주거지의 확산으로 물 공급업자가 필요했을 것이다. 농촌에서 이탈되어 도시로 유입해온 사람들이 구할 수 있는 직업 중 하나가 물장수였다. 양조장이나 주막처럼 물을 많이 사용하는 곳이 물장수의 주요 고객이었다.

또한 서울은 상업도시로 거듭나고 있었다. 종루(종로), 이현(동대문 일대), 칠패(남대문 일대)를 중심으로 시장이 성장하여 생활용품이 거래됐고, 시장 주변에서는 수공업자들이 상품을 만들고 있었다. 이런 도시 분위기에서는 물을 사고파는 것도 자연스러운 풍경이었을 것이다.

19세기 전염병의 유행으로 물장수의 역할은 더욱 중요해졌다. 특히 외래 전염병인 콜레라('호열랄'이 잘못 알려져 '호열자'로 많이 불렸다)는 오염된 물이 원인이었다. 도시인구가 급격하게 늘어나면서 물이 오염됐던 것이다. 당시 개신교 선교사로 활동하고 있던 언더우드(연희전문학교의 설립자 H. 언더우드의 부인)는 조선인들의 불결한 물 사용 실태를 묘사해 놓았다.

> 조선 사람들은 여름마다 전국적인 유행병(콜레라)을 겪는다. 모든 오물이 불결하고 좁은 도랑으로 흘러내리고 도로까지 넘친다. 길가의 물웅덩이에 는 녹색의 이끼가 껴 있고, 우물은 바로 옆에서 옷을 세탁한 더러운 물로 오염돼 있으며 …

도시의 물 사정이 이렇다 보니 오염되지 않은 먼 개천이나 우물에서 물을 퍼 나르는 물장수가 필요했다. 당시 서울 시내에는 약 천 명의 물장수가 활동하고 있었을 것으로 추산되는데, 그들 가운데 함경도 북청 출신이 많았다고 한다. 또한 개항 이후에 일본인, 서양인들이 상수도 시설이 없었던 서울에서 맑은 물을 돈 주고 사서 마신 것도 물장수가 하나의 상시적인 직업으로 자리를 잡는 데에 일조했다.

북청의 원래 지명은 청주였는데, 충청도 청주와 구별하기 위해 북청 (北靑)으로 부르게 됐다. 고려시대에 북청은 원 지배기에 쌍성총관부에 포함되어 몽골의 지배를 받다가 공민왕 때 탈환됐다. 여진족 출신의 조선 개국공신 이지란(퉁두란), 구한말 친러파의 거두이자 보성전문학교를 세운 이용익이 북청 출신이며, 역동적 가면놀이인 북청 사자놀음의 본고 장이다.

일설에 따르면 북청 물장수의 원조는 북청 출신의 근면, 성실한 고학생들이었다고 한다. 서울에 올라와 물장수 아르바이트로 돈을 벌며 유학생활을 했던 것이다. 배고프고 고단한 하루하루였지만 그들의 공부에 대한 열정은 뜨거웠다. 구한말 영국인 베델이 발행하여 가장 많이 팔리는 신문이었던 ≪대한매일신보≫에는 "함경도에서 올라와 물장사 하는 동포들이 말하기를 '우리가 지극히 빈한하나 서북학회의 교육사업에 대하여 만분의 일이라도 담당코자 한다'"(1908년 1월 5일 자)라는 기사가 실렸다. 아득한 북녘 땅의 이미지와 물장수라는 원초적 느낌이 겹쳐져 아주 먼 옛날이야기에나 나올 것 같은 북청 물장수도 사실은 근대 이후에 나타나 활동했던 사람들이다. 북청의 '북'은 '차갑다'는 느낌을, '청'은 맑다는 느낌을 주어 '맑고 시원한 물'의 이미지를 만들어낸 것도 북청 물장수가 유명해지는 데에 도움이 된 것 같다.

물을 사 먹는 사람들이 늘어나면서 물장수도 점차 '돈이 되는 일'이 되어갔다. 물을 팔기 위한 경쟁이 치열해졌고, 서울 시내에는 여러 개의 물 판매구역이 형성됐다. 자연스럽게 그 판매구역은 힘 있는 재력가들이 장악했다. 물장수들은 재력가에 예속되어 일정 구역 안에서 물을 팔아야만 했다. 조선을 끔찍이도 사랑했던 선교사 헐버트에 따르면 서울에서 물장수를 하려면 50~100달러의 권리금을 내고 물자리를 사야 했다고 한다.

당시 물장수들은 양철 석유통을 물통으로 사용했다. 개항 이후 새로운 연료인 석유가 수입됐던 것이다. 1894년부터 3년 동안 조선을 여행한 이사벨라 비숍에 따르면 평양의 물장수들도 미국제 양철 석유통을 사용했다고 한다. 당시 평양 시내에는 우물이 없어서 물장수의 수요가 많았던 것 같다. 재미있는 것은 성벽이 배 모양을 하고 있어 그 안에 우물을 만들면 배에 구멍이 생겨 침몰한다는 미신이 있었다는 점이다. 미신이 물장수들을 먹여 살렸던 것이다.

새로운 기술이 등장하면 생계에 타격을 입는 업종이 있기 마련이다.

당시 물장수들에게도 반갑지 않은 일이 벌어졌다. 서울에 상수도가 들어온 것이다. 미국인들로부터 사업권을 넘겨받은 영국인들이 1905년 대한수도회사를 차렸고, 1908년 뚝섬에 정수장을 완공했다. 한강물을 정수하여 12만 명이 먹을 수 있는 규모였다. 다급해진 물장수 2000여 명은 자신들의 상황을 내부대신에게 호소하기도 했다. 하지만 삶은 질긴 것이어서 물장수들은 그 이후에도 꽤 오랫동안 존재했다. 서울 시내 각 가정마다 수도가 들어간 것이 1970년대의 일이니 말이다.

역사의 뒤안길로 사라지는 듯했던 물장수는 흥미롭게도 20세기 말에 화려하게 부활했다. 정부 당국의 해명에도 불구하고 수돗물에 대한 불신이 커지면서 좀 산다는 집에는 값비싼 정수기가 들어섰다. 구멍가게의 냉장고에 생수가 등장했으며, 푸른색의 플라스틱 물통을 가득 실은 트럭이 거리에 나타났다. 물통을 메고 각 사무실을 누비는 신판 '물장수'는 이제 낯선 모습이 아니다. 하루 종일 사무실 컴퓨터 앞에 앉아 있는 현대 직장인들 사이에서 남성성을 과시할 수 있는 몇 안 되는 일 가운데 하나가 배달된 물통을 거꾸로 번쩍 들어 정수기에 꽂아놓는 일이다. 첨단 디지털시대에 물장수의 부활이라…. 사람 냄새가 나서 좋다.

참고자료

강만길. 1994. 『고쳐 쓴 한국근대사』. 창작과비평사.
박기주. 2009.10.29. "북청물장수와 영국수도회사". ≪조선일보≫.
이사벨라 비숍. 1994. 『한국과 그 이웃나라들』. 이인화 옮김. 살림.
전우용. 2008. 『서울은 깊다』. 돌베개.
조현범. 2002. 『문명과 야만―타자의 시선으로 본 19세기 조선』. 책세상.

현모양처는 한국 고유의
여성상일까?

지난 2009년, 처음으로 발행하는 5만 원 권 지폐의 모델로 신사임당을 선정하자 여성계가 반발했다. 당국에서는 나름대로 여성을 배려하는 의미로 내린 결정이었는데 오히려 여성들이 반대하고 나선 것이다. '전통적 현모양처'의 표본인 신사임당은 오늘날의 여성상과 맞지 않는다는 주장에 나도 동의한다. 우스갯소리이지만 여성을 배려한다는 생색을 실컷 내면서 실제로는 가부장적 이데올로기를 국민들에게 주입하려는 음모가 아닌가 하는 상상도 해봤다.

이때 '전통적 현모양처'라는 말에 어색함을 느끼는 한국인들은 많지 않았던 듯하다. 여기서 '전통적'이라는 말은 매우 오래됐고 한국 고유의 것이라는 의미이다. 여필종부를 여성의 덕목으로 여겼던 조선시대에 현모양처가 당연히 통용됐을 개념으로 여기는 것이다. 하지만 '현모양처'

라는 말과 개념은 19세기 말 메이지시대 일본에서 처음 나왔다. 우리는 지금까지 16세기 조선의 여인을 19세기 일본의 군국주의적 개념 속에 묶어놓고 내면화해온 것이다.

19세기 일본에서 태어난 현모양처

전근대 일본여성의 사회적 지위는 낮았다. 12세기 말 막부정권이 들어선 이후 칼이 지배하는 사회에서 여성이 설 자리는 없었다. 전국시대에는 영주의 누이와 딸이 정치적 타협의 수단으로 거래됐다(도요토미 히데요시는 결혼한 여동생을 이혼시킨 뒤, 정치적 라이벌인 도쿠가와 이에야스에게 첩으로 주었다). 여기에 중국에서 주자학이 들어오면서 남성 중심의 가부장제가 확립됐다. 조선사회와 마찬가지로 칠거지악이 여성의 발목을 잡았다. 아들을 못 낳거나, 시부모를 모시지 않거나, 음탕하거나, 질투하거나, 도둑질을 하거나, 말이 많거나, 몹쓸 병에 걸린 아내는 남편이 버릴 수 있었다. 남편은 왕이고 아내는 노비였다. 여성은 자녀 교육에 대해서도 발언권이 없었다. '양처(良妻, 착한 아내)'만이 요구됐다.

여기에 '현모(賢母, 어진 어머니)'의 개념이 더해진 것은 메이지유신(1868) 이후의 일이다. 당시 일본은 서구식 근대국민국가를 지향하고 있었다. '국민'을 만들기 위해서는 남녀차별이 없는 교육이 필요했다. 근대 일본의 대표적 사상가 후쿠자와 유키치는 '학문을 교육하는 데에는 남녀 사이에 어떤 차이도 없어야 한다'고 말했다. 이때 여성에게 교육이 필요하다고 생각했던 이유는 한 인간의 삶에서 처음 만나는 선생님은 바로 어머니이기 때문이다. 여성은 국가의 다음 세대를 길러내는 막중한 임무를 지니고 있다는 것이다. 여성교육은 곧 국가의 안위를 결정하는 사안으로 여겨졌다. '현모양처'의 개념은 이렇게 탄생했다.

19세기 말 일본 여성교육의 목적은 현모양처가 될 소양을 쌓는 데에 있었다. 따라서 여학교의 교육과정은 주로 가사, 재봉, 수공예 등 가정에서 쓸 수 있는 기술로 짜여졌다. 여기에는 남녀가 역할을 나누어 '남자는 집 밖에서 일하고, 여자는 집 안에서 가정을 돌봐야 한다'는 의미가 들어있다. 이것은 표면적으로나마 남녀 사이에 대등한 관계를 설정하는 것이었다. 가정에서 자녀 교육에 대한 어머니의 발언권을 강화하는 것이었고, 남녀의 역할분담을 통해 양성평등을 이룰 수 있다는 환상을 여성들에게 심어주는 효과도 있었다. 현모양처사상은 군국주의적 정책에서 나온 것이기는 하지만 당시로서는 나름대로 진보적 성격을 갖고 있었다.

현모양처, 조선에 상륙하다

19세기 말 조선의 개화파 지식인들도 여성교육을 주장했다. 서양, 일본과 교류하며 나타난 변화였다. 후쿠자와 유키치의 제자였던 박영효는 조선의 메이지유신을 꿈꾸며 여성의무교육을 주장했고, ≪독립신문≫ 역시 여성교육의 중요성을 강조했다. 여성들이 주요 독자층이었던 ≪제국신문≫은 '여자를 교육해야 현명한 어머니와 좋은 아내를 얻을 수 있다'고 주장했다.

일본과 마찬가지로 조선에서도 종래의 '양처'에 더하여 '현모'의 개념이 강조됐다. 1905년 을사조약으로 망국의 기운이 엄습하던 때, 다음 세대 국민을 교육하는 데 있어 어머니의 역할이 새롭게 부각됐다. 서울의 양규의숙, 진명여학교, 명신여학교, 상동여학교, 승동여학교, 동덕여학교와 평양의 애국여학교, 강화보창학교 등 여학교는 '애국충정에 찬 2세

국민을 교육하는 어머니'를 양성하는 데에 중점을 두었다. 일본 여성교육의 이념을 수용한 양규의숙은 창립식(1906)에서 "여성교육이 부진하면 현모양처의 자질이 어디에서 나올 것이며, 현모양처가 없으면 내자내손의 문명양재를 어찌 가히 얻을 수 있겠는가?"라고 여성교육의 목적을 밝혔다.

이렇듯 조선의 현모양처라는 말과 개념은 일본에서 건너온 것이다. 그리고 조선이 일본의 식민지가 되면서 현모양처론은 일본 제국주의 권력에 의해 전파됐다. 1910년대 여자고등보통학교에서는 일본의 학교와 마찬가지로 재봉, 수예 등 가사교육이 큰 비중을 차지했다. 일제가 전쟁의 광풍을 일으키던 1930~1940년대에는 '현모양처의 자질을 갖춘 황국 여성의 양성'이 강조됐다. 여성(어머니)을 먼저 동화시키면 남성과 자녀들까지 자연스럽게 일본국민으로 만들 수 있다고 본 것이다.

19세기 말부터 20세기 초에 이르는 시기에 현모양처는 구식 여성에 대비되는 새로운 여성상이었다. 당시 신식여성으로서 현모양처가 갖추어야 요건 가운데 뜨개질이 있었다. 뜨개질은 13세기 이탈리아에서 처음 시작되어 보급됐고 산업혁명기에 기계화됐다. 19세기에는 기아구제책으로 뜨개질이 부활하여 아일랜드를 중심으로 발달했다. 조선에는 19세기 말 기독교 선교사들에 의해 전해졌다.

1920년대 동아일보와 조선일보는 여성을 대상으로 뜨개질 강습회를 열었다. 뜨개질 강습은 요리 강습, 재봉 강습보다 인기가 더 많았다. 수강생이 너무 많이 몰려 정원과 기간을 늘려야 했다. 주로 장갑, 목도리, 조끼, 스웨터를 짰다. "뜨개질을 해본 적이 없는 구식 부인도 걱정하지 말고 오시라"는 광고문구는 당시 뜨개질의 사회적 위상을 보여준다.

수업시간에 "조선시대에 뜨개질이 있었을까?"라고 질문을 던지면 절반 정도의 학생들이 "있었다"라고 대답한다. 다소곳한 조선시대의 여인이 촛불 밑에서 뜨개질을 하는 풍경을 상상하는 것이다. 하지만 뜨개질도 근대에 서양에서 들어온 신문화였다. 신사임당은 뜨개질을 해보지 못했다.

현모양처는 개화기 신식 여성이었지만 동시에 전근대적 남존여비사상에 그 뿌리를 두고 있었던 것도 사실이다. 결국 현모양처론은 전근대와 근대에 양다리를 걸치고 있었던 셈이다. 따라서 1920~1930년대에는 자유주의와 사회주의 계열의 신여성들이 여성해방론의 입장에서 현모양처론을 비판하고 나섰다. 현모양처론은 여성을 하녀로 만드는 노예교육이라는 것이었다. 한 발 더 나아가 여성을 현모양처가 아닌 사회구성원으로 교육해야 한다는 주장까지 했다.

현모양처론을 비판하는 신여성들은 자유연애와 새로운 정조관념을 추구했다. 당시 신여성의 대표 격인 서양화가 나혜석은 '정조는 취미'라고 주장했다. 오늘날의 잣대로 보아도 파격적이다. 나혜석이 유부남 이광수와 교제하고 남편의 친구인 최린과 스캔들을 일으킨 사건은 널리 알려져 있다. 유부녀가 바람을 피운 것이 자랑거리는 아니겠지만 현모양처론에 숨어 있는 전근대성을 지적한 것은 의미가 있다. 그녀가 비판했던 것은 당대에 유행하던 현모양처론뿐 아니라 전근대로부터 내려온 뿌리 깊은 남존여비사상이었을 것이다.

현모양처, 전통적 여인상으로 태어나다

'신여성'과 '모던 걸'은 1920~1930년대 조선사회를 뜨겁게 달군 화두였다. 그들은 세상의 눈을 두려워하지 않았고 시대를 앞서 갔기에 비판과 선망의 대상이 됐다. 신여성들이 현모양처론을 비판하고 나오자 현모양처론자들도 반격에 나섰다. 신여성들을 사치와 안일에 빠진 여성, 가정을 내팽개친 여성, 성적으로 문란한 여성으로 몰아붙였다. 신여성들을 창기에 비유하기도 했다.

나는 남자 교사이다. 여성의 무리 속에 있을 때 나는 남성이라고 느낄 것이고, 사업가의 무리 속에 있을 때 나는 교사라고 느낄 것이다. 사람은 다른 사람과 다른 점을 통해 자신의 정체성을 찾아내고 만들어간다. 현모양처론은 신여성들과의 차이점을 부각시키며 새로운 정체성을 만들어갔다. 현모양처는 신여성의 '모던'한 분위기와 차별성을 가질 필요가 있었다. 이때 현모양처의 역할모델로 기용된 인물이 신사임당이었다. 신사임당은 시, 글, 그림의 대가였고 조선시대에는 신여성에 가까웠지만, 대학자이며 경세가인 율곡 이이를 길러낸 어머니로 부각됐다. 이후 신사임당은 한국인들에게 현모양처의 전형으로 자리를 잡아갔다. 결과적으로 현모양처가 한국에서 전통적 여성상으로 자리를 잡는 데에는 그 반대편에 서 있던 신여성들이 한몫을 한 셈이다.

참고자료

이배용 외. 1999. 『우리나라 여성들은 어떻게 살았을까 2』. 청년사.
츠위화. 2008. 『일본 여성』. 김현정 옮김. 시그마북스.
하루키 이쿠미. 2010. 「근대 일본과 조선의 양처현모주의」. 『제2기 한일역사공동연구보고서』 제5권.
홍양희. 2011. 「식민지시기 현모양처론과 신여성」. 『근대한국, 제국과 민족의 교차로』. 책과함께.

〈전설의 고향〉 귀신이
한국의 귀신일까?

1980년대 여름밤은 KBS 드라마 〈전설의 고향〉이 주도했다. 억울하게 죽은 사람의 혼이 이승을 떠나지 못하고 한풀이를 하다가 사라진다는 단순한 스토리이지만, 당시로서는 강렬한 분장과 촬영기법으로 사람들을 텔레비전 앞에 불러 모았다.

〈전설의 고향〉을 보고 나면 마당 건너 재래식 화장실에 볼일 보러 가는 것도 용기가 필요했다. 그리고 언제부터인가 한국인들에게 귀신은 '흰 소복을 입고 머리카락을 풀어헤친 여자귀신'을 의미하게 됐다. 한국인들은 서양의 드라큘라보다 '한국형 여자귀신'에게서 오싹함을 더 느낀다. 공포감에도 문화적 유전자가 있는 모양이다.

귀신은 형체가 없다

한국의 전래 관념에서 인간의 생명은 혼(魂)과 백(魄)의 결합으로 이루어진다. 혼이 정신, 넋, 얼이라면 백은 하얗게 변한 해골이다. 사람이 죽으면 백으로부터 혼이 빠져 나오는데, 이때 나오는 혼이 넓은 의미의 귀신이다. 귀신은 눈에 보이지 않는 기체일 뿐 아니라 모든 물체를 통과한다. 또한 여우와 같은 모습으로 둔갑하는 신통력을 갖기도 한다.

귀신의 대표는 원귀(원한이 맺힌 귀신)이다. 죽어서도 저승에 가지 못하고 이승을 헤매고 있는 떠돌이 넋이다. 시집을 못 가 한 맺힌 처녀귀신, 장가를 못 가 한 맺힌 몽달귀, 객지에서 외롭게 죽은 객귀, 죽은 뒤 무덤에 묻히지 못한 여귀 등이 대표적 원귀이다. 〈전설의 고향〉에 나오는 여자귀신도 원귀이다. 전국 각지에 전해 내려오는 별신굿은 원귀를 달래는 행사이다. 요즘 노처녀들이 들으면 펄쩍 뛸 소리이지만, 원귀 가운데 으뜸은 처녀귀신이다.

반면에 좋은 귀신도 있다. 조상신은 후손에게 음덕을 베푼다. 유교의 제사는 평소 공기 중에 기체로 흩어져 있던 조상신을 불러 모은다. 그런데 조상신은 시간이 흐를수록 그 농도가 옅어지고 약 100년이 지나면 거의 소멸되는 것으로 본다. 제사를 4대조 할아버지, 할머니까지만 지내는 이유도 여기에 있다. 그 밖에 나라를 지켜주는 호국신도 좋은 귀신이다. 죽어서도 신라를 지키겠다며 바다에 묻혔다고 전해지는 문무왕이 대표적이다.

1960년대에 등장하는 '흰 소복 입은 여자귀신'

귀신은 눈에 보이지 않는다. 보이지 않는 것을 언제부터인가 어느 누군가가 시각적 이미지로 그려냈다. 흰 소복을 입은 여자귀신은 1960년대 영화에 처음 등장한다. 전문가들은 그 효시가 된 작품으로 권철휘 감독, 강미애·박노식·도금봉 주연의 영화 〈월하의 공동묘지〉(1967)를 들고 있다. 영화 마니아들 사이에서는 한국 공포영화사에 한 획을 그은 작품으로 평가받고 있다.

여주인공 명순은 독립운동을 하다 투옥된 오빠와 애인의 옥바라지를 위해 기생생활을 한다. 출감 뒤 사업가로 성공한 애인과 결혼한 그녀는 기생 전력이 문제가 되어 억울한 누명을 쓰고 자살을 한다. 원한이 맺힌 그녀의 혼은 무덤에서 나와 복수를 시작하는데, 흰 소복을 입고 머리를 풀어헤치고 있다. 이것이 이후 한국형 귀신의 전형이 됐다.

1960년대 말에서 1970년대까지 공포영화는 주로 여름철에 납량물로 상영됐다. 이규웅 감독의 〈두견새 우는 사연〉(1967), 남태권 감독의 〈원(怨)〉(1969), 신상옥 감독의 〈이조괴담〉(1970), 하길종 감독의 〈수절〉(1973) 등이 대표적 작품이다. 신분의 벽에 막혀 사랑을 이루지 못한 여인, 남편과 사별한 뒤 음흉한 폭군의 검은 손을 피해 자살한 여인, 그 밖에 이유같지 않은 이유로 남성에 의해 목숨을 잃는 여인들의 이야기이다. 즉 가부장적 남성의 폭력에 희생당한 여성이 원한을 품고 귀신이 되어 등장했다. 그 여자귀신들은 하나같이 흰 소복을 입고 머리를 풀어헤치고 있다.

1960년대는 '역사의 청춘시대'였다. 반전운동이 전 세계를 휩쓸었고, 젊은이들의 저항문화가 붐을 이루었다. 급진적인 여성운동도 일어났다. 이 시기 한국에도 서구문화가 확산되고 있었다. 이 과정에서 여성의 사회의식은 높아지고 있던 반면, 가부장적 남성 중심의 사회문화는 여전히 공고했다. 공포영화는 주류 제도권으로부터 소외당하는 사회적 약자의 외침이다. 1960년대 영화에 등장하는 한 맺힌 여자귀신은 남성 중심의 사회질서에서 억압받는 여성의 불만을 대변하고 있는지도 모른다.

'소복 입고 산발한 여귀'의 고향은 일본

〈장화홍련전〉을 비롯한 한국의 전래설화에도 여자귀신이 나온다. 한 연구에 따르면 한국의 고소설 속에서 자살을 시도한 인물의 수는 남성이 19명, 여성이 128명이라고 한다. 한국에 여자귀신이 많은 이유이다. 그러한 원혼이 소복을 입고 머리를 풀어헤친 여자귀신으로 형상화된 데에는 일본문화의 영향이 컸던 것 같다.

일본은 귀신의 나라이다. 집마다 신을 모시고, 곳곳에 신당과 신사가 서 있다. 국가가 귀신(요괴)의 호적을 만들어 관리한다는 말이 있을 정도이다. 일본에는 한국, 중국에 비해 귀신에 관한 이야기가 훨씬 많다. 따라서 자연스럽게 귀신을 소재로 하는 회화, 연극이 발달했다.

18세기 이른바 '교토화단'을 이끌었던 마루야마 오쿄가 그린 〈유령화〉는 오늘날의 '소복을 입고 머리를 풀어헤친 여자귀신'과 매우 닮아 있다. 오쿄는 가공의 사물일지라도 사람들의 마음속에 이미지로 고착되어 있는 것들을 그림으로 옮기고자 했다. 오쿄의 이런 작품 세계는 이후 등장하는 유령화에 결정적 영향을 주었다. 19세기 후반 메이지시대부터 일본에서는 칼라로 인쇄된 요괴그림이 싼 값에 보급되면서 '요괴 붐'이 일었다.

일본 에도시대의 사람들은 '귀신보다 심심함이 더 무섭다'고 할 정도로 무료함을 꺼렸다고 한다. 그래서인지 연극(가부키)에 요괴가 자주 등장하여 서민들의 인기를 끌었다. 다른 여자와 바람이 난 남편에게 죽임을 당한 여인이 요괴로 변신하여 복수를 한다. 미녀의 얼굴이 단계적으로 섬뜩한 요괴의 모습으로 변신하고 하늘을 날아다닌다. 〈전설의 고향〉에서 자주 봐서 그런지 우리에게도 낯설지 않은 연출이다. 요괴로는 여우, 뱀, 너구리 등이 많이 등장한다.

이는 전근대 일본여성들도 사회적 억압에 억눌려 있었음을 의미한다. 칼바람이 부는 전국시대에는 정치적 타협의 희생양이 되어야 했고, 평화로운 에도시대에는 남존여비를 바탕으로 한 가부장제 아래에서 살아야 했다. 남편이 바람을 피워도 참아야 했고, 남편의 유산을 물려받을 수도 없었다. 서양의 귀신이 대부분 남자인 데 비해 일본에 여자귀신이 많은 이유이다.

19세기에 들어오면 일본의 연극은 살인 장면이 늘어나면서 내용이 과격해졌다. 〈요쓰야 괴담〉(1825)이 대표적이다. 출세에 눈이 먼 사무라이가 아내를 죽이고, 그 아내가 귀신이 되어 복수를 한다는 이야기이다. 그리고 이 작품을 영화화한 〈도카이도 요쓰야 괴담〉(1959)은 한국의 초기 공포영화에 결정적 영향을 끼쳤다. 영화 〈월하의 공동묘지〉를 제작한 권철휘 감독은 일본에서 대학을 나온 엘리트이다.

일제강점기부터 한국의 영화제작자들은 좋든 싫든 일본영화의 영향을 받았다. 광복 이후 제작된 한국의 공포영화 가운데 상당수가 일본영화의 영향을 받았다는 것은 영화 마니아들 사이에서 공공연한 사실이다. 최근까지도 한국의 TV 프로그램이 일본의 것을 표절했다는 논란에 휩싸이고 있는 현실을 보면 그리 놀랄 일도 아니다.

물론 '흰 소복을 입고 머리를 풀어헤친 여자귀신'이 머리부터 발끝까지 일본문화의 영향을 받은 것은 아니다. 입으로 붉은 피를 빨아들이는 강렬한 이미지는 서양의 공포영화에서 따온 것이다. 〈월하의 공동묘지〉에 등장하는 여자귀신의 이빨은 서양의 귀신인 드라큘라의 것임을 쉽게 알 수 있다.

우리가 보통 한국 고유의 귀신이라 믿는 귀신은 20세기에 동·서양의 문화가 결합하여 창조된 전통이다. 이처럼 문화는 물처럼 흘러 다른 물과 만나 더 큰 물줄기를 만든다.

이렇게 탄생한 여자귀신이 한국인에게 귀신의 전형으로 자리를 잡는 데에는 KBS 드라마 〈전설의 고향〉이 결정적인 역할을 했다. 〈전설의 고향〉은 전국의 전설, 설화를 소재로 하여 1977년부터 1989년까지 매주 방송되며 큰 인기를 얻었다. 당대 정상급 여배우들이 귀신(구미호)으로 출연한 것도 한몫을 했다. 프로그램의 마지막 부분에서 권선징악의 교훈을 들려주던 성우 김용식 씨의 정감 있는 내레이션은 지금도 기억이 생생하다. 1996년부터 1999년까지 여름철 납량물로 제작되어 다시 방송되기도 했으나 예전 같은 감동은 없었던 것 같다. 속편의 태생적 한계이기도 하지만, 세상이 많이 변해 있었다.

귀신은 사람의 마음이다

앞에서 말했듯이 귀신은 존재한다고 하더라도 눈에 보이지 않는다. 우리가 귀신이라고 믿고 있는 그 형상들은 누군가가 그려낸 가상의 이미지일 뿐이다. 답답한 현실 속에서 말할 수 없는 것을 귀신이라는 매개체를 통해 말하고 싶은 것이다. 사회적 불만의 배출구이다. 따라서 귀신이야기가 유행하는 것은 그 사회가 건강하지 못하다는 의미이기도 하지만,

그것이 있어서 사회의 건강성이 그나마 유지되는지도 모른다.

　디지털 황제 스티브 잡스는 암으로 세상을 떠나기 전, 수술을 거부하고 심령술사를 찾아갔다고 한다. 첨단 디지털시대에도 귀신이야기가 사라지지 않는 것을 보면 귀신은 인간 삶의 본질과 관련된 것 같다. 귀신을 통해 죽음에 대한 두려움을 줄여보려는 것이다. 우리 주변에 좋은 귀신이 넘쳐나기를 바란다.

참고자료

고미숙. 2001. 『한국의 근대성, 그 기원을 찾아서』. 책세상.
백문임. 2008. 『월하의 여곡성』. 책세상.
서광선. 1987. 『한의 이야기』. 보리.
야나기 무네요시. 1994. 『조선과 그 예술』. 이길진 옮김. 신구.
이현. 2010. 『귀신 백과사전』. 푸른숲주니어.
중앙대학교 한일문화연구원. 2005. 『일본의 요괴문화』. 한누리미디어.
천이두. 1993. 『한의 구조 연구』. 문학과지성사.
《주간경향》. 2009.8.11. "한국여자귀신은 긴 머리에 흰 소복?".

* 이 글은 2013년 6월 26일 《오마이뉴스》에 실린 지은이의 기사를 수정, 편집한 것입니다.

✔ 한(恨)은 한국 고유의 정서인가?

한국인은 '한'의 민족이라고 한다. 판소리도 '한'의 소리라고 한다. 영화 〈서편제〉는 '한의 정서'를 표현한 영화로 평가된다. 단군 이래 천여 번이 넘는 외적의 침입, 신분제의 억압, 유교 이데올로기에 따른 남존여비 등에 시달린 '한'이 유전자 속에 배었다는 것이다.

그런데 여기서 의문이 생긴다. 한국인만 그런 시련들을 당하고 살아온 것일까? 나라를 잃고 2000년 동안 세계를 방황했던 유대인, 광야를 달리다가 백인들에 의해 무자비한 학살을 당하고 보호구역에 갇혀 사는 아메리카 인디언, 낯선 땅에 노예로 끌려가 인간 이하의 삶을 살아야 했던 흑인들은 '한'이 없을까? 그렇지는 않을 것이다. 또한 신분제의 억압과 여성의 비참한 생활은 전근대 사회라면 어디서나 볼 수 있는 현상이었다. 일본 전국시대의 여성은 조선의 여성보다 훨씬 비참한 생활을 했다.

이에 일부 소장학자들은 '한'이 한국인의 고유 정서가 아니라고 주장한다. '한'의 정서도 역시 근대에 만들어진 허위 관념이라는 것이다. 그 허위 관념을 만든 '범인'으로 지목되는 인물이 일본의 미술평론가 야나기 무네요시이다.

야나기 무네요시는 한국을 사랑했다. 3·1운동에 대한 일제의 무력진압을 비판했고, 일제가 조선총독부 건물을 짓자고 광화문을 헐어버리려 하자 이를 반대했다. 그가 없었다면 한국의 많은 문화재가 사라졌을 것이다. 이에 대한민국 정부는 1984년 야나기 무네요시에게 문화훈장을 수여했다.

야나기는 한국의 미술을 '비애의 미'로 규정했다. 그리고 그것은 끊임없는 외세 침략을 받은 결과라고 말했다. 순수한 애정을 담아 한국 미술을 읽은 것이었지만 동정에 다름 아니었다. 결과적으로 강한 자의 오만과 여유였고, 일본식 오리엔탈리즘의 변형일 뿐이었다.

야나기 무네요시가 발명한 '비애의 미'는 이후 한국인의 예술관에 스며들어 '한'을 한국인의 고유 정서로 둔갑시켰다는 게 소장학자들의 주장이다. 한국문화에 열등의식과 패배주의를 심어주었다는 것이다. 또한 소장학자들은 야나기 무네요시에 대한 비판의 근거로 춘향전, 심청전을 비롯한 한국의 고전들이 대부분 해피엔딩으로 끝난다는 점도 지적한다.

그렇다면 야나기 무네요시가 한국에서 활동하기 시작한 1920년대 이전에는 '한'의 정서가 없었을까? 꼭 그랬던 것 같지는 않다. 우선 앞에서 살펴본 것처럼 전래되는 귀신이야기에서 한의 정서가 어느 정도 엿보인다. 또한 대한제국 말기에 의병 활동을 하던 안중근은 동료 의병들에게 이런 말을 한다. "나는 … 대한국 2천만인 중의 한 분자가 된 의무를 다한 다음에는 죽어도 '한'이 없겠다."

어떤 사회현상을 언어로 담아내면 그것은 사회적 실체가 된다. 한국에서 한의 정서를 언어로 개념화하고 내면화시킨 사람은 야나기 무네요시였다. 일본인 야나기가 동정을 담아서 만든 비애의 미를 우리 고유의 정서인 마냥 받아들이는 것은 곤란하다. 앞서 말한 것처럼 세상에 시련 없는 민족이 없고, 한이 맺히지 않은 민족도 없다. 이제 뒤로 한 발 물러서서 '한'을 객관적으로 바라보자.

'빨리빨리' 문화는
언제 생겼을까?

언제부턴가 '빨리빨리'는 한국을 상징하는 용어가 됐다. 배달업체의 전화번호에 '8282'가 들어가는 것은 더 이상 낯설지 않다. 외국인들이 가장 처음 배우는 한국말이 '빨리빨리'라고 한다. 주한 미군 출신 장교는 본국에 가서도 사병들을 훈련시킬 때 "Hurry Hurry"를 외친다고도 한다. 한국인의 조급증은 언제부터 시작된 것일까?

농경시대의 사람들은 바쁠 일이 별로 없었다. 아침에 해가 뜨면 논밭에 나가 일하고, 해가 지면 집에 들어와 잠자는 것이 일상이었다. 오늘날처럼 1분 1초에 아등바등하며 살 필요가 없었다. 농경시대의 시간은 느슨하고 완만했다. 농경시대의 사람들은 일상 속에서 시간에 대한 관심이 별로 없었다.

구한말, 한국에 왔던 외국인들이 남긴 기록에서도 한국인의 느긋한 모습을 엿볼 수 있다. '문명인'의 우월주의적 시각이기는 하지만, '지저분하다', '빈둥거린다', '게으르다'는 내용이 공통적으로 나온다. 한국인은 하루 종일 담뱃대를 물고 사색만 하는 '철학자'라는 비아냥거림도 있었다. 겨우 100여 년이 지난 오늘날의 한국인과 달라도 심하게 다르다.

당시 한국인이 의욕 없고 게으른 데에는 부패한 관리와 탐욕스러운 지주의 수탈도 하나의 원인이 됐다. 뼈 빠지게 일해서 많이 생산해봐야 '승냥이 떼' 같은 탐관오리와 지주에게 빼앗겨버리니 열심히 일할 필요가 없었다. 당시의 한국인은 무기력하고 나른했다.

19세기 개항 이후 한국에는 서양의 근대 문물이 밀려들었다. 1890년대에는 24시간제, 7요일제(월·화·수·목·금·토·일) 등 새로운 시간 개념도 들어왔다. 이런 근대적 시간 개념은 일제강점기 공장과 학교가 늘어나면서 정착되어갔다. 공장주는 사이렌으로 시간을 통제했고, 노동자가 결근이나 지각을 하면 벌금을 물렸다. 당시 일본인이 보기에 한국인은 느려터졌다.

아침마다 직장인이나 학생들이 1분 1초를 다투며 뛰는 것도 근대에 나타난 풍경이다. 근대 이후 사람들은 해가 뜨고 지는 천체현상이 아닌 시곗바늘에 맞춰 생활하기 시작했다. 그리고 그 시계는 자본주의적 시계였다. 찰리 채플린의 영화 〈모던타임즈〉(1936)는 근대 자본주의적 시간에 포섭되어가는 인간을 그리고 있다. 시간은 물리적 현상에서 벗어나 사회적 권력이 되어갔다.

근대적 시간 개념의 바탕 위에서 한국사회에 '빨리빨리' 문화의 씨앗을 뿌린 것은 광복 이후 개발독재였다. 개발독재의 주체는 시간 개념이 가장 투철한 군인들이었다. 또한 한국의 남성들이 대부분 군대생활을 마치고 사회에 진출한 것도 '빨리빨리'의 원인이 됐다. 개발독재의 '빨리빨리' 정신은 경부고속도로 공사에서 단적으로 나타났다.

경부고속도로는 1968년 2월에 착공했다(설계도는 공사를 시작한 뒤에 완성됐다고 한다). 박정희 대통령이 독일을 방문하여 아우토반을 보고 고속도로 건설을 결심한 지 4년 만이었다. 독일이 아우토반을 바탕으로 '라인 강의 기적'을 이루었다고 본 것이다.

그러나 한국에서는 '고속도로'라는 말조차 낯설었고, 1인당 국민소득은 200달러도 되지 않던 시절이었다. 당시 한국의 1년 예산이 1500억 원이었는데, 무려 429억 원이 들어간 대공사였다. 고속도로 공사에 필요한 장비는 부족했고, 공사경험이 있는 인력도 거의 없었다. 그래서 공병부대까지 투입됐다.

경부고속도로는 원래 1971년 6월에 완공될 예정이었다. 그러나 박정희 대통령의 지시로 1년을 앞당겨 1970년 7월에 완공했다. 428km의 4차선 고속도로를 부족한 장비와 인력으로 겨우 2년 5개월 만에 완성한 것이다.

경부고속도로 공사는 한마디로 전쟁이었고, 속도전이었다. 봄이 올 때까지 기다릴 수 없어 겨울에 땅 다지기 공사를 강행했다. 트럭에 대형 버너를 달아 땅을 녹이거나, 땅 위에 지푸라기를 깔고 불을 질러 녹인 뒤 땅을 다졌다. 공사를 급하게 하다 보니 여기저기서 사고가 났다. 그 가운데 충북 옥천의 당재터널 공사는 가장 어려운 구간이었다. 소백산맥을 가로지르는 이 구간은 땅을 파면 바로 무너지는 지질이라 어려움을 겪었다. 당재터널 공사에서 사망한 9명을 포함하여 경부고속도로 공사 기간 중에 77명이 사망했다(실제로는 더 많은 사람이 사망했다는 주장도 있다).

비록 희생은 컸지만, 그 대가로 얻은 결실도 컸다. 경부고속도로 건설로 서울에서 부산까지 15시간 이상 걸리던 것이 5시간으로 줄었다. 이에 따라 유통이 활발해지고 물류비가 절감되어 산업의 성장을 가져왔고, '한강의 기적'을 낳았다.

'빨리빨리' 문화가 한국의 고도압축성장 과정에서 큰 힘이 됐던 것은 부인하기 어렵다. 오늘날 한국이 정보화 강국으로 성장한 데에도 '빨리 빨리' 문화가 작용했을 것이다. 한국에서 생활해본 외국인들은 본국에 돌아가서 인터넷을 사용하는 데 답답함을 느낀다고 한다.

그러나 빛이 큰 만큼 그림자도 컸다. 오늘날 '빨리빨리' 문화는 한국사회에 위협이 되고 있다. '빨리빨리'는 '대충대충'으로 이어졌다. 본질은 사라지고 시각적 이미지만 쫓게 됐다. 부실공사로 한강 다리가 끊어지고, 백화점이 무너졌다. 1997년에는 대한민국이 부도사태로 침몰했다.

지난 수십 년 동안 한국사회는 앞만 보고 숨 가쁘게 달려왔다. 이젠 속도를 조금 늦추고 한 발 뒤로 물러나 우리 자신을 돌아봐야 한다. 조급하게 일의 결과만 쫓지 말고, 느긋하게 과정의 순간순간에 의미를 부여해야 한다. 그것이 너무 어렵다면 하루에 1분만 마음을 비우고 하늘을 바라보는 것은 어떨까? 조용히 혼자 있는 훈련부터 해야 한다.

참고자료

박지향. 2003. 『일그러진 근대』. 푸른역사.
황병주. 1999. 「근대적 시간의 등장」. 『우리는 지난 100년 동안 어떻게 살았을까』 2. 역사비평사.
≪주간경향≫. 2010. 2. 16. "경부고속 건설 중 사망 77명 맞나?".
≪한국일보≫. 2010. 7. 6. "버너로 도로 녹이고, 빨리 굳는 시멘트로 터널공사… 工期 확 줄였다".

한국 민족주의는
어떻게 탄생했을까?

전근대 왕조시대에도 민족의식이 있었는지는 오랜 논쟁거리이다. 시대를 막론하고 사람 사는 사회에서 어느 정도의 동질의식은 있기 마련이다. 사회를 통합적으로 이끌어가야 하는 지배층에게 그것은 절실한 문제이기도 하다.

그러나 모든 사회구성원이 강렬한 민족의식을 갖게 된 것은 근대에 이르러서야 가능했다고 보는 게 일반적이다. 사회구성원들을 칸막이로 나누어놓았던 신분제가 근대에 무너졌기 때문이다. 다음 사건에서 신분제와 민족의식의 관계를 엿볼 수 있다.

1254년 몽골군은 고려의 충주성을 공격해왔다. 충주성은 김윤후가 지휘하는 군민들이 지키고 있었다. 70여 일에 걸친 몽골군의 포위공격으로 충주성 안에는 식량과 무기가 바닥났다. 고려 군민의 사기도 떨어졌다. 이때 김윤후는 성 안에 보관하던 노비문서를 모조리 불살라버렸다. 그러자 군민들의 사기가 다시 살아났고, 김윤후를 중심으로 전 군민이 뚤뚤 뭉쳐 충주성을 지켜냈다. 이 승리로 고려는 대몽항쟁에서 새로운 돌파구를 마련했다.

서양에서 탄생한 민족주의

서양에서 민족주의(nationalism)는 프랑스혁명기에 본격적으로 등장했다. 프랑스혁명으로 봉건적 신분제가 폐지됐고, 주변국들의 민족감정도 고양됐다. 이런 현상은 나폴레옹의 정복전쟁으로 더욱 확산됐다. 나폴레옹의 침략에 대한 반발로 유럽의 여러 나라에서 민족적 각성이 일어났다. 독일에서는 피히테, 슈타인 등이 수십 개의 소국으로 분열되어 있던 독일인들의 민족적 각성을 촉구했다. 이탈리아에서도 지식인들의 호소가 뒤따랐다. 결국 독일과 이탈리아는 19세기 후반에 근대민족국가를 수립했다.

19세기 후반에는 몇몇 지식인들이 논의하던 민족주의가 대중에게 퍼져나갔다. 산업화가 경쟁적으로 진행되면서 유럽 국가들은 국민의 동질감과 충성심을 이끌어내기 위해 민족주의를 강조했다. 독일의 비스마르크는 공립 초등학교를 세워 독일어 교육을 강조했고, 러시아도 언어와 종교를 통합하려 했다. 이 시기 유럽 국가들은 경쟁적으로 민족주의를 추구했고, 그것은 제국주의로 나타났다.

원래 동아시아에는 '민족'이라는 말이 없었다. 19세기 후반, 일본의 지식인들은 서양의 'nation'을 '민족', '족민', '국민' 등으로 번역했고, 중국의 사상가 량치차오는 '민족'을 수입해서 썼다. 량치차오는 서양의 사상을 소개하여 당시 동아시아 지식인들에게 큰 영향을 끼치고 있었다.

을사조약 전후, 한국에서는 ≪황성신문≫, ≪대한매일신보≫ 등의 신문과 항일의병운동의 격문에 '민족'이라는 용어가 등장했다. 동시에 한국의 근대 지식인들은 세계가 '민족'을 단위로 경쟁하고 있다는 현실을 알게 됐다. 을사조약에 따른 망국의 위기감은 내부 구성원들을 결속시켰고, '나라'가 사라진 빈자리를 '민족'이 채웠다. 언어는 개념을 만든다. '민족'이라는 언어가 보급되면서 한국인들은 '민족'이라는 동질성을 갖기 시작했다.

한국은 근대민족주의가 싹틀 수 있는 유리한 조건을 갖추고 있었다. 고려왕조 이래 상대적으로 동질적으로 이어져온 언어, 고려 성종 때 정비되기 시작하여 조선시대에 확립된 중앙집권적 행정제도, 조선 세종 이래 압록강과 두만강으로 고정된 좁은 국토, 셀 수 없이 많은 외세의 침략에 저항하면서 형성된 공동운명체 의식 등이 그것이다. 여기에 유교윤리의 보급으로 사회구성원들의 무의식 속에 막연하게나마 국가라는 개념이 자리를 잡고 있었던 것도 한몫을 했다.

책봉체제와 신분제가 무너지다

한국역사에서 1894년만 한 격동의 해도 드물 것이다. 1월에 전봉준을 중심으로 한 농민들이 고부 관아를 습격한 것을 신호탄으로 10월까지 동학농민운동이 삼남지역을 휩쓸었다. 6월에는 동학농민운동 진압을 명분으로 청일전쟁이 일어났고, 일본은 김홍집 내각을 세워 갑오개혁을 추진했다. 백 년 동안에도 일어나기 어려운 역사적 사건들이 한 해에 서로 맞물려 진행됐다.

청일전쟁의 결과 수백 년 동안 동아시아의 국제질서였던 책봉체제가 무너졌다. 더 이상 중국은 세상의 중심이 아니었다. 변방 오랑캐였던 일본이 중국을 제압한 것은 문명의 패러다임이 바뀌는 사건이었다. 대륙에서 해양으로 향하던 문명의 흐름이 거꾸로 바뀌었다. 이때 조선은 뜻하지 않게 중국의 영향력에서 벗어나게 됐다. 어부지리로 얻은 기회였지만, 당시 조선의 지식인들은 종래 '중국적인 것'에서 벗어나 '우리의 것'을 찾으려 노력했다. 독립협회가 ≪독립신문≫을 펴내고, 사대주의의 상징이었던 영은문을 헐어내고 그 자리에 독립문을 세운 것이 바로 이 시기였다. 모든 명칭에 '독립'이 들어갔다.

갑오개혁은 조선의 사회성격을 변화시켰다. 갑오개혁을 추진한 내각 총리 김홍집은 고종에게 "5백년 내려오던 묵은 제도를 신의 손으로 바꿔놓고 보니 황공할 뿐입니다"라고 말했다. 비록 일본의 압력에 의한 것이었지만, 갑오개혁으로 신분제가 공식 폐지됐다. 독립협회의 만민공동회에서 백정 박성춘이 시국연설을 한 것은 바뀐 시대상을 보여준다.

책봉체제와 신분제의 폐지는 조선인들이 민족의식을 가질 수 있는 조건이 됐다. 이곳이 내 나라 내 땅이라는 주인의식이, 양반과 상놈 사이의 장벽이 없어져 모두가 하나라는 공동체의식이 싹틀 수 있게 됐다.

근대적 지식인들의 활약

을사조약으로 망국의 기운이 엄습하던 때, 한국 민족주의가 탄생하는데에 역사학의 역할이 컸다. 특히 신채호의 활약이 주목된다. 신채호는 량치차오의 영향을 받아 민족주의 사관으로 국민들의 애국심을 고취하고 제국주의에 저항하고자 했다. 신채호는 "민족이 없으면 역사도 없다"

광개토대왕릉비. 이 비석은 장수왕이 자신의 아버지인 광개토대왕의 업적을 기리기 위해 414년에 세웠다. 오늘날 광개토대왕릉비는 한국 민족주의의 상징물로 인용되지만, 20세기 이전에는 사람들의 관심 밖에 있었다. 조선 중종 31년(1536), 공조판서 심언광은 평안도 국경 일대를 시찰하다가 광개토대왕릉비를 보고 여진족 황제의 비석이라고 말할 정도였다. 광개토대왕릉비가 다시 발견된 것은 19세기 말이었다. 비석의 표면이 온통 이끼와 넝쿨로 뒤덮여 있는 상태였다. 만주에서 스파이 활동을 하고 있던 일본군 장교 사카와는 이 비석의 탁본을 입수했고, 일본 당국은 비문을 해독하여 세상에 발표했다(1888). 이때 한 한국인 유학생이 이 탁본의 복사본을 한 신문사에 보내와 한국에 알려졌다. 1905년 10월의 일이었다. 신채호가 광개토대왕릉비와 만난 것은 1914년 무렵이다. 광개토대왕릉비의 재발견은 한국 민족주의의 탄생 과정과 궤를 함께한다.

단재 신채호. 그는 한국민족주의 탄생의 사상적 토양을 만들었다.

라고 단언했다.

1906년경, 신채호는 ≪대한매일신보≫의 논설기자가 되어 민족주의적 역사서술에 매진했다. 을지문덕, 최영, 이순신 등 영웅들의 전기를 써서 국난극복의 의지를 보였다. 1908년 8월부터 연재한 '독사신론'은 파격적인 내용을 담고 있었다. 종래 기자조선 중심의 역사인식을 비판하고, 단군조선에서 부여와 고구려로 계승되는 새로운 한국 고대사 인식체계를 제시했다. 즉 단군의 자손인 부여족을 한국민족의 주류로 본 것이다. 이 과정에서 역사서술의 중심은 '왕조'에서 '민족'으로 옮겨갔다.

또한 신채호가 "지난 4000년간의 역사는 단군 후예들의 계보다"라고 주장했듯이 한국사는 민족의 혈통을 강조하는 족보의 성격을 띠게 됐다. 이는 유교사회의 혈통문화와 결합하며 시너지 효과를 냈다. 이른바 '단일민족' 신화는 일상 속에 신분제가 엄존하고 있던 시대에 큰 힘을 발휘했다. 양반과 상놈이 모두 단군 할아버지의 자손이라니 그게 어디 보통 일인가?

이후 단일민족 신화는 확대재생산 되어갔다. 1922년 7월 26일 자 ≪동아일보≫에는 '반만년의 역사를 가진 조선민족이 동일한 영토에서 다른 민족의 피가 섞이지 않고 생장발육한 것이 2천만 형제가 된 것은 명확한 사실'이라는 글이 실렸다. 거의 결벽증에 가까운 종족주의이다.

13세기에 일연은 『삼국유사』에 단군이야기를 실었다. 고려가 몽골의 지배 아래에서 정체성을 지키기 위해서는 정신적 구심체가 필요했기 때문이다. 20세기에 이르러 단군은 민족의 시조로 부활했다. 대종교(단군신앙)를 창시한 나철은 일본을 여행하면서 일본인의 민족신앙인 신도에서 깊은 인상을 받았다. 신도가 메이지유신 이후 일본의 근대민족국가 건설에 에너지가 되고 있는 것을 보았다. 나철에 이어 교주가 된 김교헌은 단군사상을 정리했다. 그는 신채호의 역사이론을 받아들여 민족을 역사의 주체로 부각시켰다. 만주지역에서 명멸했던 나라들을 한국역사에 포함시켰고, 단군을 시조로 하는 배달민족의 역사를 그려냈다.

1917년 대종교는 일제의 탄압을 피해 본부를 만주로 옮겼다. 당시 만주, 연해주 지역에 사는 한국인의 80%가 대종교 신자였을 만큼 교세는 확장되어 있었다. 박은식, 신채호, 이상룡, 신규식 등 민족지도자들도 대종교에 입교했다. 1918년 김교헌은 「기미독립선언서」의 전초격인 「대한독립선언서」에 주도적으로 서명했다. 이 지역에서 무장독립투사들이 민족의 독립을 위해 기꺼이 목숨을 버릴 수 있었던 데에는 대종교의 역할이 컸다. 훗날 청산리 전투의 주력 부대인 북로군정서는 대종교 교도들의 모임이었다.

한글과 신문이 '민족'을 전파하다

17~18세기에 유럽에서는 국민문학이 등장했다. 중세 유럽세계의 공통어였던 라틴어 대신 자국어로 문학을 쓰기 시작한 것이다. 프랑스의 몰리에르, 영국의 셰익스피어, 스페인의 세르반테스, 독일의 괴테 등이 대표적인 국민문학 작가들이다. 이것은 근대민족국가의 형성과 궤를 같이했다. 이런 움직임이 한국에서는 19세기 말에 나타나기 시작했다.

1894년 갑오개혁 때 조선정부는 "법률은 모두 국문을 기본으로 삼되 한문 번역을 붙이거나 국한문을 혼용할 수 있다"라고 발표했다. 한글이 한자를 밀어내고 민족의 문자로 등극하는 상징적 사건이었다. 당시 개

대한매일신보 창간호. 구한말 판매 부수가 가장 많았고, 항일여론(민족의식)이 형성되는 데에 크게 기여했다.

화세력은 한자를 한글로 대체함으로써 중국으로부터 문화적 독립을 꾀했다. 청일전쟁에서 패배하면서 중국이 문명의 중심에서 밀려나고 있던 시대의 풍경이었다.

근대 한국에서 한글을 실용화한 것은 기독교인들이었다. 한자로 상징되는 중국문명에 대한 거부감이 작용했고, 성경 보급을 위해 한글이 필요했기 때문이다. 선교사들은 성경을 한글로 번역했고, 한글 출판물을 펴냈다. 최초의 한글신문으로 기록되어 있는 《독립신문》을 펴낸 것도 기독교인 서재필이었고, 그 교정을 맡아본 주시경도 기독교인이었다. 나라가 망해가던 때 주시경은 말과 글이 민족의 얼이라 생각하고 보성, 중앙, 휘문, 배재, 경신 등의 학교에서 한글을 가르쳤다.

지식인들이 생산해낸 민족주의는 신문을 통해 일반인에게 퍼져나갔다. 1904년에 창간되어 가장 많은 독자를 확보했던 《대한매일신보》는 1910년 5월까지 전국에 59개의 지소를 설치했다. 그 분포를 보면 개화문물 수용에 적극적이었던 평안도에 가장 많았고, 북간도 용정촌에도 설치됐다. 이들 지역에서 민족주의 정서가 강하게 나타난 현상이 우연은 아닐 것이다.

지사는 서울 본사로부터 신문을 받아 독자들에게 배달했고, 지사가 설치되지 않은 지역의 독자들은 본사로부터 직접 우편으로 받아 신문을 읽었다. 전남 구례 만수동에 칩거하고 있던 황현이 서울에서 벌어지는 일들을 『매천야록』에 생생하게 기록할 수 있었던 것도 신문이 있었기 때문이다. 황현은 《황성신문》과 《대한매일신보》를 구독하고 있었다.

근대 이전의 사회는 향촌과 향촌이 서로 분리되어 있었다. 토지매매도 거의 향촌 안에서 이루어졌고, 생활의 범위도 향촌을 크게 벗어나지 않았다. 조선시대에는 이사도 마음대로 다닐 수 없었다. 따라서 먼 지방에 사는 사람들은 서울에서 일어나는 정치적 사건을 알기 어려웠다. 심지어 왕조가 바뀐 사실조차 모르는 경우가 있었을 것이다. 전근대는 비동시성의 사회였다. 근대에 등장한 신문은 전국에 있는 사람들에게 동시성을 제공했다. 그리고 그것은 동질감으로 이어졌다.

국채보상운동(1907~1908)은 당시 신문의 위상을 보여준다. 1904년 고문정치 이래 일제는 한국의 경제를 장악하기 위해 약 1300만 원의 차관을 주었다. 당시 대한제국 정부가 갚을 수 없는 거액이었다. 이에 대구에서 서상돈, 김광제, 박해령 등의 제안으로 국채보상운동이 일어났다. 국채보상지원금총본부가 설치된 대한매일신보를 비롯하여 황성신문, 제국신문, 만세보 등 여러 신문이 캠페인을 벌여 운동이 전국으로 퍼져나갔다. 국채보상운동에는 농민, 학생, 기생 등 다양한 계층이 참여했다.

선교사 헐버트는 "한국인들은 신문의 보도 내용을 절대적으로 신뢰한다"라고 말했다. 을사조약을 강제로 맺게 하고 초대 통감으로 부임했던 이토 히로부미는 "한국 내 신문이 가진 권력은 보통 이상이다. 통감의 백마디 말보다 신문의 한마디가 한국인을 감동하게 한다"라고 실토했다.

한편, 기독교는 또 다른 면에서 한국인의 민족의식을 일깨우는 데에 큰 역할을 했다. 청일전쟁, 러일전쟁 때 교회와 선교사들은 한국인의 신변을 보호해주었다. 교회와 선교사들은 치외법권이 있었기 때문이다. 또한 선교사들은 하나님의 도움으로 한국인이 나라를 되찾을 수 있다고 설교했다. 이에 20세기 초, 한국에서 기독교인의 수가 폭발적으로 늘어났다. 일제 당국은 기독교인을 민족주의자로 규정하고 탄압했다. 1911년 일제가 조작한 105인 사건의 연루자는 대부분 기독교인이었다.

제국주의에 저항하며 민족주의가 형성되다

1894년 6월, 일본군이 경복궁을 무력으로 점령한 사건을 계기로 항일 의병운동이 일어났다. 이듬해에는 일본이 명성황후를 살해한 데에 반발하여 의병이 일어났고, 김홍집 친일내각이 밀어붙인 단발령 이후 의병은 전국으로 확대됐다. 보수적인 양반 유생들이 그 주체 세력이었다.

1905년에는 을사조약에 반발하여 평민 출신 의병장들이 나타났다. 위정척사의 거두 최익현이 전라도 태인에서 의병을 일으키며 각 고을에 보낸 통문에서 "사람을 쓰는 데에 어찌 문벌을 따지랴. 광대나 백정이라도 지혜와 용기가 있으면 지휘관으로 받아들이겠다"라고 적고 있다. 평민 의병장으로 잘 알려진 신돌석 외에도 무당을 비롯한 미천한 신분 출신이 의병운동을 지휘했다.

이런 현상은 1907년 정미의병에 이르러 더욱 확산됐다. 이 시기 의병장들의 65%가 평민이었고, 일반 의병의 90% 이상이 평민이었다. 또한 일본군을 상대로 게릴라 유격전을 벌이면서 양반과 평민이 뒤섞여 신분의 구분이 모호해졌고, 당시 의병운동의 격문에는 '우리국민', '대한민족', '우리 이천만 동포' 등 민족의식을 강조하는 용어가 자주 등장했다.

정미의병은 지역과 지역의 연합작전이 많았다. 이것이 확대되어 13도 연합의병을 결성했고, 서울탈환작전을 시도했다(1908.1). 비록 서울을 탈환하지는 못했지만, 외국 영사관에 격문을 보내 국제법상 교전단체로 인정해줄 것을 요구했다. 항일의병운동을 '민족 대 민족'의 전쟁으로 인식하고 있었던 것이다.

한국 민족주의는 3·1운동에서 그 틀이 완성됐다. 3·1운동이 일어난 1919년 3월에서 4월까지 전국에서 2000여 건의 시위가 벌어졌고 200만

명 이상이 참가했다. 학생, 지식인뿐 아니라 농민, 노
동자, 광부, 기생, 거지, 어린이 등 거의 모든 계층이
시위에 참여했다. 3·1운동은 국내뿐 아니라 북간도,
서간도, 연해주, 베이징, 상하이, 미국 등 한국민족이
살고 있는 해외에서도 일어났다. 3·1운동 이후 일제는
"한국은 하나의 언어·풍속·사상을 가진 동일 민족이므
로 이를 고려하여 통치해야 한다"라고 실토했다.

의병운동, 3·1운동을 겪으면서 한국인들은 '이 나라
이 땅이 내 나라 내 땅'이라는 생각을 갖게 됐다. 사회
구성원들이 주인의식을 가질 때 내부 결속이 강화되
는 것은 일상에서도 쉽게 볼 수 있다. 인민주권, 국민
주권의 개념이 형성되고 있었던 것이다. 3·1운동 뒤에
대한민국임시정부가 공화정부로 탄생한 것은 우연이
아니다.

3·1운동 때 시위 모습. 3·1운동은 일제강점기 항일민족운동의 절정이자 한국 근대민족주의가 형성되는 사건이었다.

민족주의, 한국사회에서 헤게모니가 되다

민족주의는 논리적 체계를 갖춘 이데올로기라기보다 감성적 낭만주
의에 가깝다. 민족주의는 자기완결적이기보다 다른 이데올로기와 결합
하여 그 모습을 완성한다. 흡착력이 강하다. 이런 속성 때문에 광복 이후
민족주의는 집권세력의 정치적 필요에 따라 활용됐다. 민족주의는 현실
문제를 돌파하기 위한 도구였다.

이승만 정부는 '뭉치면 살고 흩어지면 죽는다'는 일민주의(一民主義)를
내세웠다. 일민주의는 대종교 신자이며 초대 교육부 장관인 안호상이

이론을 정리하고 보급했다. 이후 일민주의는 대한민국의 교육정책에 큰 영향을 주었다. 제1차 교육과정이 제정됐고, 학생군사조직인 중앙학도 호국단이 만들어졌다. 일민주의는 혈통을 강조한 민족주의로서 단일민족 이데올로기를 퍼뜨리는 데 기여했다.

박정희 정부도 교육을 통해 민족주의를 강화해갔다. 당시 초등학생들이 달달 외워야 했던 국민교육헌장(1968)은 "우리는 민족중흥의 역사적 사명을 띠고 이 땅에 태어났다"로 시작했다. 한국인의 유전자에 민족을 새겨 넣으려 했다. 1972년에는 민족주체성의 확립을 목표로 국사교육 강화정책이 나왔다. 대학 입시에서 그 이름도 무시무시한 '국사'가 필수과목이 됐고, 모든 국가고시에 국사문제가 출제됐다. 또한 유신체제가 출범하는 분위기에 맞물려 국사 교과서가 국정화되어 1974년부터 모든 중고등학교에서 국정 국사 교과서가 사용됐다. 국가가 민족의 이름으로 역사에 대한 해석을 독점한 것이다.

국정 국사 교과서에서 민족은 시대와 공간을 넘나드는 초월적 존재로 부각됐다. 머리말에서 "우리 민족은 5천년 이상의 빛나는 역사적 생활을 계속하여 오늘날까지 생활기반을 확실히 지켜왔다"라고 명시했다. 기원전 2333년에 세워진 고조선은 한국민족 최초의 국가였고, 신라의 삼국통일은 민족의 통일이었다. 근대적 개념인 민족이 전근대에서 당당히 역사의 주체로 등장했다.

철학자 그람시는 헤게모니를 지배세력의 이데올로기가 대중에게 먹혀들어가는 현상으로 설명했다. 이때 헤게모니는 대중의 자발적 복종에 의해 권력이 된다. 그렇게 형성된 권력은 힘에 의한 물리적 지배보다 교묘하고 견고하다. 헤게모니는 주로 교육제도를 통해 전파된다. 한국 민족주의는 교육을 통해 확실한 헤게모니가 됐다. 권위주의 정치세력이 차용한 민족주의가 대중의 식민지 트라우마와 맞물려 힘을 얻었다. 이유야 어찌됐건 민족주의 헤게모니는 한국인들을 하나로 결속시켰다. 그것은 한국의 경제가 고도성장을 이루는 데에도 큰 힘이 됐다.(1970년대까지 민족주의는 보수우파가 이용하다가 1980년대 들어서면서부터 진보좌파가 독점하게 된다.)

민족주의는 청산되어야 하는가?

'민족은 상상의 공동체'이다. 그리고 민족을 상상하는 순간, 민족은 현실 속의 실체가 된다. 혈통이나 언어, 공동의 역사적 경험은 그러한 상상을 가능하게 한다. 한국인들이 민족을 상상할 수 있는 것은 같은 언어를 쓰면서 제국주의라는 폭력에 함께 저항해왔기 때문이다. 공동의 위기 앞에서 심리적 결속을 다지는 것은 인간의 본능이다. 민족이 상상의 공동체라고 해서 민족의 실체를 부정할 수는 없다.

문제는 민족이 이념화된 민족주의에 있다. '~주의'는 오로지 그 가치만 옳다는 주장이다. 배타적이고 위험하다. 민족의 영광을 위해 다른 모든 가치를 희생시켜도 된다는 주장은 파시즘이다. 또한 한국 현대사에서 민족주의가 독재권력을 옹호하고 계급모순을 은폐했던 것도 사실이다(민족주의가 어떻게 변질되고 타락할 수 있는지 북한의 주체사상이 잘 보여준다). 민족주의를 폐기해야 한다는 말이 나오는 이유이다. 인류가 더불어 사는 세계화시대에 민족주의는 시대착오적이라는 말도 덧붙여진다.

그렇다면 민족주의를 당장 청산해야 하나? 참으로 어려운 문제이다. 내 생각은 '일단 그냥 놔두자(Let It Be)'이다. 존재에는 이유가 있다. 오늘날 한국에서 민족주의가 맹위를 떨치고 있는 것은 그럴 만한 역사적, 현실적 조건이 있기 때문이다. 한국 민족주의는 근현대사의 굴곡이 만들어낸 '감성체계'이다. 감성은 이성으로 이해하지 못하는 구석이 있다. 그것은 인위적으로 없애려고 한다고 없어지지 않는다. 또한 남북분단을 극복하고 민족의 통일로 가는 과정에서 민족주의의 가치를 무시할 수도 없다.

다만 역사교육은 조금씩 달라져야 한다. 역사교육을 통해 학생들에게 제 나라, 제 민족에 대한 자긍심을 심어주는 것은 필요하다. 하지만 그것이 객관적 사실을 지나치게 왜곡하고 아전인수의 역사교육이 되어서는 곤란하다. '단일민족' 신화는 학문적 근거가 희박할 뿐 아니라 미래 사회에서 한국민족의 발목을 잡을 것이다. 열린 마음으로 넓은 세상을 바라볼 수 있는 역사교육이 필요하다.

오늘날 한국사회는 저출산문제가 심각하다. 지금의 추세대로 간다면 2050년에 이르러 노동인구 1명이 노인 1명을 부양하게 된다고 한다. 이 통계가 사실이라면 그것은 재앙일 것이다. 정부가 출산장려금을 몇 푼 더 준다고 젊은 부부들이 아이를 더 낳지는 않는다. 결국 미래의 국가 노동력을 확보할 수 있는 방법은 열린 마음으로 '이방인'들을 받아들이고 그들과 더불어 사는 길 밖에 없다. 한국 민족주의에 배어 있는 순혈주의를 조금씩 덜어내야 한다. 민족이 살기 위해서 민족주의의 열기를 식혀야 한다. 이젠 신채호 선생도 이해할 것이다.

참고자료

고미숙. 2001. 『한국의 근대성, 그 기원을 찾아서』. 책세상.

김삼웅. 2005. 『단재 신채호 평전』. 시대의창.

김순덕. 2006. 「대한제국 말기 의병지도층의 '국민'인식」. 『민에서 민족으로』. 선인.

김용덕. 1971. 「1910년대의 기독교와 민족주의」. 『한국사의 탐구』. 을유문화사.

류재성. 1988. 『대몽항쟁사』. 국방부전사편찬위원회.

박노자. 2005. 『우승열패의 신화』. 한겨레신문사.

박영준 외. 2002. 『우리말의 수수께끼』. 김영사.

베네딕트 앤더슨. 2002. 『상상의 공동체』. 윤형숙 옮김. 나남.

신기욱. 2009. 『한국 민족주의의 계보와 정치』. 창작과비평사.

앙드레 슈미드. 2007. 『제국 그 사이의 한국』. 정여울 옮김. 휴머니스트.

양정현. 2003. 「민족은 허구인가?」. 『한국의 교양을 읽는다』. 휴머니스트.

오수창. 2002. 「조선시대 국가·민족체의 허와 실」. ≪역사비평≫, 58호. 역사비평사.

윤해동. 2003. 『식민지의 회색지대』. 역사비평사.

이정은. 2009. 『3·1독립운동의 지방시위에 관한 연구』. 국학자료원.

차기벽. 1990. 『민족주의원론』. 한길사.

채웅석. 2002. 「고려시대 민족체 인식이 있었다」. ≪역사비평≫, 58호. 역사비평사.

최경봉. 2005. 『우리말의 탄생』. 책과함께.

탁석산. 2004. 『한국의 민족주의를 말한다』. 웅진닷컴.

한국언론사연구회. 2004. 『대한매일신보연구』. 커뮤니케이션북스.

지은이 **이태영**

1971년에 태어났다. 고려대학교 역사교육과를 졸업했고, 경기도 성남에 있는 효성고등학교에서 가르치며 배우고 있다. 학생들에게 살아 있고, 삶이 묻어 있는 역사를 가르치려 한다. 고등학교 세계사 교과서를 집필했으며, EBS 교재 검토위원으로 활동하고 있다. 한국 근현대 문화변동에 대해 관심을 갖고, 관련 자료들을 읽고 있다. 이 책『20세기 아리랑』의 제2부 '전통의 발명과 변이'는 그 결과물 가운데 일부이다.

거창한 이념을 갖고 살지는 않지만, 진보적 가치를 옹호한다. 경쟁과 시장원리의 물결 앞에서 '사람 냄새 나는 세상'을 지켜야 하기 때문이다. 그렇다고 진보세력의 주장을 무조건 지지하지는 않는다. 이념과 진영논리보다 상식과 통념에 따라 판단하려 한다. 더 나아가 보수세력의 주장 가운데 '쓴 약'이 있다면 그것을 받아들이려 한다. 서로 '다름'을 존중해주고 더불어 사는 세상을 바란다.

* 이메일 주소 heavy5@hanmail.net

한울아카데미 1760

20세기 아리랑
주제가 있는 한국 근현대사

ⓒ 이태영, 2015

지은이_ 이태영
펴낸이_ 김종수
펴낸곳_ 도서출판 한울

편집_ 염정원

초판 1쇄 인쇄_ 2015년 1월 25일
초판 1쇄 발행_ 2015년 2월 5일

주소_ 413-120 경기도 파주시 광인사길 153 한울시소빌딩 3층
전화_ 031-955-0655
팩스_ 031-955-0656
홈페이지_ www.hanulbooks.co.kr
등록번호_ 제406-2003-000051호

Printed in Korea.
ISBN 978-89-460-5760-9 03910(양장)
        978-89-460-4945-1 03910(반양장)

* 책값은 겉표지에 표시되어 있습니다.